後晉 劉 昫 等撰

舊唐書

第五册

卷三八至卷四一（志）

中華書局

舊唐書卷三十八

志第十八

地理一

王者司牧黎元，方制天下。列井田而底職貢，分縣道以控華夷。雖皇墳、帝典之殊塗，禹貢、周官之異制，其於建侯胙土，頒瑞剖符，外湊百蠻，內親九牧，古之元首，咸有意焉。然子弟受封，周室竟貽於衰削；郡縣爲理，秦人不免於敗亡。蓋德業有淺深，制置無工拙。殷、周未爲得，秦、漢未爲非。撫實而言，在哲后守成而已。謹詳前代隆平之時，校今日耗登之數，存諸戶籍，以志休期。

昔秦幷天下，裂地爲四十九郡〔一〕，郡置守尉，以御史監之。其地西臨洮，而北沙漠，東縈南帶，皆際海濱。漢興，以秦郡稍大，析置郡國。武帝斥越攘胡，土宇彌廣。哀、平之季，凡郡國百有三，縣千三百一十四，道三十二，侯國二百四十一，而諸郡置十三部刺史分統之。謂司隸、幷、荆、兗、豫、揚、冀、青、徐、益、交、涼、幽等十三州〔三〕。漢地東西九千三百二里，南北一萬二千三百六十八里。後漢郡國，百有五，縣道侯國千一百八十六。亦如西京之制，置十三州刺史以充郡守。其地廣袤，亦如前制。

曹魏之時，三分鼎峙，淮、漢之間，鞠爲鬬壤。洎太康混一，尋陷胡戎。南北分爭，何暇疆理？三百年間，廢置不一。及隋氏平陳，寰區一統。大業三年，改州爲郡，亦如漢制，置司隸、刺史，以糾郡守。大凡隋簿，郡百九十，縣一千二百五十五，戶八百九十萬七千五百三十六，口四千六百一萬九千九百五十六。其地東西九千三百里，南北一萬四千八百一十五里。東、南皆際大海，西至且末，北至五原，隋氏之極盛也。及大業季年，羣盜蜂起，郡縣淪陷，戶口減耗。高祖受命之初，改郡爲州，太守並稱刺史。其緣邊鎭守及襟帶之地，置總管府，以統軍戎。至武德七年，改總管府爲都督府。

自隋季喪亂，羣盜初附，權置州郡，倍於開皇、大業之間。貞觀元年，悉令併省。始於山河形便，分爲十道：一曰關內道，二曰河南道，三曰河東道，四曰河北道，五曰山南道，六曰隴右道，七曰淮南道，八曰江南道，九曰劍南道，十曰嶺南道。至十三年定簿，凡州府三百五十八，縣一千五百五十一。至十四年平高昌，又增二州六縣。自北殄突厥頡利，西平高昌，北踰陰山，西抵大漠。其地東極海，西至焉耆，南盡林州南境，北接薛延陀界。凡東西九千五百一十里，南北萬六千九百一十八里。高宗時，平高麗、百濟，遼海已東，皆爲州，俄而復叛，不入提封。景雲二年，分天下郡縣，置二十四都督府以統之。議者以權重不便，尋亦罷之。

開元二十一年，分天下爲十五道，每道置採訪使，檢察非法，如漢刺史之職：京畿採訪使、理京師城內都畿、理東都城內關內、以京官遙領河南、理汴州河東、理蒲州河北、理魏州隴右、理鄯州山南東道、理襄州山南西道、理梁州劍南、理益州淮南、理揚州江南東道、理蘇州江南西道、理洪州黔中、理黔州嶺南理廣州。又於邊境置節度、經略使，式遏四夷。凡節度使十，經略守捉使三。大凡鎮兵四十九萬人，戎馬八萬餘疋。每歲經費：衣賜則千二十萬疋段，軍食則百九十萬石，大凡千二百一十萬。開元已前，每年邊用不過二百萬，天寶中至於是數。

安西節度使，撫寧西域，統龜茲、焉耆、于闐、疏勒四國。安西都護府治所，在龜茲國城內，管戍兵二萬四千人，馬二千七百疋，衣賜六十二萬疋段。焉耆治所，在安西府東八百里。于闐，在安西府南二千里。疏勒，在安西府西二千餘里。

北庭節度使，防制突騎施、堅昆、斬啜〔三〕，管瀚海、天山、伊吾三軍。北庭節度使所治，在北庭都護府，管兵二萬人，馬五千疋，衣賜四十八萬疋段。突騎施牙帳，在北庭府西北三千餘里。堅昆，在北庭府北七千里〔四〕。東北去斬啜千七百里。瀚海軍，在北庭府城內，管兵萬二千人，馬四千二百疋。天山軍，在西州城內，管兵五千人，馬五百疋。伊吾軍，在伊州西北三百里甘露川，管兵三千人，馬三百疋。

河西節度使，斷隔羌胡，統赤水、大斗、建康、寧寇、玉門、墨離、豆盧、新泉等八軍，張掖、交城、白亭三守捉。河西節度使治，在涼州，管兵七萬三千人，馬萬九千四百疋，衣賜歲百八十萬疋段。赤水軍，在涼州城內，管兵三萬三千人，馬萬三千疋。大斗軍，在涼州西二百餘里，管兵七千五百人，馬二千四百疋。建康軍，在甘州西二百里〔五〕，管兵五千三百人，馬五百疋。寧寇軍，在涼州東北千餘里〔六〕。玉門軍，在肅州西二百里，管兵五千二百人，馬六百疋。墨離軍，在瓜州西北千里，管兵五千人，馬四百疋。豆盧軍，在沙州城內，管兵四千三百人，馬四百疋。新泉軍，在會州西北二百餘里，管兵千人。張掖守捉，在涼州南二里〔七〕，管兵五百人。交城守捉，在涼州西二百里，管兵千人。白亭守捉，在涼州西北五百里，管兵千七百人。

朔方節度使，捍禦北狄，統經略、豐安、定遠、西受降城、東受降城、安北都護、振武等七軍府。朔方節度使，治靈州，管兵六萬四千七百人，馬四千三百疋，衣賜二百萬疋段。經略軍，理靈州城內，管兵二萬七百人，馬三千疋。豐安軍，在靈州西黃河外百八十里，管兵八千人，馬千三百疋。定遠城，在靈州東北二百里黃河外，管兵七千人，馬三千疋。西受降城，在豐州北黃河外八十里〔八〕，管兵七千人，馬千七百疋。安北都護府治，在中受降城黃河北岸，管兵六千人，馬二千疋。東受降城，在勝州東北二百里，管兵七千人，馬千七百疋。振武軍，在單于東都護府城內〔九〕，管兵九千人，馬千六百疋。

河東節度使，掎角朔方，以禦北狄，統天兵、大同、橫野、岢嵐等四軍，忻、代、嵐三州，雲中守捉。河東節度使，治太原府，管兵五萬五千人，馬萬四千疋，衣賜歲百二十六萬疋段，軍糧五十萬石。天兵軍，理太原府城內，管兵三萬人，馬五千五百疋。雲中守捉，在單于府西北二百七十里，管兵七千七百人，馬二千疋。大同軍，在代州北三百里，管兵九千五百人，馬五千五百疋。橫野軍，在蔚州東北一百四十里，管兵三千人，馬千八百疋。忻州，在太原府北百八十里，管兵七千八百人。代州，至太原府五百里，管兵四千人。嵐州，在太原府西北二百五十里，管兵三千人。岢嵐軍，在嵐州北百里，管兵一千人。

范陽節度使，臨制奚、契丹，統經略、威武、清夷、靜塞、恆陽、北平、高陽、唐興、橫海等九軍。范陽節度使，理幽州，管兵九萬一千四百人，馬六千五百疋，衣賜八十萬疋段，軍糧五十萬石。經略軍，在幽州城內，管軍三萬人，馬五千四百疋。威武軍，在檀州城內，管兵萬人，馬三百疋。清夷軍，在嬀州城內，管兵萬人，馬三百疋。靜塞軍，在薊州城內，管兵萬六千人，馬五百疋。恆陽軍，在恆州城東，管兵三千五百人。北平軍，在定州城西，管兵六千人。高陽軍，在易州城內，管兵六千人。唐興軍，在莫州城內，管兵六千人。橫海軍，在滄州城內，管兵六千人。

平盧軍節度使，鎭撫室韋、靺鞨，統平盧、盧龍二軍，榆關守捉，安東都護府。平盧軍節度使治，在營州，管兵萬七千五百人，馬五千五百疋。平盧軍，在營州城內，管兵萬六千人，馬四千二百疋。盧龍軍，在平州城內，管兵萬人，馬三百疋。榆關守捉，在營州城西四百八十里，管兵三百人，馬百疋。安東都護府，在營州東二百七十里，管兵八千五百人，馬七百疋。

隴右節度使，以備羌戎，統臨洮、河源、白水、安人、振威、威戎、莫門、寧塞、積石、鎭西等十軍〔一〇〕，綏和、合川、平夷三守捉。隴右節度使，在鄯州，管兵七萬人，馬六百疋，衣賜二百五十萬疋段。臨洮軍，在鄯州城內，管兵萬五千人，馬八千疋。河源軍，在鄯州西百二十里，管兵四千人，馬六百五十疋。白水軍，在鄯州西北二百三十里，管兵四千人，馬五百疋。安人軍，在鄯州界星宿川西，兵萬人，馬三百五十疋。振威軍，在鄯州西三百里，管兵千人，馬五百疋。威戎軍，在鄯州西北三百五十里，管兵千人，馬五十疋。綏和守捉，在鄯州西南二百五十里，管兵千人。合川守捉，在鄯州南百八十里，管兵千人。莫門軍，在洮州城內，管兵五千五百人，馬二百疋。寧塞軍，在廓州城內〔一一〕，管兵五百人，馬五十疋。積石軍，在廓州西百八十里〔一二〕，管兵七千人，馬三百疋。鎭西軍，在河州城內，管兵萬一千人，馬三百疋。平夷守捉，在河州西南四十里〔一三〕，管兵三千人。

劍南節度使，西抗吐蕃，南撫蠻獠，統團結營及松、維、蓬、恭、雅、黎、姚、悉等八州兵馬，天寶、平戎、昆明、寧遠、澄川、南江等六軍鎭。劍南節度使治，在成都府，管兵三萬九百人，馬二千疋，衣賜八十萬疋段，軍糧七十萬石。團結營，在成都府城內，管兵萬四千人，馬千八百疋。翼州，管兵五百人。茂州，管兵三百人。維州，管兵五百人。天寶軍，在恭州東南九十里，管兵千人。柘州，管兵五百人。松州，管兵二千八百人。平戎城，在恭州南八十里，管兵千人。雅州，管兵四百人。當州，管兵五百人。黎州，管兵千人。昆明軍，在嶲州南，管兵五千一百人，馬二百疋。寧遠城，在嶲州西，管兵三百人。姚州，管兵三百人。澄川守捉，在姚州東六百里，管兵二千人。悉州，管兵五千人。南江郡，管兵三百人。

嶺南五府經略使，綏靜夷獠，統經略、清海二軍，桂管、容管、安南、邕管四經略使。五府經略使治，在廣州，管兵萬五千四百人，輕稅本鎭以自給。經略軍，在廣州城內，管兵五千四百人。清海軍，在恩州城內〔一四〕，管兵二千人。桂管經略使，治桂州，管兵千人。容管經略使，治容州，管兵千一百人。安南經略使，治安南都護府，卽交州，管兵四千二百人。邕管經略使〔一五〕，管兵七百人。

長樂經略使，福州刺史領之，管兵千五百人。

東萊守捉、萊州刺史領之，管兵千人。東牟守捉。登州刺史領之，管兵千人。

至德之後，中原用兵，刺史皆治軍戎，遂有防禦、團練、制置之名。要衝大郡，皆有節度之額〔一六〕；寇盜稍息，則易以觀察之號。

東都畿汝防禦觀察使。領汝州，東都留守兼之。

河陽三城節度使。治孟州，領孟、懷二州。

宣武軍節度使。治汴州，管汴、宋、亳、潁四州。

義成軍節度使。治滑州，管滑、鄭、濮三州。

忠武軍節度使。治許州，管許、陳、蔡三州。

天平軍節度使。治鄆州，管鄆、齊、曹、棣四州。

兗海節度使。治兗州，管兗、海、沂、密四州。

武寧軍節度使。治徐州，管徐、泗、濠、宿四州。

平盧軍節度使。治青州，管淄、青、登、萊四州。

陝州節度使。治陝州，管陝、虢二州。

潼關防禦鎮國軍使。華州刺史領之。

同州防禦長春宮使。同州刺史領之。

鳳翔隴節度使。治鳳翔府，管鳳翔府、隴州。

邠寧節度使。治邠州，管邠、寧、慶、鄜、坊、丹、延、衍等州。

涇原節度使。治涇州，管涇、原、渭、武四州。

朔方節度使。治靈州，管鹽、夏、綏、銀、宥、豐、會、麟、勝、單于府等州。

河中節度使。治河中府，管蒲、晉、絳、慈、隰等州。

昭義軍節度使。治潞州，領潞、澤、邢、洺、磁五州。

河東節度使。治太原府，管汾、遼、沁、嵐、石、忻、憲等州。

大同軍防禦使。雲州刺史領之，管雲、蔚、朔三州。

魏博節度使。治魏州，管魏、貝、博、相、澶、衞六州。

義昌軍節度使。治滄州，管滄、景、德三州。

成德軍節度使。治恒州，領恒、趙、冀、深四州。

義武軍節度使。治定州，領易、祁二州。

幽州節度使。治幽州，管幽、涿、瀛、莫、檀、薊、平、營、嬀、順等十州。

山南西道節度使。治興元府，管開、通、渠、興、集、鳳、洋、蓬、利、璧、巴、閬、果、金、商等州。

山南東道節度使。治襄州，管襄、復、均、房、鄧、唐、隨、郢等州。元和中，淮、蔡用兵，析鄧、唐二州別立一節度。

荆南節度使。治江陵府，管歸、夔、峽、忠、萬、澧、朗等州，使親王領之。

劍南西川節度使。治成都府，管彭、蜀、漢、眉、嘉、資、簡、維、茂、黎、雅、松、扶、文、龍、戎、翼、邛、巂、姚、柘、恭、當、悉、奉、壘、靜等州，使親王領之。

劍南東川節度使。治梓州，管梓、綿、劍、普、榮、遂、合、渝、瀘等州。

武昌軍節度使。治鄂州，管鄂、岳、蘄、黃、安、申、光等州。

淮南節度使。治揚州，管揚、楚、滁、和、舒、壽、廬等州，使親王領之。

浙江西道節度使。治潤州，管潤、蘇、常、杭、湖等州。或爲觀察使。

浙江東道節度使。治越州，管越、衢、婺、溫、台、明等州。或爲觀察使。

福建觀察使。治福州，管福、建、泉、汀、漳等州。

宣州觀察使。治宣州，管宣、歙、池等州。

江南西道觀察使。治洪州，管洪、饒、吉、江、袁、信、虔、撫等州。喪亂後，時升為節度使。

湖南觀察使。治潭州，管潭、衡、郴〔一七〕、連、道、永、邵等州。

黔中觀察使。治黔州，管涪、溪、思、費、辰、錦、播、施、珍、夷、業、溱、南、巫等州〔一八〕。

嶺南東道節度使。治廣州，管廣、韶、循、岡、恩、春、賀、潮、端、藤、康、封、瀧、高、義、新、勤、竇等州。

嶺南西道桂管經略觀察使。治桂州，管桂、昭、蒙、富、梧、潯、龔、鬱林、平琴、賓、澄、繡、象、柳、融等州。

邕管經略使。治邕州，管邕、貴、黨、橫、田、嚴、山、巒〔一九〕、羅、潘等州。

容管經略使。治容州，管容、辯、白、牢、欽、巖、禺、湯、瀼、古等州。

安南都護節度使。治安南府，管交、武峩、粵、芝、愛、福祿、長、峯、陸、廉、雷、籠、環、崖、儋、振、瓊、萬安等州〔二〇〕。

上元年後，河西、隴右州郡，悉陷吐蕃。大中、咸通之間，隴右遺黎，始以地圖歸國，又析置節度。

秦州節度使。治秦州，管秦、成、階等州。

涼州節度使。治涼州，管西、洮、鄯、臨、河等州。

瓜沙節度使。治沙州，管沙、瓜、甘、肅、蘭、伊、岷、廓等州。乾符之後，天下亂離。禮樂征伐，不自朝廷。禹迹九州，瓜分臠剖，或併或析，不可備書。

今舉天寶十一載地理。唐土東至安東府，西至安西府，南至日南郡，北至單于府。南北如前漢之盛，東則不及，西則過之。漢地東至樂浪、玄菟，今高麗、渤海是也。今在遼東，非唐土也。漢境西至燉煌郡，今沙州，是唐土。又龜茲，是西過漢之盛也。開元二十八年，戶部計帳，凡郡府三百二十有八〔二〕，縣千五百七十有三。羈縻州郡，不在此數。戶八百四十一萬二千八百七十一，口四千八百一十四萬三千六百九，應受田一千四百四十萬三千八百六十二頃一十三畝。雖未盈兩漢之數，晉、魏以來，斯爲盛矣。永泰之後，河朔、隴西，淪於寇盜。元和掌計之臣，嘗爲版簿，二方不進戶口，莫可詳知。今但自武德已來，備書廢置年月。其前代沿革，略載郡邑之端。俾職方之臣，不殆於顧問耳。

十道郡國

關內道一　河南道二

關內道

京師　秦之咸陽，漢之長安也。隋開皇二年，自漢長安故城東南移二十里置新都，今京師是也。城東西十八里一百五十步，南北十五里一百七十五步。

皇城在西北隅，謂之西內〔一二〕。正門曰承天，正殿曰太極。太極之後殿曰兩儀。內別殿、亭、觀三十五所。京師西有大明、興慶二宮，謂之三內〔一三〕。有東西兩市。都內，南北十四街，東西十一街。街分一百八坊。坊之廣長，皆三百餘步。皇城之南大街曰朱雀之街，東五十四坊，萬年縣領之。街西五十四坊，長安縣領之。京兆尹總其事。東內曰大明宮，在西內之東北，高宗龍朔二年置。正門曰丹鳳，正殿曰含元，含元之後曰宣政。宣政左右，有中書門下二省、弘文史二館。高宗已後，天子常居東內，別殿、亭、觀三十餘所。南內曰興慶宮，在東內之南隆慶坊，本玄宗在藩時宅也。自東內達南內，有夾城複道，經通化門達南內。人主往來兩宮，人莫知之。宮之西南隅，有花萼相輝、勤政務本之樓。

禁苑，在皇城之北。苑城東西二十七里，南北三十里，東至灞水〔一四〕，西連故長安城，南連京城，北枕渭水。苑內離宮、亭、觀二十四所。漢長安故城東西十三里，亦隸入苑中。苑置西南監及總監，以掌種植。

京兆府　隋京兆郡，領大興、長安、新豐、渭南、鄭、華陰、藍田、鄠、盩厔、始平、武功、上宜、醴泉、涇陽、雲陽、三原、宜君、同官、華原、富平、萬年、高陵二十二縣。武德元年，改爲雍州。改大興爲萬年，萬年爲櫟陽，分櫟陽置平陵〔三五〕，以渭南縣屬華州，分醴泉置溫秀縣，分雲陽置石門縣。二年，分萬年置芷陽縣，分藍田置白鹿縣，分涇陽、始平置咸陽縣，分高陵置鹿苑縣，改平陵爲粟邑縣，分醴泉置好畤縣，分盩厔置終南縣。三年〔三六〕，改白鹿爲寧人縣，分藍田置玉山縣，分始平置醴泉縣〔三七〕。仍分武功、好畤、盩厔、扶風四縣置稷州，分溫秀、石門二縣置泉州。四年，改三原爲池陽。五年，復以華州之渭南來屬。六年，改池陽爲華池縣。七年，廢芷陽入萬年縣。貞觀元年，廢鹿苑入高陵縣，廢寧人、玉山入藍田縣，改雲陽爲池陽縣，改華池爲三原縣。廢稷州，以武功、好畤、盩厔三縣來屬。八年，廢粟邑入櫟陽縣，廢終南入盩厔縣，廢雲陽入池陽縣。仍改池陽爲雲陽縣。廢上宜入岐州之岐陽縣。十七年，罷宜州，以華原、同官二縣來屬。二十年，又置宜君縣。永徽二年，廢宜君縣。乾封元年，置明堂、乾封二縣。咸亨元年，置美原縣。文明元年，置奉天縣。天授元年，改雍州爲京兆郡，其年復舊。二年，分始平、武功、奉天、盩厔、好畤等縣置稷州；雲陽、涇陽、醴泉、三原、富平、美原等縣置宜州。大足元年罷，以鴻、宜、鼎、稷四州依舊爲縣，以始平等十七縣還隸雍州。長安二年，廢乾封、明堂二縣。景龍三年，以邠州之永壽、商州之安業二縣來屬。景雲元年，復以永壽屬邠州，安業隸商州。開元元年，改雍州爲京兆府，復隋舊名。四年，改同州蒲城縣爲奉先縣，仍隸京兆府。天寶元年，以京師爲西京。七載，置貞符縣。十一年廢。舊領縣十八，戶二十萬七千六百五十，口九十二萬三千三百二十。天寶領縣二十三，戶三十六萬二千九百二十一，口一百九十六萬七千一百八十八。府理京城之光德坊。去東京八百里。

萬年　隋大興縣。武德元年，改爲萬年。乾封元年，分置明堂縣，治永樂坊。長安三年廢，復併萬年。天寶七載，改爲咸寧，乾元復舊也。

長安　隋縣。乾封元年，分爲乾封縣，治懷直坊。長安三年廢，復併長安。

藍田　隋縣。

渭南　隋縣。武德元年屬華州，五年復隸雍州。天授二年置鴻州，分渭南置鴻門縣，凡領渭南、慶山、高陵、櫟陽、鴻門五縣。尋廢鴻門縣，還入渭南。大足元年，廢鴻州入雍州也。

昭應　隋新豐縣，治古新豐城北。垂拱二年，改爲慶山縣。神龍元年，復爲新豐。天寶二年，分新豐、萬年置會昌縣。七載，省新豐縣，改會昌爲昭應，治温泉宮之西北。

三原　隋縣。武德四年，移治清谷南故任城〔二八〕，改爲池陽縣。六年，又移故所，改爲華池縣，仍分置三原縣，屬北泉州。貞觀元年，廢三原縣，仍改華池縣爲三原縣〔二九〕，屬雍州。九年，置高祖獻陵於縣之東南。天授元年，改隸鼎州。大足元年，隸京兆府。

富平　隋縣。天授二年，隸宜州。大足元年州廢，還隸雍州。景雲二年，置中宗定陵於縣界〔三〇〕。

櫟陽　隋萬年縣。武德元年，改爲櫟陽。二年，分置粟邑縣。貞觀八年，廢粟邑併櫟陽。天授三年，隸鴻州。大足元年，還隸雍州。

咸陽　隋廢縣。武德二年，復分涇陽置。初治鮑橋，其年，移治杜郵。天授二年，則天以其母順陵在其界，升爲赤，神龍初復。

高陵　隋縣。天授二年，隸鴻州。大足元年，還雍州。

涇陽　隋縣。天授二年，隸鼎州。大足元年，還雍州。

醴泉　隋寧夷縣，後廢。貞觀十年，置昭陵於九嵕山，因析雲陽、咸陽二縣置醴泉縣。天授元年，改隸鼎州。大足元年，還雍州。寶應二年，又置肅宗建陵，在縣北之憑山。

雲陽　隋縣。武德元年，分置石門縣。三年，於石門縣置泉州，領石門、温秀二縣。貞觀元年，廢泉州，改石門爲雲陽，改雲陽爲池陽，並屬雍州。八年，廢雲陽，改池陽復名雲陽。

興平　隋始平縣。天授二年，隸稷州。大足元年，還雍州。景龍四年，中宗送金城公主入蕃，別於此，因改金城縣。至德二年十月，改興平縣。

鄠　隋縣。

武功　隋縣。武德三年，分雍州之武功、好畤、盩厔、扶風四縣置稷州，因后稷封邰爲名。其年，割郇州之郿〔三〕、鳳泉二縣來屬。四年，又割岐州之圍川、鳳泉屬岐州〔四〕，以盩厔、好畤、武功三縣屬雍州。天授二年，置稷州，領武功、始平、奉天、盩厔、好畤五縣。大足元年，還屬雍州。

好畤　武德二年，分醴泉縣置，因漢舊名，屬雍州。三年，改隸稷州。貞觀元年，復屬雍州。天授二年，復隸稷州。大足元年，還屬雍州。

盩厔　隋縣。武德三年，屬稷州。貞觀三年，還雍州。天授二年，屬稷州。大足元年，還雍州。天寶元年，改爲宜壽縣。至德二年三月十八日，復爲盩厔。

奉先　舊蒲城縣，屬同州。開元四年，以管橋陵，改京兆府，仍改爲奉先縣。十七年，制官員同赤縣。寶應二年，又置玄宗泰陵於縣東北。

奉天　文明元年，以管乾陵，分醴泉置。天授二年，隸稷州。大足元年，還雍州。

華原　舊宜州，領華原、宜君、同官、土門四縣。貞觀十七年，省宜州及土門縣，以華原、同官屬雍州。宜君屬坊州。垂拱二年，改華原爲永安縣。天授二年，又置宜州，領永安、同官、富平、美原四縣。大足元年，廢宜州，縣還雍州。神龍元年，復爲華原縣。

美原　舊宜州土門縣，貞觀十七年廢。咸亨二年，又割富平、華原及同州之蒲城縣置，改爲美原縣。天授二年，又屬宜州。大足元年，還雍州。

同官　屬宜州，貞觀十七年，改屬雍州。天授二年，改屬宜州。大足元年，還屬雍州。

華州上輔　隋京兆郡之鄭縣。義寧元年，割京兆之鄭縣、華陰二縣置華山郡，因後魏郡名。武德元年，改爲華州，割雍州之渭南來屬。五年，改渭南還雍州。垂拱元年，割同州之下邽來屬。二年，改爲太州。神龍元年，復舊名。天寶元年，改爲華陰郡。乾元元年，復爲華州。上元元年十二月，改爲太州，華山爲太山。寶應元年，復爲華州。舊領縣二，戶一萬八千八百二十三，口八萬八千八百三十。天寶領縣三，戶三萬三千一百八十七，口二十一萬三千六百一十三。在京師東一百八十里，去東都六百七十里。

鄭　隋縣。

華陰　隋縣。垂拱二年，改爲仙掌縣。天授二年，分置同津縣於關口，長安中廢。神龍元年，復爲華陰。上元元年，改爲太陰縣。寶應元年復舊。

下邽　隋縣。舊屬同州，垂拱元年來屬。

同州上輔　隋馮翊郡。武德元年，改爲同州，領馮翊、下邽、蒲城、朝邑、澄城、白水、郃陽、韓城八縣。三年，分朝邑置河濱縣，分郃陽置河西縣，分澄城置長寧縣。仍割河西、韓城、郃陽三縣，於河西置西韓州。九年，分馮翊置臨沮縣。貞觀元年，省河濱、臨沮二縣。八年，省長寧縣，廢西韓州，以郃陽、河西二縣來屬。垂拱元年，割下邽屬華州。開元四年，割蒲城縣屬京兆府。天寶元年，改同州爲馮翊郡。乾元元年，復爲同州。乾元三年，以蒲州爲河中府；割朝邑縣入河中府，改河西縣爲夏陽縣，又屬河中府。舊領縣九，戶五萬三千三百一十五，口二十三萬二千一十六。天寶領縣六，戶六萬九百二十八，口四十萬八千七百五。在京師東北二百五十五里，至東都六百二里。

馮翊　隋縣。

郃陽　隋縣。武德三年，割屬西韓州。貞觀八年，復屬同州。

白水　隋縣。

澄城　隋縣。

韓城　隋縣。武德七年，割屬西韓州。八年，自河西縣移西韓州理於此，領韓城、郃陽、河西三縣。貞觀八年，廢西韓州，以韓城等三縣復還屬同州也。

夏陽　武德三年，分郃陽於此置河西縣。乾元三年，爲夏陽。

坊州上　隋上郡之內部縣。周天和七年，元皇帝作牧鄜州，於此置馬坊。武德二年，分鄜州置坊州，以馬坊爲名。天寶元年，改爲中部。乾元元年，復爲坊州。舊領縣二，戶七千五百七，口一萬一千六百七十一。天寶領縣四，戶二萬二千四百五十八，口十二萬二百八。在京師東北三百四十七里，去東都九百四十八里。

鄜城　隋縣。武德元年，屬鄜州。二年，改屬坊州。

中部　隋曰內部。武德元年，屬鄜州。二年，改爲中部，屬坊州。

宜君　舊屬宜州。貞觀十七年廢，二十年復置〔三〕，屬雍州，管玉華宮。永徽二年，復廢。龍朔三年，又割中部、同官兩縣地復置宜君縣，理古祋祤城北，屬坊州。

昇平　天寶十二年，分宜君縣置。

丹州下　隋延安郡之義川縣。義寧元年，於義川置丹陽郡。武德元年，改爲丹州，領縣五。二年，於州置總管府，北連、北廣二州。貞觀元年，罷都督府。天寶元年，改爲咸寧郡。乾元元年，復爲丹州。舊領縣五，戶三千一百九十四，口一萬七千二十。天寶，戶一萬五千一百五，口八萬七千六百二十五。在京師東北六百一十一里，去東都九百二十里。

義川　隋縣。

汾川　隋縣，治土壁堡。開元二十二年，移於今所。

咸寧　隋縣，治白水川。景龍二年，移治長松川。

雲巖　隋廢縣。武德元年，復分義川縣置，理迴城堡。咸亨四年，移治今所。

門山　隋廢縣。武德三年，分汾川縣置，治宋斯堡。總章二年，移治庫利川。

鳳翔府　隋扶風郡。武德元年，改爲岐州，領雍、陳倉、郿、虢、岐山、鳳泉等六縣。又割雍等三縣，置圍川縣。其年，割圍川屬稷州。貞觀元年，廢稷州，以圍川及郿州之麟遊、普潤等三縣來屬。七年，又置岐陽縣。八年，改圍川爲扶風縣，省虢縣及鳳泉。天授二年，復置虢縣。天寶元年，改爲扶風郡。至德二年，肅宗自順化郡幸扶風郡，置天興縣，改雍縣爲鳳翔縣，並治郭下。初以陳倉爲鳳翔縣，乃改爲寶雞縣。其年十月，克復兩京。十二月，置鳳翔府，號爲西京，與成都、京兆、河南、太原爲五京。寶應元年，併鳳翔縣入天興縣，後罷京名。舊領縣八，戶二萬七千二百八十二，口十萬八千三百二十四。天寶領縣九，戶五萬八千四百八十六，口三十八萬四百六十三。在京師西三百一十五里，去東都一千一百七十里。

天興　隋雍縣。至德二年，分雍縣置天興縣。寶應元年，廢雍縣，併入天興。

扶風　武德三年，分岐山縣置圍川縣，取湋川爲名，俗訛改爲「圍」。四年，以圍川隸稷州。貞觀元年〔三四〕，爲扶風縣，復屬岐州。

寶雞　隋陳倉縣。至德二年二月十五日，改爲鳳翔縣，其月十八日，改爲寶雞。

岐陽　貞觀七年，割扶風、岐山二縣置〔三五〕，至二十一年廢，永徽五年復置。

岐山　隋縣。武德元年，移治張堡。七年，移治龍尾城。貞觀八年，移治猪驛南，即今治所是。仍省虢縣併入。

郿　隋縣。義寧二年，於縣界置郿城郡，領郿、鳳泉二縣。武德元年，罷郡，置郇州，領郿縣。三年，廢郇州，改屬稷州。七年，改屬岐州。

麟遊　義寧元年，於仁壽宮置鳳棲郡及麟遊縣。其郡領麟遊、上宜、普潤三縣。二年，改爲麟遊郡及靈臺縣，仍割安定郡之鶉觚來屬。武德元年，改麟遊郡爲麟州。貞觀元年，省靈臺縣入麟遊，又廢麟州，以普潤、麟遊二縣隸岐州，上宜隸雍州，鶉觚隸涇州。太宗改仁壽宮爲九成宮。

普潤　隋縣。本屬麟州，貞觀元年來屬。

虢　隋縣。貞觀八年，廢入岐山縣。天授二年，復分岐山置虢縣。

邠州上　隋北地郡之新平縣。義寧二年，割北地郡之新平、三水二縣置新平郡。武德元年，改爲豳州〔三六〕。二年，分新平置永壽縣。貞觀二年，又分新平置宜祿縣。開元十三年，改豳爲邠。天寶元年，改爲新平郡。乾元元年，復爲邠州。舊領縣四，戶一萬五千五百三十四，口六萬四千八百一十九。天寶，戶二萬二千九百七十七，口十三萬五千二百五十。去京師西北四百九十三里，至東都一千一百三十二里。

新平　隋縣。

三水　隋縣。

永壽　武德二年，分新平置。神龍三年，改屬雍州。景龍元年，復屬邠州。

宜祿　貞觀二年，分新平置宜祿縣，後魏廢縣名。

涇州上　隋安定郡。武德元年，討平薛仁杲，改名涇州。天寶元年，復爲安定郡。乾元元年，復爲涇州。舊領縣五，戶八千七百七十三，口三萬五千九百二十一。天寶，戶三萬一千三百八十五，口十八萬六千八百四十九。在京師西北四百九十三里，至東都一千三百八十七里。

安定　隋縣。

靈臺　隋鶉觚縣。天寶元年，改爲靈臺。

良原

潘原　隋陰盤縣。天寶元年，改爲潘原，縣界有潘原廢縣〔三七〕。

臨涇　隋縣。

隴州上　隋扶風郡之汧源縣。義寧二年，置隴東郡，領縣五。武德元年，改爲隴州，以南由縣屬含州。四年，廢含州，復以南由來屬。天寶元年，改爲汧陽郡。乾元元年，復爲隴州。舊領縣五，戶四千五百七十一，口一萬八千六百三。天寶，戶二萬四千六百五十二，口十萬一百四十八。在京師西四百九十六里，去東都一千三百二十五里。

汧源　隋縣。

汧陽　隋縣。

南由　隋縣。武德元年，置含州於此，領南由一縣。四年，廢含州，以縣屬隴州。

吳山　隋長蛇縣。貞觀元年，改爲吳山縣，治槐衙堡。上元元年，移治龍盤城。

華亭　隋縣。垂拱二年，改亭川。神龍元年，復舊。

寧州上　隋北地郡。義寧元年，領定安、羅川、襄樂、彭原、新平、三水六縣。二年，分定安置歸義縣，以新平、三水屬新平郡。武德元年，改北地郡爲寧州。其年，以彭原縣屬彭州。三年，分彭原置豐義縣，屬彭州。又分定安置定平縣。貞觀元年，廢彭州，以彭原、豐義二縣來屬。仍於寧州置都督府。四年，罷都督府。十七年，廢歸義縣。天寶元年，改爲彭原郡。乾元元年，復爲寧州。舊領縣七，戶一萬五千四百九十一，口六萬六千一百三十五。天寶，領縣六，戶三萬七千一百二十一，口二十二萬四千八百三十七。在京師西北四百四十六里，至東都一千三百二十四里。

定安　隋縣。

彭原　隋縣。武德元年，置彭州，領彭原一縣。二年，分置豐義縣。貞觀元年，廢彭州，以縣來屬寧州。

眞寧〔三九〕　隋羅川縣。天寶元年，改爲眞寧。

定平　武德二年，分定安縣置。貞觀十七年，廢歸義縣，併入定平。

襄樂　隋縣。

豐義　武德二年，分彭原縣置，屬彭州。貞觀元年廢彭州，來屬。

原州中都督府　隋平涼郡。武德元年，平薛仁杲，置原州。貞觀五年，置都督府，管原、慶、會、銀、亭、達、要等七州。十年，省亭、達、要三州，唯督四州。天寶元年，改爲平涼郡。乾元元年，復爲原州。舊領縣三，戶二千四百四十三，口一萬五百一十二。天寶領縣四，戶七千三百四十九，口三萬三千一百四十六。在京師西北八百里，至東都一千六百四十五里。

平高　隋縣。

平涼　隋縣，治陽晉川〔三九〕。開元五年，移治古塞城。

百泉　隋縣。

蕭關　貞觀六年，置緣州〔四〇〕，領突厥降戶，寄治於平高縣界他樓城〔四一〕。高宗時，於蕭關置他樓縣〔四二〕。神龍元年，廢他樓縣，置蕭關縣。大中五年，置武州。

慶州中都督府　隋弘化郡。武德元年，改爲慶州，領合水、樂蟠、三泉、馬嶺、弘化五縣。三年，改三泉爲同川縣。六年，置總管府，改合水爲合川縣，又置白馬、蟠交二縣。七年，改總管爲都督府。貞觀元年，廢都督府及合川縣，仍割林州之華池縣來屬。二年，置洛源縣〔四三〕。四年，復置都督府及北永州，以洛源屬北永州。五年，又罷都督府，以慶州隸原州都督府。八年，又以廢北永州之洛源縣來屬〔四四〕。開元四年，復置都督府。二十六年，昇爲中都督府。天寶元年，改爲安化郡。至德元年，改爲順化郡。乾元元年，改爲慶州。舊領縣八，戶七千九百一十七，口三萬五千一十九。天寶領縣十，戶二萬三千九百四十九，口一十二萬四千三百三十六。在京師西北五百七十二里，至東都一千四百一十里。

安化　隋弘化縣，治弘州故城。武德六年，移治今所，與合水縣俱在州治。其年，改合水爲合川縣。貞觀元年，省合川縣併入。神龍元年，改爲安化縣。

樂蟠　義寧元年，分合水縣置。

合水　武德六年，分合水置蟠交縣。天寶元年廢，併入合水。

馬嶺　隋縣，治天家堡。貞觀八年，移理新城。以縣西有馬嶺坂。

方渠　景龍元年，分馬嶺置。

同川　義寧二年，廢北永州，分寧州彭原置於三泉縣故城。武德三年，復治同川城〔四五〕，改爲同川縣。

洛源　隋縣。大業十三年，爲胡賊所破，因廢。貞觀二年，復置。又自延州金城縣移北永州治於此。八年，北永州廢，復以洛源縣屬慶州。

延慶　武德六年，分合水縣置白馬縣。天寶元年，改爲延慶縣。

華池　隋舊縣。大業十三年，爲胡賊所破，縣廢。武德四年復置，又於此置林州總管府，管永州。其林州領華池一縣。五年，改永州爲北永州。七年，罷林州總管府。貞觀元年，廢林州，華池隸慶州。

懷安　開元十年，檢括逃戶置，因名懷安。

芳池州都督府　寄在慶州懷安縣界，管小州十：靜、獯、王、濮、林、尹、位、長、寶、寧，並党項野利氏種落。

安定州都督府　寄在慶州界，管小州七：党、橋、烏、西戎州、野利州、米州、還州。

安化州都督府　寄在慶州界，管小州七：永利州、威州、旭州、莫州、西滄州、儒州、琮州。

鄜州上　隋上郡。武德元年，改爲鄜州，領洛交、洛川、三川、伏陸、內部、鄜城六縣。二年，以內部、鄜城隸坊州。三年，置直羅縣。貞觀二年，置都督府。六年，又改爲大都督府。九年，復爲都督府。天寶元年，改爲洛交郡。乾元元年，復爲鄜州。舊領縣五，戶一千七百三，口五萬一千二百一十六。天寶，戶二萬三千四百八十三，口十五萬三千七百十四。在京師東北五百里，至東都九百二十五里。

洛交　隋縣。

洛川　隋縣。

三川　隋縣。以華池水、黑水、洛水三水會同，因名。

直羅　武德三年，分三川、洛交於直羅城置，以城枕羅水，其川平直故也。

甘泉　武德元年，分洛交縣置伏陸縣。天寶元年，改爲甘泉縣。

延州中都督府　隋延安郡。武德元年，改爲延州總管府，領膚施、豐林、延川三縣，管南平、北武、東夏三州。四年，又管丹、廣、達三州。貞觀元年，罷都督府。開元二年，復置都督府，領丹、綏、渾等州。天寶元年，改爲延安郡。乾元元年，復爲延州。舊領縣九，戶九千三百四，口一萬四千一百七十六。天寶，戶一萬八千九百五十四，口十萬四千。在京師東北六百三十一里，至東都一千一百五十一里。

膚施　隋縣。分豐林、金明二縣置。

延長　隋廢縣。武德二年，復於此置北連州，領義鄉、齊明二縣。貞觀二年，廢北連州及義鄉、齊明二縣，併入延安。廣德二年，改爲延長縣。

臨眞　隋縣。武德初，屬東夏州。貞觀二年，州廢來屬。

敷政　隋因城縣〔四六〕。武德二年，移治於金城鎮，改爲金城縣。又於界內置永州，領金城、洛盤、新昌、土塠四縣。貞觀四年，移永州於洛源縣。八年，廢洛盤等三縣〔四七〕，併入金城，屬延州。天寶元年，改金城爲敷政。

金明　隋廢縣。武德二年，置北武州，領開遠、金義、崇德、永定、安義五縣。復分膚施置金明縣。貞觀二年，廢北武州，以開遠等五縣併入金明縣。

豐林　隋舊縣。武德四年，於此僑置雲州及雲中、榆林、龍泉三縣。八年，廢雲州及三縣，以龍泉併入臨眞，以雲中、榆林併入豐林。

延水　武德二年，分延川縣置西和州，領安人、修文、桑原三縣。貞觀二年，廢西和州，以修文、桑原併入安人，屬北基州。八年，廢北基州入延川。二十三年，改爲弘風縣。神龍元年，改爲延水。

延川　隋舊縣。武德二年，置南平州，領義門縣。四年，廢南平州及縣，併入延川。

延昌　武德二年，置北平州。貞觀三年廢，十年於廢州置罷交縣。天寶元年，改名爲延昌縣。

渾州　寄治延安郡界，隸延州節度使。

綏州下　隋雕陰郡。武德三年，於延州豐林縣置綏州總管府，領西和、南平、北基、銀、雲、眞、上、殄、北吉、匡、龍等十一州。其綏州領上、大斌、城平、綏德、延福五縣。六年，移治所於延州延川縣界。七年，又移治城平縣界魏平廢城（四八）。貞觀二年，平梁師都，罷都督府，移州治上縣。天寶元年，改爲上郡。乾元元年，復爲綏州。舊領縣五，戶三千一百六十三，口一萬六千一百二十九。天寶，戶一萬八百六十七，口八萬九千一百一十一。在京師東北一千里，至東都一千八百一十九里。

龍泉　隋曰上縣。天寶元年，改爲龍泉。

延福　隋縣。武德六年，置北吉州，領歸義、洛陽二縣，羅州領石羅、開善、萬福三縣；匡州領安定、源泉二縣。貞觀二年，三州及縣並廢，地併入延福。

綏德　隋廢縣。武德二年，復置。六年，又分置雲州，領信義、淳義二縣；龍州領風鄉、義良二縣。貞觀二年，二州及縣俱廢，地併入綏德。

城平　隋舊縣。武德三年，又置魏平縣，屬南平州。又置魏州，領安故、安泉二縣。七年，又於魏平城中置綏州總管府并大斌縣。貞觀二年，廢南平州、魏州及魏平、安故、安泉三縣（四九），移綏州治於上縣，大斌治於今所。

大斌　武德七年置，治魏平。貞觀二年，移治今所。

銀州下　隋雕陰郡之儒林縣。貞觀二年，平梁師都置銀州，隋舊名。天寶元年，改爲銀川郡。乾元元年，復爲銀州。舊領縣四，戶一千四百九十五，口七千七百二。天寶，戶七千六百二，口四萬五千五百二十七。在京師東北一千一百三十里〔三〇〕，至東都一千五百七十九里。

儒林　隋舊縣。

撫寧　隋縣。貞觀二年，屬綏州。八年，改屬銀州，治龍泉川。開元二年，移於今所。

眞鄉　隋縣。

開光　隋縣。貞觀二年，屬綏州。八年，改屬柘州。十三年，柘州廢，來屬銀州。

靜邊州都督府　舊治銀川郡界內，管小州十八。

歸德州　寄治銀州界，處降党項羌。

夏州都督府　隋朔方郡。貞觀二年，討平梁師都，改爲夏州都督府，領夏、綏、銀三州。其夏州，領德靜、巖綠〔三一〕、寧朔、長澤四縣。其年，改巖綠爲朔方縣。七年，於德靜縣置長州都督府〔三二〕。八年，改北開州爲化州。十三年，廢化州及長州，以德靜、長澤二縣來屬。天寶元年，改爲朔方郡。乾元元年，復爲夏州。舊領縣四，戶二千三百二十三，口一萬二百八十六。天寶，戶九千二百一十三，口五萬三千一百四。在京師東北一千一百一十里，至東都一千六百八十里。

朔方　隋巖綠縣。貞觀二年，改爲朔方縣。永徽五年，分置寧朔縣，長安二年廢。開元四年又置，九年又廢，還併入朔方。

德靜　隋縣。貞觀七年，屬北開州。八年，改北開州爲化州。十三年，廢化州，以縣屬夏州。

寧朔　隋縣。武德六年，於此置南夏州。貞觀二年廢。

長澤　隋縣。貞觀七年，置長州都督府。十三年，廢長州，縣還夏州。

雲中都督府　党項部落，寄在朔方縣界，管小州五：舍利、思壁州、阿史那州、綽部州、白登州。戶一千四百三十，口五千六百八十一。

呼延州都督府　党項部落，寄在朔方縣界，管小州三：賀魯州、那吉州、跌跌州。戶一百五十五，口六百五。

桑乾都督府　寄朔方縣界，管小州四：郁射州、藝失州〔三三〕、畢失州、叱略州。戶二百七十四，口一千三百二十三。

定襄都督府　寄治寧朔縣界，管小州四：阿德州、執失州、蘇農州、拔延州。戶四百六十，口一千四百六十三。

達渾都督府　延陀部落，寄在寧朔縣界，管小州五：姑衍州、步訖若州、嵠彈州、鶻州、低粟州。戶一百二十四，口四百九十五。

安化州都督府　寄在朔方縣界。戶四百八十三，口二千五十三。

寧朔州都督府　寄在朔方縣界。戶三百七十四，口二千二十七。

僕固州都督府　寄在朔方縣界。戶一百二十二，口六百七十三。

靈州大都督府　隋靈武郡。武德元年，改爲靈州總管府，領迴樂、弘靜、懷遠、靈武、鳴沙五縣。二年，以鳴沙縣屬西會州。貞觀四年，於迴樂縣置迴、環二州，並屬靈武都督府〔五四〕。十三年，廢迴、環二州，靈州都督入靈、塡二州〔五五〕。二十年，鐵勒歸附，於州界置皋蘭、高麗、祁連三州，並屬靈州都督府。永徽元年，廢皋蘭等三州。調露元年，又置魯、麗、塞、含、依、契等六州，總爲六胡州。開元初廢，復置東皋蘭、燕然、燕山、雞田、雞鹿、燭龍等六州，並寄靈州界，屬靈州都督府。天寶元年，改靈州爲靈武郡。至德元年七月，肅宗即位于靈武，升爲大都督府。乾元元年，復爲靈州。舊領縣五，戶四千六百四十，口二萬一千四百六十二。天寶領縣六，戶一萬一千四百五十六，口五萬三千一百六十三。在京師西北一千二百五十里，至東都二千里。

迴樂　隋縣，在郭下。武德四年，分置豐安縣，屬迴州。十三年，州廢〔三六〕，併入迴樂。

鳴沙　隋縣。武德二年，置西會州，以縣屬焉。貞觀六年，廢西會州，置環州。九年，廢環州，縣屬靈州。神龍二年，移治廢豐安城。

靈武　隋縣。

懷遠　隋縣。界有隋五原郡。武德元年，改爲豐州，領九原縣。六年，州縣俱省入懷遠縣。儀鳳中，再築新城。縣有鹽池三所。

保靜　隋弘靜縣。神龍元年，改爲安靜。至德元年，改爲保靜。

温池　神龍元年置。

燕然州　寄在迴樂縣界，突厥九姓部落所處。戶一百九十，口九百七十八。

雞鹿州　寄在迴樂縣界，突厥九姓部落所處。戶一百三十二，口五百五十六。

雞田州　寄在迴樂縣界，突厥九姓部落所處。戶一百四，口四百六十九。

東臯蘭州　寄在鳴沙界，九姓所處。戶一千三百四十二，口五千一百八十二。

燕山州　在温池縣界，亦九姓所處。戶四百三十，口二千一百七十六。

燭龍州　在温池界，亦九姓所處。戶一百一十七，口三百五十三。

鹽州下　隋鹽川郡。武德元年，改爲鹽州，領五原、興寧二縣。其年，移州及縣寄治靈州。四年，省興寧入五原縣。貞觀元年，廢鹽州五原縣入靈州。二年，平梁師都，復於舊城置鹽州及五原、興寧二縣，隸夏州都督府。其年，改爲靈州都督府。天寶元年，改爲五原郡。乾元元年，改爲鹽州。永泰元年十一月，升爲都督府。元和八年，隸夏州。舊領縣二，戶九百三十二，口三千九百六十九。天寶，戶二千九百二十九，口一萬六千六百六十五。在京師西北一千一百里，至東都二千一十里。

五原　隋縣。武德元年，寄治靈州。貞觀元年省，二年復置。

興寧　龍朔三年置。

豐州下　隋文帝置，後廢。貞觀四年，以突厥降附，置豐州都督府，不領縣，唯領蕃戶。十一年廢〔五七〕，地入靈州。二十三年，又改豐州〔五八〕。天寶元年，改爲九原郡。乾元元年，復爲豐州。領縣二，戶二千八百一十三，口九千六百四十一。在京師北二千二百六里，至東都三千四十四里。

九原　永徽四年置。

永豐　隋縣。武德六年省，永徽元年復置。

會州上　隋會寧鎭。武德二年，討平李軌，置西會州。天寶元年，改爲會寧郡。乾元元年，復爲會州。永泰元年，昇爲上州。領縣二，戶四千五百九十四，口二萬六千六百六十二。去京師一千一百里，至東都二千一百里。

會寧　隋涼川縣。武德二年，改爲會寧。

烏蘭　後周縣，置在會寧關東南四里。天授二年，移於關東北七里。

宥州　調露初，六胡州也。長安四年，併爲匡、長二州。神龍三年，置蘭池都督府，仍置六縣以隸之。開元十年，復分爲魯、麗、契、塞四州。十一年，克定康待賓後，遷其人於河南、江淮之地。十八年，又爲匡、長二州。二十六年，自江淮放回胡戶，於此置宥州及延恩、懷德、歸仁三縣。天寶元年，改爲寧朔郡。至德二年，又改爲懷德郡都督府。乾元元年，復爲宥州。寶應後廢。元和九年，復於經略軍置宥州，郭下置延恩縣。十五年，移治長澤縣，爲吐蕃所破。長慶四年，夏州節度使李祐復置。領縣三，戶七千八十三，口三萬二千六百五十二。去京師二千一百里，去東都三千一百九十里。

延恩　開元二十六年，以廢匡州置，後隨州移徙。

歸仁　舊蘭池州之長泉縣。開元二十六年，置歸仁縣。

懷德　開元二十六年〔五九〕，以廢塞門縣置。

勝州下都督府　隋置勝州，大業爲榆林郡。武德中，平梁師都，復置勝州〔六〇〕。天寶元年，復爲榆林郡。乾元元年，復爲勝州。領縣二，戶四千一百八十七，口二萬九百五十二。去京師一千八百三十里，至東都一千九百五里。

榆林　隋舊。

河濱　隋榆林郡地。貞觀三年，置雲州于河濱，因置河濱縣。四年，改爲威州。八年廢，河濱屬勝州。

麟州下　天寶元年，王忠嗣奏請割勝州連谷、銀城兩縣置麟州，其年改爲新秦郡〔六一〕。乾元元年，復爲麟州。領縣三，戶二千四百二十八，口一萬九百三。去京師一千四百四十里，至東都一千九百五里。

新秦　天寶元年，分連谷、銀城二縣地置。

連谷　舊屬勝州，天寶元年來屬。

銀城　舊屬勝州，天寶元年來屬。

安北大都護府。　開元十年，分豐、勝二州界置瀚海都護府〔六三〕。總章中，改爲安北大都護府。北至陰山七十里，至迴紇界七百里。舊領縣一，戶二千六，口七千四百九十八。去京師二千七百里，至東都二千九百里。在黃河之北。

陰山　天寶元年置。

河南道

東都　周之王城，平王東遷所都也。故城在今苑內東北隅，自赧王已後及東漢、魏文、晉武，皆都於今故洛城。隋大業元年，自故洛城西移十八里置新都，今都城是也。北據邙山，南對伊闕，洛水貫都，有河漢之象。

都城南北十五里二百八十步，東西十五里七十步，周圍六十九里三百二十步。都內縱橫各十街，街分一百三坊、二市。每坊縱橫三百步，開東西二門。

宮城，在都城之西北隅。城東西四里一百八十步，南北二里一十五步。宮城有隔城四重。正門曰應天，正殿曰明堂。明堂之西有武成殿，卽正衙聽政之所也。宮內別殿、臺、館三十五所。上陽宮，在宮城之西南隅。南臨洛水，西拒穀水，東卽宮城，北連禁苑。宮內正門正殿皆東向，正門曰提象，正殿曰觀風。其內別殿、亭、觀九所。上陽之西，隔穀水有西上陽宮，虹梁跨穀，行幸往來。皆高宗龍朔後置。

禁苑，在都城之西。東抵宮城，西臨九曲，北背邙阜，南距飛仙。苑城東面十七里，南面三十九里，西面五十里，北面二十里。苑內離宮、亭、觀一十四所。

河南府　隋河南郡。武德四年，討平王世充，置洛州總管府，領洛、鄭、熊、穀、嵩、管、伊、汝、魯九州。洛州領河南、洛陽、偃師、鞏、陽城、緱氏、嵩陽、陸渾、伊闕等九縣。其年十一月，罷總管府，置陝東道大行臺。九年，罷行臺，置洛州都督府，領洛、懷、鄭、汝等四州，權於府置尙書省。貞觀元年，割穀州之新安來屬。七年，又割穀州之壽安來屬。八年，移治所於河南縣之宣範坊。十八年，廢都督府，省緱氏、嵩陽二縣。顯慶二年，置東都，官員準雍州。是年，廢穀州，以福昌、長水、永寧、澠池等四縣，懷州之河陽、濟源、温、王屋，鄭州之汜水來屬。龍朔二年，又以許州之陽翟，鄭州之密縣，絳州之垣縣來屬。乾封元年，以垣縣隸絳州。咸亨四年，又置柏崖、大基二縣。其年，省柏崖縣。上元元年，復置緱氏縣。永淳元年，復置嵩陽縣。光宅元年，改東都爲神都。垂拱四年，置永昌縣。載初元年，置武臨縣。天授元年，置武泰縣，尋廢。仍改鄭州之滎陽、武泰來屬。三年，置來廷縣。神龍元年，改神都復爲東都；廢永昌、來廷二縣；改武泰、滎陽還鄭州。先天元年，置伊闕縣。開元元年，改洛州爲河南府。二十二年，置河陰縣。天寶元年，改東都爲東京也。天寶，領縣二十六，戶十九萬四千七百四十六，口一百一十八萬三千九十三。在西京之東八百五十里。

河南　隋舊。武德四年，權治司隸臺。貞觀元年，移治所於大理寺。貞觀二年，徙理金墉城。六年，移治都內之毓德坊。垂拱四年，分河南、洛陽置永昌縣，治於都內之道德坊。永昌元年，改河南爲合宮縣。神龍元年，復爲河南縣，廢永昌縣。三年，復爲合宮縣。景龍元年，復爲河南縣。

洛陽　隋舊。武德四年，權治大理寺。貞觀元年，徙治金墉城。六年，移治都內之毓德坊。垂拱四年，分置永昌縣。天授三年，又分置來廷縣，治於都內之從善坊。龍朔元年，廢來廷縣〔六三〕。神龍二年十一月，改洛陽爲永昌縣。唐隆元年七月，復爲洛陽。

偃師　隋縣。

鞏　隋縣。

緱氏　隋縣。貞觀十八年省〔六四〕。上元二年七月復置，管孝敬陵，舊縣治西北澗南。上元中，復置治所於通谷北，今治是。

告成　隋陽城縣。武德四年，割陽城、嵩陽、陽翟置康城縣，又置嵩州，治陽城。貞觀元年，割陽翟隸許州。三年，省嵩州及康城縣，以陽城、嵩陽屬洛州。登封元年，將有事嵩山，改爲告成縣。

登封　隋嵩陽縣。貞觀十七年省。永淳元年七月，復置。二年，又廢。光宅元年，又置。登封元年十二月，改爲登封縣。神龍元年二月，改爲嵩陽。二年十一月，復爲登封。

陸渾　隋縣。

伊闕　隋縣。

伊陽　先天元年十二月，割陸渾縣置。

壽安　隋縣。義寧元年，移治九曲城，屬熊州。貞觀七年，移今治，屬洛州。長安四年，立興泰宮，分置興泰縣。神龍元年廢，併入壽安。

新安　隋縣。義寧二年，置新安郡。武德元年，改爲穀州，領新安、澠池、東垣三縣。四年，省東垣入新安。貞觀元年，移穀州治澠池，新安移入廢州城，改屬洛州。顯慶二年十二月，廢穀州，以福昌、新安、澠池、永寧，并懷州之河陽、濟源、温、王屋，鄭州汜水，並隸洛州。

福昌　隋宜陽縣。義寧二年，置宜陽郡，領宜陽、澠池、永寧三縣；又於新安縣置新安郡，領新安一縣。武德元年，改宜陽郡爲熊州，新安爲穀州，割熊州之澠池又置東垣縣屬之，仍改熊州之宜陽爲福昌縣。三年，割熊州永寧置函州。四年，省東垣縣。八年，廢函州，復以永寧屬熊州。貞觀元年，省熊州，以永寧屬穀州，壽安屬洛州。顯慶二年，廢穀州，福昌隸洛州也。

澠池　隋舊，治大塢城。貞觀元年，移穀州治所於此，領福昌、澠池、永寧三縣。三年，縣南移於雙橋。其年，穀州又移治雙橋。六年，又移理於福昌。顯慶二年十二月，廢穀州，澠池隸洛州。

長水　隋長澤縣。義寧元年，改爲長水。武德元年，屬虢州。貞觀元年，屬穀州。顯慶二年，隸洛州。

永寧　隋熊耳縣所治。義寧二年，置永寧縣，治永固城，屬宜陽郡。武德元年，改屬熊州。三年，移治同軌城，改屬函州。八年，復屬熊州。貞觀元年，改屬穀州。十四年，移於今所。十七年，移治鹿橋。顯慶元年，穀州廢，改隸洛州。

密　隋縣。武德三年，置密州。四年廢，縣屬鄭州。龍朔二年，割屬洛州。

河清　咸亨四年，分河南、洛陽、新安、王屋、濟源、河陽置大基縣。先天元年，改爲河清。

潁陽　載初元年，析河南、伊闕、嵩陽三縣置武臨縣。開元十五年，改爲潁陽。

河陽　汜水　溫　河陰　已上縣，會昌三年，割屬孟州，陽翟還許州，濟源還懷州，王屋還懷州。

孟州上　本河南府之河陽縣〔六五〕，本屬懷州。顯慶二年，割屬河南府。以城臨大河，長橋架水，古稱設險。乾元中，史思明再陷洛陽，太尉李光弼以重兵守河陽。及雍王平賊，留觀軍容使魚朝恩守河陽，乃以河南府之河陽、河清、濟源、溫四縣〔六六〕租稅入河陽三城使。河南尹但總領其縣額。尋又以汜水軍賦隸之。會昌三年九月，中書門下奏：「河陽五縣，自艱難已來，割屬河陽三城使。其租賦色役，盡歸河陽，河南尹但總管名額而已，使歸一統，便爲定制。既是雄鎮，足壯三城，其河陽望昇爲孟州，仍爲望；河陽等五縣改爲望縣。」尋有敕，割河陰隸孟州，河清還河南府。時河陽節度，以懷州爲理所。會昌四年，又割澤州隸河陽節度使，仍移治所於孟州，戶口籍帳入河南府。

河陽　隋縣。武德四年，於隋河陽宮置盟州，領河陽、集城、温三縣。八年，廢盟州，省集城入河陽縣，以河陽、温屬懷州。顯慶二年，以河陽、温屬洛州。

汜水　隋縣。武德四年，分置成皋縣。貞觀元年，省入汜水，屬鄭州。顯慶二年，割屬洛州，仍移治武牢城。垂拱四年，改爲廣武。神龍元年，復爲汜水〔六七〕。開元二十九年，移治所於武牢。成皋府在縣北〔六八〕。

河陰　開元二十年，割汜水、滎澤二縣置，管河陰倉〔六九〕。

温　舊屬懷州。顯慶二年，割屬洛州。

濟源　隋舊縣。武德二年，置西濟州，又分置溴陽、蒸川、邵原三縣。四年，廢西濟州及邵原、蒸川、溴陽三縣入濟源，改隸懷州。

鄭州　隋滎陽郡。武德四年，平王世充，置鄭州於武牢，領汜水、滎陽、滎澤、成皋、密五縣〔七〇〕。其年，又於管城縣置管州，領管城、須水、圃田、清池四縣。貞觀元年，廢管州及須水、清池二縣，以廢管州之陽武、新鄭四縣屬鄭州〔七〕。七年，自武牢移鄭州理所於管城。舊領縣八，戶一萬八千七百九十三，口九萬三千九百三十七。天寶領縣七，戶七萬六千六百九十四，口三十六萬七千八百八十一。至京師一千一百五里，至東都二百七十里〔八〕。

管城　郭下，隋舊。

滎陽　隋縣。天授二年，分置武泰縣，隸洛州，又改滎陽爲武泰。萬歲通天元年，復爲滎陽，尋又爲武泰。神龍復。

滎澤　隋舊。

新鄭　隋舊。

中牟　隋圃田縣。武德元年，改爲中牟，屬汴州。龍朔二年，改屬鄭州。

原武　隋舊。

陝州大都督府　隋河南郡之陝縣。義寧元年，置弘農郡，領陝、崤、桃林、長水四縣。二年，省崤縣。武德元年，改爲陝州總管府，管陝、鼎、熊、函、穀五州，仍割長水屬虢州。其年，復立崤縣。二年，復割崤縣屬函州。三年，又置南韓州、嵩州，並屬陝府。四年，東都平，割熊、穀、嵩三州屬洛州總管府。其年，罷洛州總管，復以熊、穀、嵩三州來屬；仍省南韓州入洛州。八年，廢函州，以崤縣來屬。貞觀元年，罷都督府，又以廢芮州芮城、河北二縣來屬〔三三〕。十四年，改崤縣爲峽石縣。大足元年，割絳州之夏縣來屬，尋却還絳州。天寶元年，改爲陝郡〔三四〕，置軍。至德二載十月，收兩京。乾元元年，復爲陝州〔三五〕，因割蒲州之解、安邑，絳州之夏縣來屬；仍改安邑爲虞邑。廣德元年十月，吐蕃犯京師，車駕幸陝州，仍以陝爲大都督府。天祐初，昭宗遷都洛陽，駐蹕陝州，改爲興德府，縣次畿赤〔三六〕。哀帝卽位，省，復爲大都督府。舊領縣五，戶二萬一千一百七十一，口八萬一千九百一十九。天寶領縣七，戶三萬九百五十，口十七萬二百三十八。在京師東四百九十里，東至東都三百三十里。

陝　郭下。隋縣。

峽石　隋崤縣。義寧二年省。武德元年，復置。二年，割屬函州。三年，自石隖移治鴨橋。八年，改屬陝州。十四年〔三七〕，移治峽石隖，因改爲峽石縣。

靈寶　隋桃林縣。天寶元年，以堀得寶符，改爲靈寶縣。

芮城　隋縣。武德二年，置芮州，領芮城、河北二縣。貞觀元年，罷芮州，以芮城、河北屬陝州。

平陸　隋河北縣。義寧元年，置安邑郡，縣屬焉。天寶三載，太守李齊物開三門，石下得戟，大刃，有「平陸」篆字，因改爲平陸縣。

安邑　隋爲虞州，郭下置安邑縣，領安邑、解、夏、桐鄉四縣〔七〕。貞觀十七年，廢虞州及桐鄉縣，以安邑、解縣屬蒲州，夏縣屬絳州。乾元元年，割屬陝州，改安邑爲虞邑。大曆四年，復爲安邑縣。

夏縣　舊屬虞州。貞觀十七年，改隸絳州。乾元元年，改屬陝州。安邑、夏縣，天寶後，加管戶一萬八千五百。

虢州望　漢弘農郡。隋廢郡爲弘農縣，屬陝州。隋末復置郡。義寧元年，改爲鳳林郡，仍於盧氏置虢郡。武德元年，改爲虢州，改鳳林爲鼎州。貞觀八年，廢鼎州，移虢州於今治，屬河南道。開元初，以巡按所便，屬河東道。天寶元年，改爲弘農郡。乾元元年，復爲虢州，以弘農爲緊縣，盧氏、朱陽、玉城爲望縣。天寶領縣六，戶二萬八千二百四十九，口八萬八千四百四十五。西至京師四百三十里，東至東都五百五十三里。

弘農　漢縣，隋廢。大業三年，於今湖城縣西一里置，尋隨郡移於弘農川。神龍元年，改「弘」爲「恆」。開元十六年，復爲弘農，州所治也。

閿鄉　隋縣。

湖城　漢湖縣，後加「城」字。乾元元年，改爲天平縣。大曆四年，復爲湖城。

朱陽　隋縣。

玉城〔一九〕　隋縣，分盧氏置。

盧氏　隋縣。

汝州望　隋襄城郡。武德四年，平王世充，改爲伊州，領承休、梁、郟城三縣。貞觀元年，以廢魯州魯山縣來屬。其年，省梁縣，仍改承休爲梁縣。八年，改伊州爲汝州，領梁、郟城、魯山三縣。證聖元年，置武興縣。先天元年，置臨汝縣。開元二十六年，以仙州之葉縣來屬。天寶元年，以許州之襄城來屬，仍改爲臨汝郡。乾元元年，復爲汝州也。舊領縣三，戶三千八百八十四，口一萬七千五百三十四。天寶領縣七，戶六萬九千三百七十四，口二十七萬三千七百五十六。在京師東九百八十二里，至東都一百八十里。

梁　隋承休縣。貞觀元年，改爲梁縣〔二〇〕。

郟城　隋舊縣。

魯山　隋舊。武德四年，於縣置魯州，領魯山、滍陽二縣。貞觀元年，州廢，仍置滍陽縣〔二一〕，以魯山縣屬伊州。八年，改伊州爲汝州。

葉　隋縣。武德四年，置葉州。五年廢，縣屬許州。開元四年，置仙州，領葉、襄城、方城、西平、舞陽五縣。二十六年，廢仙州，以葉屬汝州，襄城、舞陽屬許州，方城還唐州，西平屬豫州。

襄城　隋舊縣。武德元年，於此置汝州，領襄城、汝墳、期城三縣。貞觀元年，廢汝州及汝墳、期城二縣，以襄城屬許州。開元四年，屬仙州。二十六年，還屬許州。其年，改屬汝州也。

龍興　證聖元年，分郟城、魯山置武興縣。神龍元年，改爲中興縣。其年，又改爲龍興。

臨汝　先天元年置。貞元八年〔六三〕，以梁縣西界二鄉益之，兼移縣於石壕驛。

許州望　隋潁川郡。武德四年，平王世充，改爲許州，領長社、長葛、許昌、繁昌、黃臺、澺強〔六四〕、臨潁七縣。貞觀元年，廢黃臺、繁昌、澺強三縣，以洧州之扶溝、鄢陵，汝州之襄城，嵩州之陽翟，北澧之葉縣來屬。十三年，改置都督府，管許、唐、陳、潁四州，而許州領長社、長葛、許昌、鄢陵、扶溝、臨潁、襄城、陽翟、葉九縣。十六年，罷都督府。顯慶二年，割陽翟屬洛州。開元四年，割葉、襄城置仙州。二十六年，仙州廢，以葉、襄城、陽翟來屬。其年，又以葉、襄城屬汝州。二十八年〔四〕，又以襄城來屬。是歲，又以葉屬汝州。天寶元年，改爲潁川郡。乾元元年，復爲許州。長慶三年，廢溵州爲郾城縣，屬許州。舊領縣九，戶一萬五千七百一十五，口七萬二千二百二十九。天寶領縣七，戶七萬三千二百四十七，口四十八萬七千八百六十四。在京師東一千二百里，至東都四百里。

長社　郭下。隋潁川縣。武德四年，改爲長社，取舊名。

長葛　隋分許昌縣置，取舊名。

許昌　舊縣〔八五〕。

鄢陵　隋置洧州，後廢爲縣，屬許州。

扶溝　隋縣。武德四年，置北陳州。其年，州廢，縣屬洧州。九年，洧州廢，來屬。

臨潁　隋舊縣。建中二年，隸溵州。貞元元年，州廢來屬。

舞陽　漢縣，治所在古城內，屬仙州。開元二十六年，隸許州。元和十三年，移治於吳城鎮。

郾城　本屬豫州。長慶元年來屬。

汴州上　隋滎陽郡之浚儀縣也。武德四年，平王世充，置汴州總管府，管汴、洧、杞、陳四州，領浚儀、新里、小黃、開封、封丘等五縣〔六六〕。七年，改爲都督府。廢開封、小黃〔六七〕、新里三縣入浚儀，復以廢杞州之雍丘、陳留，管州之中牟，洧州之尉氏來屬。龍朔二年，以中牟隸鄭州。延和元年，復置開封縣。天寶元年，改汴州爲陳留郡。乾元元年，復爲汴州。建中二年，築其羅城。舊領縣五：浚儀、雍丘、陳留、中牟、尉氏，戶五萬七千七百一，口八萬二千八百七十九。天寶領縣六，戶十萬九千八百七十六，口五十七萬七千五百七。在京師東一千三百五十里，東都四百一里。

浚儀　古縣，隋置，在今縣北三十里，爲李密所陷。縣人王要漢率豪族置縣於汴州之內，要漢自爲縣令。義寧元年，於縣復置汴州，以要漢爲刺史。武德四年，移縣於州北羅城內。貞觀元年，移於州西一里。延和元年六月，割浚儀十四鄉分置開封縣。

開封　漢縣，在今縣南五十里。貞觀元年省，併入浚儀。延和元年六月，析浚儀復置，並在郭下。

尉氏　隋縣，屬潁川郡。武德四年，於縣置洧州，領尉氏、扶溝、康陰、新汲、鄢陵、宛陵、歸化七縣。貞觀元年，廢洧州及康陰、宛陵、新汲、歸化四縣，以扶溝、鄢陵屬許州，尉氏屬汴州。

陳留　隋縣，屬汴州。武德四年〔六八〕，屬杞州。貞觀元年，廢杞州，陳留屬汴州。

封丘　隋縣。

雍丘　隋縣。武德四年，於縣置杞州，領雍丘、陳留、圉城、襄邑、外黃、濟陽六縣，權於州內以倉院置。貞觀元年〔八九〕，廢杞州及濟陽、圉城、外黃三縣，以襄邑屬宋州，陳留、雍丘屬汴州，而移縣入廢杞州。

蔡州上　隋汝南郡。武德四年四月〔九〇〕，平王世充，置豫州總管府，管豫、道、輿、息、舒五州〔九一〕。豫州領安陽、平輿、眞陽、吳房、上蔡五縣。七年，改爲都督府，廢輿、道、舒、息四州。貞觀元年，罷都督府，廢平輿、新蔡二縣〔九二〕，復以道州之郾城，息州之新息，朗州之朗山，舒州之褒信、新蔡五縣來屬。天授三年，又置平輿、西平兩縣。開元四年，以西平屬仙州。二十六年，省仙州，復以西平來屬。天寶元年，改爲汝南郡。乾元元年，復爲豫州。寶應元年，改爲蔡州。舊領縣十，戶一萬二千一百八十二，口六萬四百一十五。天寶領縣十一，戶八萬七百六十一，口四十六萬二百五。去京師一千五百四十里，至東都六百七十里。

汝陽　隋舊縣。治郭下。

朗山　漢安昌縣，隋改爲朗山。

遂平　隋吳房縣。元和十二年，討吳元濟於文城柵，置行吳房縣，權隸溵州。賊平，改爲遂平縣，隸唐州。長慶元年，復隸蔡州。

郾城　隋舊。武德四年，於此置道州，領郾城、邵陵、北武、西平四縣。貞觀元年，廢道州及北武、邵陵、西平三縣，以郾城屬豫州。本治溵水南。開元十一年，因大水，移治溵水北。元和十二年，於縣置溵州。長慶元年，廢溵州，以郾城隸許州。

上蔡　隋縣。

新蔡　隋舊。武德四年，於此置舒州，領新蔡、褒信二縣。貞觀元年，廢舒州，新蔡屬豫州。

褒信　後漢縣。

新息　隋縣。武德四年，於縣置息州，領新息、淮川、長陵三縣。貞觀元年，廢息州及淮川、長陵二縣，以新息屬豫州。

平輿　隋置。貞觀元年廢，天授二年復置。

西平　漢縣。貞觀元年廢。天授二年復置。元和十二年，隸溵州。州廢，隸蔡州。

眞陽　漢愼陽縣，隋爲眞陽。載初元年，改爲淮陽。神龍元年復。

滑州望　隋東郡。武德元年，改爲滑州，以城有古滑臺也。二年，陷賊。及平王世充，復置，領白馬、衞南、韋城、匡城、靈昌、長垣七縣〔九三〕。八年〔九四〕，廢長垣縣入匡城，以廢東梁州之酸棗縣來屬。天寶元年，改爲靈昌郡。乾元元年，復爲滑州。舊領縣七，戶一萬三千七百三十八，口六萬四千九百六十。天寶，戶七萬一千九百八十三，口四十二萬二千七百九十。去京師一千四百四十里，至東都五百三十里。

白馬　郭下。漢縣。

衞南　隋楚丘縣。後以曹有楚丘，乃改爲衞南縣，治古楚丘城。儀鳳元年，移治西北濮河之新城。永昌元年，又移於楚丘之城南。

韋城　隋分白馬縣置於古城韋氏之國城〔九五〕。

匡城　漢長垣縣，隋改爲匡城。

胙城　漢南燕縣，隋改爲胙城，隸滑州。

酸棗　漢縣。

靈昌　隋分酸棗縣置。靈昌者，河津之名。

陳州上　隋淮陽郡。武德元年，討平房憲伯，改爲陳州，領宛丘、箕城、扶樂、太康、新平五縣。貞觀元年，廢扶樂、箕城、新平三縣，復以沈州之項城、溵水二縣來屬〔六六〕。長壽元年，置武城縣。證聖元年，置光武縣。天寶元年，改陳州爲淮陽郡。乾元元年，復爲陳州。舊領縣四，戶六千三百六十七，口三萬九百六十一。天寶領縣六，戶六萬六千四百四十二，口四十萬二千四百八十六。在京師一千五百二十里，至東都七百一十七里。

宛丘　郭下。隋縣。

太康　漢陽夏縣，隋改太康，以縣東有太康城。

項城　隋舊。武德四年，於此置沈州，領項城、潁東、鮦陽、南頓、溵水五縣。貞觀元年，廢沈州，以縣屬陳州。

溵水　漢汝陽縣。改爲溵水。建中二年，隸溵州。興元元年，廢溵州，縣隸陳州。

南頓　隋縣。武德六年，省入項城。證聖元年，割項城置光武縣，以縣有光武廟故也。景雲元年，改爲南頓，復古名也。

西華　漢縣。武德元年，改爲箕城縣。貞觀元年，省入宛丘。長壽元年，割宛丘置武城縣，以縣本楚武王所築故也。神龍元年，復爲箕城。景雲元年，改爲西華，復古名也。

亳州望　隋譙郡。武德四年，平王世充，改爲亳州，領譙、城父、谷陽、鹿邑、酇五縣。五年，置總管府，管譙、亳、宋、北荆、潁、沈六州。七年〔九七〕，改爲都督府。貞觀元年，罷都督府，亳州不改。十七年，廢譙州，以臨渙、永城、山桑三縣來屬。天寶元年，改爲譙郡。乾元元年，復爲亳州也。舊領縣八，戶五千七百九十，口三萬三千一百七十七。天寶，戶八萬八千九百六十，口六十七萬五千一百二十一。至京師一千七百里，至東都八百九十八里。

譙　郭下。貞觀十七年，自古譙城移入州城置。

酇　漢縣。隋屬沛郡。武德四年，改屬亳州。開元二十六年，移於汴城垣陽驛置。

城父　隋舊。

鹿邑　隋舊。

眞源　漢苦縣。隋爲谷陽。乾封元年，改爲眞源。載初元年，改爲仙源。神龍元年，復爲眞源。有老子祠。

臨渙　隋置譙州，領縣四。貞觀十七年省，以臨渙、永城、山桑屬亳州，蘄縣屬徐州。縣本治銍城〔九八〕，十七年移治所於廢譙州。元和九年，割屬宿州。

永城　隋縣，屬譙州。貞觀十七年廢〔九九〕，屬亳州。舊治於馬浦城東北三里，武德五年，移置於馬浦城。

蒙城　隋山桑縣，屬譙州。州廢，隸亳州。天寶元年，改爲蒙城。

潁州中　漢汝南郡。隋爲汝陰郡。武德四年，平王世充，於汝陰縣西北十里置信州，領汝陰、清丘、永安、高唐、永樂等六縣。六年，改爲潁州，移於今治，省高唐、永樂、永安三縣〔一〇〇〕。貞觀元年，省清丘縣。八年，又以廢渦州之下蔡縣來屬。天寶元年，改爲汝陰郡。乾元元年，復爲潁州。長慶二年，以潁州隸滑鄭節度使。舊領縣三，戶二千九百五，口一萬四千一百八十五。天寶領縣四，戶三萬七百七，口二十萬二千八百九十〔一〇一〕。至京師一千八百二十里，至東都九百六十里。

汝陰　郭下。漢縣。

潁上　隋置治所於古鄭城。武德四年，移於今治。

下蔡　隋舊。武德四年，於縣置渦州，下蔡隸之。八年，州廢，縣屬潁州也。

沈丘　古曰寢丘，至隋不改。神龍二年，改爲沈丘。

宋州望　隋之梁郡。武德四年，平王世充，置宋州，領宋城、寧陵、柘城、穀熟、下邑、碭山、虞城七縣。其年，以虞城屬東虞州。五年，廢東虞州，仍以虞城來屬。貞觀元年，廢杞州，以襄邑縣來屬，仍省柘城縣。十七年，以廢戴州之單父、楚丘來屬。永淳元年，又置柘城縣。天寶元年，改宋州爲睢陽郡。乾元元年，復爲宋州。舊領縣七，戶一萬一千三百三，口六萬一千七百二十。天寶領縣十，戶一十二萬四千二百六十八，口八十九萬七千四百四十一。去京師一千五百四十里，至東都七百八十里。

宋城　郭下。治古睢陽城。漢睢陽縣，隋改爲宋城。

襄邑　隋置。武德二年，屬杞州。貞觀元年，屬宋州。

寧陵　漢縣，久廢。隋特置〔一〇三〕。貞觀元年，併柘城縣入。

虞城　隋分下邑縣置。武德四年，屬宋州。其年，於縣置東虞州。五年，州廢，縣屬宋州。

碭山　舊安陽縣，隋改爲碭山，屬宋州。

下邑　漢縣。

穀熟　漢縣。武德二年，於縣置南穀州。四年，州廢，縣屬宋州。

單父　古邑。隋於縣置戴州，大業廢。武德五年，復置戴州。貞觀十七年，戴州廢，縣屬宋州。

楚丘　治古巳氏城〔一〇四〕，屬戴州。貞觀十七年，屬宋州。

柘城　秦縣，久廢。隋復置。貞觀初廢。永淳元年，析穀熟、寧陵復置。

曹州上　隋濟陰郡。武德四年，改爲曹州，領濟陰、定陶、冤句、離狐、乘氏，并置蒙澤、普陽等七縣。其年，省普陽縣。五年，以廢梁州之考城來屬。貞觀元年，省定陶、蒙澤二縣入濟陰〔一〇四〕。十七年，以廢戴州之成武來屬。天寶元年，改曹州爲濟陰郡。乾元元年，復爲曹州。舊領縣五，戶九千二百四十四，口五萬四千九百八十一。天寶領縣六，戶十萬三百五十二，口七十一萬六千八百四十八。在京師東北一千四百五十三里，至東都東北六百五十七里。

濟陰　郭下。隋縣。

考城　隋舊。武德四年，於縣置梁州，領考城縣。五年，州廢，以縣屬曹州。

冤句　漢縣。武德四年，分縣西界置濟陽縣，屬杞州。貞觀元年，廢濟陽，併入冤句。

乘氏　漢縣，春秋之重丘地也。

南華　漢離狐縣，累代不改。天寶元年，改爲南華。

成武　漢縣。隋屬戴州。州廢，屬曹州。

濮州上　隋東平郡之鄄城縣也。武德四年，置濮州，領鄄城、廩城、雷澤、臨濮、昆吾、濮陽、永定、安丘、長城九縣。五年，廢安丘、長城二縣。八年，廢昆吾、永定、廩城三縣。貞觀八年，割濟州之范縣來屬。天寶元年，改爲濮陽郡。乾元元年，復爲濮州。舊領縣五，戶八千六百二十八，口四萬四千一百三十五。天寶，戶五萬七千七百八十一，口四十萬六百四十八。在京師東北一千五百七十里，至東都七百三十五里。

鄄城　古縣。後漢於縣置兗州。武德四年，分置永定縣。八年，併入鄄城。

濮陽　隋舊。武德四年，分置昆吾縣。八年省，併入濮陽。

范　漢縣。武德二年，置范州，治昆吾城。五年，州廢，縣屬濟州。貞觀八年，改屬濮州。

雷澤　漢縣。武德四年，分置廩城縣。貞觀八年，省入雷澤。

臨濮　武德四年，分雷澤置。五年，省長城縣併入。

鄆州上　隋東平郡之須昌縣。武德四年，平徐圓朗，於鄆城置鄆州，領鄆城、須昌、宿城、鉅野、乘丘五縣。又以廢壽州之壽張來屬。其年，置總管府，管鄆、濮、兗、戴、曹五州。貞觀元年，罷都督府，仍以鉅野屬戴州。又廢宿城、乘丘二縣。八年，自鄆城移治須昌。景龍元年，又置宿城縣。天寶元年，改鄆州爲東平郡。乾元元年，復爲鄆州。舊領縣三：須昌、鄆城、壽張；戶四千一百四十一，口二萬一千六百九十二。天寶領縣五，戶四萬四千二百九十九，口二十八萬四千五百三十。天寶十三載，廢濟州，其所管五縣，並入鄆州。濟州舊領縣五，戶六千九百五，口三萬四千五百一十。天寶，領戶三萬八千七百四十九，口二十一萬六千九百七十九，並入鄆州。在京師東北一千六百九十七里，去東都東北九百七十三里。今領縣十。

壽張　隋縣。武德四年，於縣置壽州，領壽張、壽良二縣。五年，廢壽州，省壽良入壽張，屬鄆州。

鄆城　漢壽良縣。隋改爲萬安縣，仍於縣置鄆州，尋改萬安爲鄆城。貞觀八年，移鄆州治所於須昌縣。

鉅野　漢縣。隋縣升爲州。尋廢，屬戴州。貞觀十七年，戴州廢，鉅野來屬。

須昌　郭下。漢縣，故城在今鄆州東南三十二里〔一〇五〕。隋於故城置宿城縣，仍置須昌縣於今所。貞觀八年，州自鄆城移於須昌縣。後廢宿城縣。景雲三年十二月，復分須昌置宿城縣。貞元四年〔一〇六〕，改宿城爲東平縣，移就郭下。大和四年，改爲天平縣。六年七月，廢天平縣入須昌縣。

盧縣　漢舊。隋置濟北郡。武德四年，改濟州，領盧、平陰、長淸、東阿、陽穀、范六縣。

又置昌城、濟北、穀城、孝感、冀丘、美政六縣。六年，廢美政、孝感、穀城、冀丘〔一〇七〕、昌城五縣。八年，割范縣屬濮州。貞觀元年，又廢濟北縣入長淸。天寶元年，改爲濟陽郡。乾元元年，復爲濟州。十三載六月一日〔一〇八〕，廢濟州，盧、長淸、平陰、東阿、陽穀等五縣並入鄆州。

平陰　漢肥城縣。隋爲平陰，屬濟州。天寶十三載，州廢，縣屬鄆州。大和六年，併入東阿縣。開成二年七月，節度使王源中，奏置平陰縣。

東阿　漢縣。隋屬濟州。州廢，屬鄆州。

陽穀　隋置，取縣界陽穀臺爲名，屬濟州。州廢，屬鄆州。

中都　漢平陸縣，本治殷密城，在今治西三十九里。天寶元年，改爲中都，移於今治。

泗州中　隋下邳郡。武德四年，置泗州，領宿預、徐城、淮陽三縣。貞觀元年，省淮陽縣入宿預，以廢邳州之下邳，廢連州之漣水來屬。八年，又以廢仁州之虹縣來屬。總章元年，割海州沭陽來屬。咸亨五年，沭陽還海州。長安四年，置臨淮縣。開元二十三年，自宿預移治所於臨淮。天寶元年，改爲臨淮郡。乾元元年，復爲泗州。舊領縣五，戶二千二百五十，口二萬六千九百二十。領宿豫、漣水、徐城、虹、下邳。天寶領縣六，戶三萬七千五百二十六，口二十萬五千九百五十九。今領縣三：臨淮、漣水、徐城。其虹縣割隸宿州，宿預、下邳隸徐州。

臨淮　長安四年，割徐城南界兩鄉於沙熟淮口置臨淮縣。開元二十三年，移治郭下。

漣水　隋縣。武德四年，置漣州，仍分置金城縣。貞觀元年，廢漣州，並省金城縣，以縣屬泗州。總章元年，改爲楚州。咸亨五年，還屬泗州。

徐城　漢徐縣。隋爲徐城縣，屬泗州，治於大徐城。開元二十五年，移就臨淮縣。

海州中　隋東海郡。武德四年，置海州總管府，領海、漣、環、東楚四州〔一〇九〕。海州領朐山、龍沮、新樂、曲陽、沭陽、厚丘、懷仁、利城、祝其九縣。六年，改新樂爲祝其。七年，以東楚州屬揚府，又以沂州來屬。八年，廢環州及龍沮、祝其、曲陽、厚丘、利城六縣〔一一〇〕，仍以廢環州之東海來屬。九年，廢漣州。貞觀元年，罷都督府。天寶元年，以海州爲東海郡。乾元元年，復爲海州。舊領縣四：朐山、東海、沭陽、懷仁，戶八千九百九十九，口四萬三千六百九十三。天寶，戶二萬八千五百四十九，口十八萬四千九。在京師東二千五百七十里，至東都一千七百五十四里。

朐山　郭下。漢朐縣，後加「山」字。

東海　漢贛榆縣。武德四年，置環州，領東海、青山、石城、贛榆四縣。八年，廢環州，仍廢青山等三縣入東海縣，隸海州。縣治鬱州，四面環海。

沭陽　漢厚丘縣。後魏改沭陽。

懷仁　後魏置。

兗州上都督府　隋魯郡。武德五年，平徐圓朗，置兗州，領任城、瑕丘、平陸、龔丘、曲阜、鄒、泗水七縣。貞觀元年，省曲阜縣。其年，又省東泰州，以博城縣來屬。八年，復置曲阜縣。十四年，置都督府，管兗、泰、沂三州。十七年，以廢戴州之金鄉、方輿來屬。長安四年，置萊蕪縣。天寶元年，改兗州爲魯郡。乾元元年，復爲兗州。舊領縣八，戶九千三百六十六，口一萬五千四百二十八。天寶領縣十一，戶八萬八千九百八十七，口五十八萬六百八。中都割屬鄆州。在京師東一千八百四十三里，去東都一千七十里。

瑕丘　郭下。宋置兗州於魯瑕邑故治，隋因置瑕丘縣。

曲阜　隋縣。貞觀元年省，八年復置〔一一〕。

乾封　隋博城縣。武德五年，於縣置東泰州，領博城、梁父、嬴、肥城、岱六縣〔一二〕。貞觀元年，罷東泰州〔一三〕，省梁父、嬴二縣入博城。仍以博城屬兗州，兼省肥城。乾封元年，高宗封泰山，改爲乾封縣。總章元年，復爲博城。神龍元年，又爲乾封。

泗水　漢卞縣。隋分汶陽縣於卞縣古城置泗水縣。

鄒　古邾國，魯穆公改爲鄒。

任城　漢縣。北齊於縣置高平郡。隋廢，縣屬兗州。

龔丘　北齊平原縣，隋改爲龔丘。

金鄉　後漢縣。武德四年，於縣置金州，領方輿、金鄉二縣。五年，改金州爲戴州。貞觀十七年，州廢，以金鄉、方輿屬兗州，以單父、楚丘屬宋州，成武屬曹州，鉅野屬鄆州。

魚臺　漢方輿縣。隋屬戴州。貞觀十七年，戴州廢，縣入兗州。寶應元年，改爲魚臺，以城北有魯公觀魚臺。

萊蕪　漢縣，晉廢。後魏於古城置嬴縣。貞觀初，廢入博城縣。長安四年，於廢嬴縣置萊蕪縣。元和十五年〔一四〕，併入乾封縣，尋卻置，屬兗州。

徐州上　隋彭城郡。武德四年，平王世充，置徐州總管府，管徐、邳、泗、鄫、沂、仁六州。徐州領彭城、蕭、沛、豐、滕、符離、諸陽七縣。貞觀元年，廢諸陽縣入符離。二年，省鄫、邳二州，仍以譙州來屬。七年，以沂州屬海州都督。八年，廢仁州入譙州。其徐州都督，管徐、泗、譙三州。十七年，罷都督府，以廢譙州之蘄縣來屬。天寶元年，改徐州爲彭城郡。乾元元年，復爲徐州。舊領縣六，戶八千一百六十二，口四萬五千五百三十七。天寶領縣七，戶六萬五千一百七十，口四十七萬八千六百七十六。在京師東二千六百里，至東都一千二百五十七里。

彭城　漢彭城郡治也。

蕭　漢縣。隋爲龍城縣，尋改爲蕭。

豐　漢縣。北齊置永昌郡，尋省爲豐縣。

沛　漢縣，隋廢。武德復置。

滕縣　古滕國，隋置縣。

宿遷　晉宿預縣，元魏於縣置徐州。州移彭城縣，隸泗州。寶應元年，以犯代宗諱，改「預」爲「遷」，仍隸徐州。

下邳　漢下邳郡。元魏置東徐州，周改邳州，隋廢。武德四年，復邳州，領下邳、郯、良城三縣。貞觀元年，廢邳州，仍省郯、良城二縣，以下邳屬泗州。元和中，復屬徐州。

宿州上　徐州之符離縣也。元和四年正月敕，以徐州之符離置宿州，仍割徐州之蘄、泗州之虹。九年，又割亳州之臨渙等三縣屬宿州。大和三年〔二五〕，徐泗觀察使崔羣，奏罷宿州，四縣各歸本屬。至七年敕，宜準元和四年正月敕，復置宿州於埇橋，在徐之南界汴水上，當舟車之要。其舊割四縣，仍舊來屬。州新置，元和已來，未計戶口。

符離　漢縣。隋治朝解城。貞觀元年，移治竹邑城〔二六〕。元和四年正月，置宿州，仍爲上州。

虹　漢縣。隋曰夏丘縣，武德四年，屬仁州。其年，分置虹縣於古虹城，屬仁州。六年，廢夏丘縣。貞觀八年，廢仁州，以虹縣屬泗州，移治夏丘故城。元和四年，割屬宿州。

蘄　漢縣。後魏加「城」，曰蘄城縣。隋去「城」字，屬北譙州。貞觀十七年，廢譙州，屬徐州。舊治穀城，顯慶元年，移於今所。元和四年，割屬宿州也。

臨渙　隋舊。屬譙州。州廢，隸亳州。大和元年，割屬宿州。

沂州中　漢東海郡之琅邪縣。武德四年，平徐圓朗，置沂州，領費、臨沂、顓臾三縣。又置蘭山、臨沭、昌樂三縣。六年，省蘭山、臨沭、昌樂三縣入臨沂。貞觀元年，省顓臾入費縣。其年，省鄫州，以承縣來屬〔二七〕。八年，又省莒州，以新泰、沂水二縣來屬〔二八〕。天寶元年，改爲琅邪郡〔二九〕。乾元元年，復爲沂州。舊領縣五，戶四千六百五十二，口二萬三千九百。

天寶，戶三萬三千五百一十，口十九萬五千七百三十七。在京師東二千二百五十四里，至東都一千四百三十里。

臨沂　漢縣，州所治。後魏置郯郡，又改爲北徐州，並在此縣。後周置沂州。

承　漢縣，隋蘭陵縣。武德四年，置鄫州，以蘭陵隸之，仍改爲承縣，別置蘭陵、鄫城二縣，屬鄫州。貞觀元年，鄫州與二縣俱廢，以承縣來屬沂州。

費　漢縣。春秋時費國。

新泰　漢東新泰縣，晉去「東」字。武德五年，屬莒州。貞觀八年〔二〇〕，莒州廢，縣屬沂州。

沂水　漢東莞縣。隋改爲東安縣，尋改爲沂水。武德五年，於縣置莒州，領沂水、新泰、莒三縣。貞觀八年，省莒州，縣屬密州，沂水、新泰屬沂州。

密州中　隋高密郡。武德五年，改爲密州，領諸城、安丘、高密三縣。貞觀八年，省莒州，以莒來屬。天寶元年，改爲高密郡。乾元元年，復爲密州。舊領縣四，戶三千五百八十，口二萬八千五百九十三。天寶，戶二萬八千二百九十二，口十四萬六千五百二十四。在京師東南二千五百三十里，至東都一千八百六十九里。

諸城　州所治，本漢東武縣城也。隋移入廢高密郡城，因改爲諸城。

輔唐　漢安丘縣，屬北海郡。乾元二年，刺史殷仲卿奏請治於故昌安城，因改爲輔唐。

高密　漢縣。隋末大亂，廢之。武德三年，於義城堡置高密縣。六年，併高密、膠西兩縣，移就故夷安城。城，舊高密縣也。仍廢膠西縣。

莒　漢縣，屬東海郡。武德五年，於縣置莒州。州廢，以縣屬密州。

齊州上　漢濟南郡，隋爲齊郡。武德元年，改爲齊州，領歷城、山茌、祝阿、源陽、臨邑五縣。二年，置總管府，管齊、鄒、東泰、譚、淄、濟六州。貞觀元年，廢都督府及譚州，省源陽縣。又以廢譚州之平陵、臨濟、亭山、章丘四縣來屬。七年，又置都督府，管齊、青、淄、萊、密五州。天寶元年，改爲臨淄郡。五載，爲濟南郡。乾元元年，復爲齊州。舊領縣八，戶一萬一千五百九十三，口六萬一千七百七十一。天寶，戶六萬二千四百八十五，口三十六萬五千九百七十二。在京師東北二千六十九里，至東都東北一千二百四十四里。今管縣六，併三縣也。

歷城　漢縣，屬濟南郡。舊志有平陵縣。貞觀十七年，齊王祐起兵，平陵人不從順，遂改爲全節。元和十年正月，以戶口凋殘，併全節入歷城縣。

章丘　漢陽丘縣。隋爲章丘。武德二年，於平陵縣置譚州，領平陵、亭山、章丘、營城四縣。八年，廢營城入平陵，又以廢鄒州之臨濟來屬。貞觀元年，廢譚州爲平陵縣，屬齊州，章丘亦來屬。

亭山　隋縣。元和十五年，以戶口凋殘，併入章丘縣，因廢亭山。

臨邑　漢縣。武德元年，屬譚州。州廢來屬。

長清　隋置，屬濟州。貞觀十七年，屬齊州。舊志有豐齊縣，古山茌邑也。天寶元年改爲豐齊。元和十五年，以戶口凋殘，併入長清縣。

禹城　漢祝阿縣。天寶元年，以爲禹城，以縣西有禹息故城。

臨濟　漢之菅縣〔三〕。隋爲朝陽縣，尋改爲臨濟縣。武德元年，於縣置鄒州，領臨濟、蒲臺、高苑、長山、鄒平五縣。八年，廢鄒州，縣屬譚州。州廢，屬齊州。

青州上　隋北海郡。武德四年，置青州總管府，管青、濰、登、牟、莒、密、萊、乘八州。青州領益都、臨朐、臨淄、般陽〔三〕、樂安、時水、安平等七縣。八年，省乘、濰、牟、登四州，以廢濰州之北海，廢乘州之千乘、壽光、博昌來屬，省般陽、樂安、時水、安平四縣。貞觀元年，罷都督府。天寶元年，改青州爲北海郡。乾元元年，復爲青州。舊領縣七，戶一萬六百五十八，口五萬六千三百一十七。天寶，戶七萬三千一百四十八，口四十萬二千七百四。在京師東北二千二百五十里，至東都一千五百七里。

益都　漢縣〔二三〕。在今壽光縣南十里故益都城是也。北齊移入青州城北門外爲治所。

臨淄　漢縣，治古齊國城。久廢，隋復置。

博昌　漢縣，治故郡城。樂安，隋縣〔二四〕。武德二年，屬乘州。州廢，屬青州。總章二年，移治於今所。

壽光　漢縣。隋移治所於博昌縣。初屬乘州，州廢來屬。

千乘　漢千乘國，後漢改爲樂安郡。宋、齊廢，隋置千乘縣。武德二年，於縣置乘州，領千乘、博昌、壽光、新河五縣〔二五〕。六年，廢新河縣。八年，乘州廢，千乘等縣隸青州。

臨朐　漢縣。隋爲逢山縣，尋復爲臨朐，屬北海郡。

北海　漢平壽縣。隋置北海郡。開皇三年罷郡，置下密縣於廢郡城。大業二年，改爲北海縣。武德二年，於縣置濰州，領北海、連水、平壽、華池、城都、下密、東陽、寒水、訾亭、濰水、汶陽、膠東、營丘、華宛、昌安、都昌、城平等十七縣。六年，唯留北海、營丘、下密三縣，餘十四縣並廢。八年，廢濰州，仍省營丘、下密二縣，以北海屬青州。

淄州上　隋齊郡之淄川縣。武德元年，置淄州，領淄川、長白、萊蕪三縣。六年，廢長白、萊蕪二縣。八年，又以廢鄒州之長山〔三六〕、高苑、蒲臺三縣來屬。天寶元年，復爲淄川郡。乾元元年，復爲淄州。景龍元年，分高苑置濟陽縣，又併高苑。又割蒲臺隸之，後割屬棣州。舊領縣五，戶六千三百二十三，口三萬四千四百二十五。天寶，戶四萬二千七百三十七，口二十萬三千八百二十一。在京師東北二千一百三十三里，東都東北一千四百二十五里。今管縣四，併濟陽入高苑。

淄川　郭下。漢般陽縣。武德初，屬淄州。

長山　漢於陵縣。武德初，屬鄒州。州廢，屬淄州。

高苑　隋置。初屬鄒州，州廢來屬。景龍元年，分置濟陽縣。元和十五年，併入高苑。

鄒平　漢縣。北齊爲平原縣。隋移治漢鄒平故城，因改爲鄒平。初屬譚州，州廢來屬。

棣州上　後漢樂安郡。隋渤海郡之厭次縣。武德四年，置棣州，領陽信、樂陵、滳河、厭次四縣，治陽信。六年，併入滄州。貞觀十七年，復置棣州於樂陵縣，領厭次、滴河、陽信三縣，又割淄州之蒲臺隸焉。而樂陵屬滄州。天寶元年，改爲樂安郡。上元元年，復爲棣州。領縣五，戶三萬九千一百五十，口二十三萬八千一百五十九。在京師東北二千二百一十里，東都東北一千三百七十里。

厭次　郭下。漢富平縣。隋屬滄州。武德四年，改屬棣州。六年，省棣州，復隸滄州。貞觀十七年，復置棣州，厭次還屬。

滴河　隋縣。

陽信　漢縣，屬渤海郡。貞觀十七年，改屬棣州。

蒲臺　漢溼沃縣。隸淄州。割屬棣州。

渤海　垂拱四年，析蒲臺、厭次置。

萊州中　漢東萊郡，隋因之。武德四年，討平綦順，置萊州，領掖、膠水、即墨、盧鄉、昌陽、曲城、當利、曲臺、膠東九縣。六年，廢曲城、當利、曲臺、膠東四縣。貞觀元年，廢盧鄉，割登州之文登、廢牟州之黃來屬。麟德元年，置牟平縣。如意元年，割黃縣、文登、牟平置登州〔二七〕。天寶元年，改萊州爲東萊郡。乾元元年，復爲萊州。舊領縣六：掖、黃、文登、昌陽、卽墨、膠水，戶一萬一千五百六十八，口六萬三千三百九十六。天寶領縣四，戶二萬六千九百九十八，口七萬一千五百。在京師東北二千五百九十九里，去東都一千八百五十二里。

掖　州治，漢東萊郡也。隋置掖縣〔二八〕，屬萊州。

昌陽　漢縣，置於古昌陽城。永徽元年，移古縣西北二十三里。

膠水　漢膠東國地。隋置縣於古光州，因改名膠水。

卽墨　漢不其邑也。隋置卽墨縣。

登州　漢東萊郡之黃縣。如意元年，分置登州，領文登、牟平、黃三縣，以牟平爲治所。神龍三年，改黃縣爲蓬萊縣，移州治於蓬萊。天寶元年，以登州爲東牟郡。乾元元年，復爲登州。天寶領縣四，戶二萬二百九十八，口一十萬八千九百。在京師東三千一百五十里，至東都二千七十一里。

蓬萊　漢黃縣，屬萊州。如意元年，於縣置登州〔二九〕。神龍三年，改爲蓬萊，移於今所〔三〇〕。

牟平　麟德二年，分文登置〔三一〕，屬萊州。如意元年，置登州，治牟平。神龍三年，移治所於蓬萊縣。

文登　隋舊縣。武德四年，置登州，領文登、觀陽二縣。六年，以觀陽屬牟州，又置清陽、廓定二縣，屬登州。貞觀元年，登州及淸陽、廓定二縣並廢，地入文登縣。

黄　漢舊縣。神龍三年〔二三〕，改爲蓬萊縣，屬登州，以爲州治。先天元年，又割蓬萊置黄縣。

校勘記

〔一〕四十九郡　通典卷一七一作「四十郡」。

〔二〕謂司隸……涼幽等十三州　「涼」字各本原作「梁」，據漢書地理志（以下簡稱漢志）、通典卷一七一改。

〔三〕斬啜　「啜」字各本原無，據通典卷一七二、元和郡縣志（以下簡稱元和志）卷四〇補。

〔四〕堅昆在北庭府北七千里　「昆」下各本原有「斬」字，據通典卷一七二、元和志卷四〇删。

〔五〕在甘州西二百里　各本原作「在涼州百二里」，據通典卷一七二、元和志卷四〇改。

〔六〕寧寇軍在涼州東北千餘里　據通典卷一七二、元和志卷四〇，「涼州」應爲「甘州」之誤。

〔七〕在涼州南二里　通鑑卷二一五注「二里」作「二百里」，通典卷一七二、元和志卷四〇俱作「東去理所五百里」。

〔八〕八十里　「十」字各本原作「千」，據元和志卷四改。

〔九〕單于東都護府　按單于都護府不曾分東西，「東」字疑誤。

〔一〇〕十軍　各本原作「九軍」，據本卷上文及通典卷一七二、元和志卷三九改。

〔一一〕寧塞軍在廓州城內　「廓州」各本原作「鄯州」，據通典卷一七二、元和志卷四〇改。

〔一二〕積石軍在廓州西百八十里　「廓州」各本原作「鄯州」，據通典卷一七二、元和志卷三九、寰宇記卷一五五改。

〔一三〕四十里　「十」字各本原作「千」，據通典卷一七二、元和志卷三九改。

〔一四〕恩州城內　「恩州」各本原作「思州」，據元和志卷三四、唐會要卷七八改。

〔一五〕邕管經略使　「管」下各本原有「入」字，據本卷上下文及通典卷一七二、元和志卷三八刪。

〔一六〕皆有節度之額　「額」字各本原作「類」，十七史商榷謂當作「額」，葉校本作「額」，據改。

〔一七〕郴　各本原作「柳」，據本書卷四〇地理志、元和志卷二九改。

〔一八〕管涪……業溱南巫等州　「業」字各本原作「葉」，「溱」字聞、殿、懼盈齋、廣本作「奏」，局本作「湊」，「巫」字聞、殿、懼盈齋、廣本作「無」，局本作「舞」，據本書卷四〇地理志改。

〔一九〕欎　各本原作「立」，據本書卷四一地理志、通典卷一八四改。

〔二〇〕管交武峩學芝愛福祿長……等州　「峩」下各本原有「川」字，「愛」下原有「日」字，「祿」下原有「州」字，據本書卷四一地理志刪。

〔二一〕三百二十有八　「三」字各本原作「二」，據通典卷一七二、新書地理志（以下簡稱新志）改。

〔二二〕皇城在西北隅謂之西內　據唐六典卷七、唐兩京城坊考卷一，「皇城」當作「宮城」。

〔二三〕京師西有大明興慶二宮謂之三內　據本卷上下文義，「京師」二字疑當在下文「有東西兩市」上。大明宮在西內之東北，興慶宮在東內之南隆慶坊，此二宮既以西內定位，「西」疑爲「東」字之誤。

〔二四〕東至灞水　「東」字各本原無，據長安志卷六補。

〔二五〕平陵　各本原作「平陽」，據本卷下文及太平寰宇記（以下簡稱寰宇記）卷二五改。

〔二六〕三年　「三」字各本原作「二」，按本卷上文已言二年，據寰宇記卷二五、新志改。

〔二七〕醴泉縣　據本卷上下文及寰宇記卷二五、新志，此處「醴泉」當作「扶風」。

〔二八〕清谷　各本原作「清父」。嘉慶一統志卷二二八引舊唐書地理志作「清谷」。寰宇記卷三一：「清谷水，在縣西北雲陽縣界流入，一名鬼谷。」是「父」當爲「谷」之訛，據改。

〔二九〕仍改華池縣爲三原縣　「爲」字各本原作「屬」，據本卷上文改。

〔三〇〕定陵　各本原作「房陵」，據本書卷七中宗紀、元和志卷一、寰宇記卷三一改。

〔三一〕鄜　各本原作「郇」，據本卷下文及元和志卷二、新志改。

〔三二〕又割岐州之圍川鳳泉屬岐州　據本卷下文及元和志卷二、新志，「圍川」下當有脫誤。

〔三三〕二十年　「十」下各本原有「五」字，按貞觀無二十五年，據元和志卷三、寰宇記卷二五、新志刪。

〔三四〕貞觀元年　本卷上文及元和志卷二、寰宇記卷三〇、新志俱作「貞觀八年」。此處「元」當爲「八」字之訛。

〔三五〕岐山　各本原作「岐陽」，據元和志卷二、寰宇記卷三〇改。

〔三六〕豳州　各本原作「邠州」，據本卷下文及寰宇記卷三四改。

〔三七〕潘原隋陰盤縣天寶元年改爲潘原縣界有潘原廢縣　第一個「潘原」二字各本原無，「隋……廢縣」十九字各本在上文良原下。按元和志卷三、寰宇記卷一五一，良原、潘原各爲一縣，上文良原下脫去沿革，此處「隋」上又脫「潘原」二字，據補「潘原」二字。

〔三八〕眞寧　各本原作「貞寧」，據元和志卷三、寰宇記卷三四、新志改。下同。

〔三九〕陽晉川　「晉」字各本原作「音」，元和志卷三百泉沿革、寰宇記卷三三百泉沿革俱作「陽晉川」，據改。

〔四〇〕緣州　各本原作「銀州」，據本卷下文及寰宇記卷三三、新志改。

〔四一〕他樓城　「他樓」各本原作「地樓」，據寰宇記卷三三、新志改。

〔四二〕他樓縣　「他樓」，各本原作「地樓」，據寰宇記卷三三、新志改。下同。

〔四三〕洛源縣　「洛源」各本原作「洛原」，據本卷下文及隋書地理志（以下簡稱隋志）、寰宇記卷三三一、新志改。下同。

〔四四〕北永州　「北」字各本原無，據本卷上文及寰宇記卷三三補。下文「北永州廢」句同例補「北」字。

〔四五〕同川城　「川」字各本原作「州」，據元和志卷三、寰宇記卷三三改。

〔四六〕因城縣　「因城」各本原作「固城」，據隋志、元和志卷三、寰宇記卷三六改。

〔四七〕廢洛盤等三縣　「洛盤」各本原作「樂盤」，據本卷上文及新志改。

〔四八〕城平縣界　「城平」，聞、殿、懼盈齋、局本作「平城」，廣本作「魏平」，據下文領縣作「城平」及元和志卷四、寰宇記卷三八改。

〔四九〕魏州　各本原作「清州」，據上文及新志改。

〔五〇〕銀州……在京師東北一千一百三十里　「北」字各本原作「南」，按銀州不當在長安之南，元和志卷四作「西南至上都一千六百里」，寰宇記卷三八作「西南至長安一千一百六十里」，據改。

〔五一〕巖綠　各本原作「巖銀」，據元和志卷四、寰宇記卷三七改。下同。

〔五二〕於德靜縣置長州都督府　據本卷下文及新志，此處「德靜」當作「長澤」。

〔五三〕藝失州　「藝」字各本原作「執」，據寰宇記卷三七、新志改。

〔五四〕並屬靈武都督府　按靈武，隋爲郡。唐武德元年，改爲靈州總管府，至天寶元年，始改靈州爲靈武郡。本書卷六〇江夏王道宗傳、新書卷七八江夏王道宗傳，貞觀元年道宗爲靈州都督。此處「武」字當作「州」。

〔五五〕靈州都督入靈塡二州　按此處當有訛誤。校勘記卷二〇引張宗泰云：「文不可解，以上下例考之，當作『鳴沙、迴樂仍屬靈州都督府。』」

〔五六〕屬迴州十三年州廢　按武德無十三年，據本卷上文及新志，「屬」字上疑脫去「貞觀四年於迴樂縣置迴州以豐安」等字。

〔五七〕十一年廢　「十」上各本原有「二」字，據元和志卷四、寰宇記卷三九、新志刪。

〔五八〕又改豐州　據本卷上下文及元和志卷四、寰宇記卷三九，此處「改」當爲「置」字之誤。

〔五九〕開元二十六年　「六」字各本原作「二」，據本卷上文及寰宇記卷三九、新志改。

〔六〇〕武德中平梁師都復置勝州　元和志卷四勝州：「武德四年，郭子和歸國，其地又陷梁師都。貞觀二年，平師都，三年，仍隋舊理置勝州。」此處當有脫文。

〔六一〕新秦郡　「秦」字各本原作「泰」，據通典卷一七三、寰宇記卷三八改。下文所列縣名「新泰」同例改「泰」爲「秦」。

〔六二〕開元十年分豐勝二州界置瀚海都護府　「瀚」字各本原作「蒲」，據元和志卷四、寰宇記卷三八改。又據元和志、寰宇記，此處「開元十年」年代有誤。

〔六三〕天授三年又分置來廷縣……龍朔元年廢來廷縣　按龍朔在天授之前，此處當有訛誤。新志作：「天授三年，析洛陽、永昌置來庭縣，長安二年省。」

〔六四〕貞觀十八年省　「十八」，各本原作「六」，據本卷上文及寰宇記卷五、新志改。

〔六五〕河陽縣　「河陽」各本原作「河南」，據本卷下文及寰宇記卷五二、新志改。

〔六六〕河陽河清濟源溫四縣　「河陽」各本原無，據本卷下文及新志補。

〔六七〕氾水　各本原作「氾州」，據元和志卷五、寰宇記卷五二改。

〔六八〕開元二十九年移治所於武牢成皋府在縣北　按上文已言顯慶二年移治武牢城，此處當有訛誤。元和志卷五作：「開元二十九年，自虎牢城移於今理。」合鈔卷五八作：「開元二十九年，移治成皋故城，在縣北。」校勘記卷二〇引張宗泰云：「當作自虎牢移治所於成皋縣，在故縣北。」

〔六九〕河陰倉　各本原作「河陽倉」，據元和志卷五、新志改。

〔七〇〕領氾水滎陽滎澤成皋密五縣　「滎陽」各本原無，據寰宇記卷九補。

〔七一〕以廢管州之陽武新鄭四縣屬鄭州　據新志，此處「陽武」上疑脫「管城原武」四字。

〔七二〕二百七十里　「二百」，各本原無，據通典卷一七七、通鑑卷二一七注引舊唐書補。

〔七三〕又以廢芮州芮城河北二縣來屬　「芮州」，各本原無，據本卷下文及寰宇記卷六補。

〔七四〕陝郡　各本原作「陝府」，據寰宇記卷六、新志改。

〔七五〕陝州　各本原作「陝郡」，據寰宇記卷六改。

〔七六〕縣次畿赤　「縣」字各本原作「爲」，據新志改。

〔七七〕十四年　按武德無十四年，據本卷上文及寰宇記卷六、新志，此處「十」上疑脫「貞觀」二字。

〔七八〕領安邑解夏桐鄉四縣　「夏」字各本原無，據本卷下文及新志補。

〔七九〕玉城　各本原作「王城」，據元和志卷六、寰宇記卷六、新志改。上文「盧氏朱陽王城爲望縣」句，照改「王」爲「玉」。

〔八〇〕梁縣　各本原作「梁郡」，據本卷上文及元和志卷六、寰宇記卷八改。

〔八一〕仍置滍陽縣　按滍陽縣武德時屬魯州，貞觀前未曾省廢，此言「仍置」當有訛誤。新志作「省」，疑此處「置」爲「省」字之誤。

〔八二〕貞元八年　「貞元」各本原作「貞觀」，按上文已言先天元年置，則益之不當在貞觀。元和志卷六作：「先天二年置。貞元七年，刺史陸長源奏請割梁縣西界二鄉以益之。」據改。

〔八三〕瀙強　各本原作「德強」，據寰宇記卷七、新志改。下同。

〔八四〕二十八年　「八」字各本原無，按上文已言二十六年，此不當作二十年，據寰宇記卷七、新志補。

〔八五〕舊縣　「舊」字各本原無，據葉校本補。

〔八六〕領浚儀新里小黃開封封丘等五縣　「小黃」各本原無，據寰宇記卷一補。

〔八七〕小黃　各本原作「外黃」，據寰宇記卷一改。

〔八八〕武德四年　「四」字各本原作「元」，據本卷下文及元和志卷七、寰宇記卷一改。

〔八九〕貞觀元年　「元」字各本原作「六」，據本卷上文及元和志卷七、寰宇記卷一、新志改。

〔九〇〕武德四年　「四」字各本原作「三」，據本卷上下文及寰宇記卷一一、通鑑卷一八九改。

〔九一〕管豫道輿息舒五州　「道」下各本原有「眞」字，據寰宇記卷一一刪。

〔九二〕廢平輿新蔡二縣　按下文有「復以……舒州之褒信、新蔡五縣來屬」。新蔡既廢，何能來屬？據本卷上下文及寰宇記卷一一，此處「新蔡」當爲「上蔡」之誤。

〔九三〕領白馬衞南韋城匡城靈昌長垣七縣　按所舉縣名僅六，據本卷下文及元和志卷八、寰宇記卷九、新志，此處「匡城」下疑脫「胙城」二字。

〔九四〕八年　據寰宇記卷二、新志，此處「八」上疑脫「貞觀」二字。

〔九五〕置於古城韋氏之國城　元和志卷八韋城縣：「本漢白馬縣地，殷伯豕韋之國也。左傳范宣子曰……在商爲豕韋氏……隋開皇六年，分白馬縣南境置韋城縣。」寰宇記卷九略同。疑「城韋氏」爲「豕韋氏」之誤。

〔九六〕項城溵水二縣　「二」字各本原作「三」，據寰宇記卷一〇改。

〔九七〕七年　各本原作「十一年」，按武德無十一年，據寰宇記卷一二改。

〔九八〕鉅城　各本原作「經城」，據元和志卷七、寰宇記卷一七改。

〔九九〕貞觀十七年廢　元和志卷七、寰宇記卷一二作：「貞觀十七年，罷譙州，以縣屬亳州。」此處「廢」上疑脫「州」字。

〔一〇〇〕省高唐永樂永安三縣　「省」字各本原作「領」，據新志及葉校本改。

〔一〇一〕口二十萬　「十」字各本原無，據新志補。

〔一〇二〕隋特置　隋志：「寧陵，後齊廢，開皇六年復。」元和志卷七寧陵縣：「高齊省，隋開皇六年復置。」疑此處「特」爲「復」字之訛。

〔一〇三〕治古巳氏城　聞本「巳」字作「邑」，殿、懼盈齋、局、廣本「治古巳氏城」作「古邑」，據隋志、寰宇記卷一二改。

〔一〇四〕濟陰　各本原作「濟陽」，據本卷下文及寰宇記卷一三、新志改。

〔一〇五〕故城在今鄆州東南三十二里　「故城在今」各本原作「今故城」，據寰宇記卷一三、通鑑卷一八三注引舊唐書改。

〔一〇六〕貞元四年　「貞元」各本作「貞觀」，按上文已言景雲，此不當作貞觀，據寰宇記卷一三、新志改。

〔一〇七〕冀丘　各本原作「乘丘」，據上文及新志改。

〔一〇八〕天寶元年改爲濟陽郡乾元元年復爲濟州十三載六月一日　按天寶十三載不當在乾元之後，據寰宇記卷一四濟州沿革，此處當有訛誤。

〔一〇九〕領海漣環東楚四州　「海」字各本原無，據本卷下文及寰宇記卷二二補。

〔一一〇〕六縣　據此處縣名實數及寰宇記卷二二，「六」字當作「五」。

〔一一一〕貞觀元年省八年復置　各本原作「武德元年省貞觀八年復置」，據本卷上文及新志改。

〔一一二〕六縣　據上文領縣實數及新志，「六」字當作「五」。

〔一一三〕東泰州　「東」字各本原無，據本卷上文及寰宇記卷二一、新志補。

〔一一四〕元和十五年　「五」字各本原作「七」，按元和無十七年，據新志改。

〔一一五〕大和三年　「大和」各本原作「元和」，按上文已言元和四年，此不當作元和三年，據寰宇記卷一七、新志改。

〔一一六〕竹邑城　「竹」字各本原作「行」，據隋志、寰宇記卷一七改。

〔一一七〕承縣　各本原作「丞縣」，據漢志、元和志卷一一、寰宇記卷二三改。下同。

〔一一八〕沂水　「水」字各本原無，據本卷下文及寰宇記卷二三、新志補。

〔一一九〕琅邪郡　「郡」字各本原無，據寰宇記卷二三補。

〔一二〇〕貞觀八年　「八」字各本原作「元」，據本卷上下文及寰宇記卷二三、新志改。

〔一二一〕莒縣　各本原作「管縣」，據漢志、元和志卷一〇改。

〔一二二〕般陽　各本原作「殷陽」。新志作「般陽」，廿二史考異卷五八：「殷陽疑是般陽之譌。」據改。下文同改。

〔一二三〕益都漢縣　按漢無益都縣，據宋書州郡志（以下簡稱宋志）、元和志卷一〇、寰宇記卷一八，此處「漢」字當作「魏」。

〔一二四〕治故郡城樂安隋縣　據上下文義及元和志卷一〇、寰宇記卷一八，此處當有訛誤。

〔一二五〕五縣　據本卷上下文及新志，「五」字當作「四」。

〔一二六〕鄒州　各本原作「淄州」，據下文及寰宇記卷一九改。

〔一二七〕割黃縣文登牟平置登州　「縣」下各本原有「之」字，據本卷下文及寰宇記卷二〇刪。

〔一二八〕隋置掖縣　據隋志、元和志卷一一、寰宇記卷二〇，掖縣非隋所置，疑「置」字當作「罷郡」。

〔一二九〕蓬萊漢黃縣屬萊州如意元年於縣置登州　據漢志、元和志卷一一，「萊州」當作「東萊郡」。又據本卷上文及寰宇記卷二〇，此處「如意元年於縣置登州」句疑有訛誤。

〔一三〇〕移於今所　據本卷上下文及寰宇記卷二〇，疑此處「移」下脫「州治」二字。

〔一三一〕文登　各本原作「牟平」，據元和志卷一一、寰宇記卷二〇改。

〔一三二〕神龍三年　「三」字各本原作「元」，據本卷上文及元和志卷一一、寰宇記卷二〇改。

舊唐書卷三十九

志第十九

地理二

河東道三　河北道四　山南道五

河東道

河中府　隋河東郡。武德元年，置蒲州，治桑泉縣，領河東、桑泉、猗氏、虞鄉四縣。二年，置蒲州總管府，管蒲、虞、泰、絳、邵、澮六州。三年，移蒲治河東縣，依舊總管府。其年，置温泉縣。九年，又置都督府，管蒲、虞、芮、邵、泰五州，仍省温泉縣。其年，罷都督府。貞觀八年，割虢州之永樂來屬。十七年，以廢虞州之安邑解縣、廢泰州之汾陰來屬。開元八年，置中都，改蒲州爲河中府。其年，罷中都，依舊爲蒲州，又與陝、鄭、汴、懷、魏爲「六雄」。十二年，昇爲「四輔」。天寶元年，改爲河東郡。乾元元年，復爲蒲州，割安邑屬陝州。三年四月，置河中府，析同州之朝邑，於河西鹽坊置河西縣來屬。元年建卯月，又爲中都。元和三年，復爲河中府。舊領縣五，戶三萬六千四百九十九，口十七萬三千七百八十四。天寶領縣八，戶七萬八百，口四十六萬九千二百一十三。元和領縣十一。在京師東北三百二十四里，去東都五百五十里。

河東　隋縣，州理所。開元八年，分置河西縣。其年，罷中都，乃省，乾元三年，復置。

河西　舊朝邑縣，屬同州，管長春宮。乾元元年，置河中府，割朝邑來屬，改爲河西縣，以鹽坊爲理所。

臨晉　隋分猗氏置桑泉縣。武德三年，分置温泉縣。九年，省温泉併入桑泉。天寶十三年，改爲臨晉縣。

解　隋虞鄉縣。武德元年，改爲解縣，屬虞州。蒲州別置虞鄉縣。貞觀十七年，省解縣併入虞鄉。二十二年，復析置解縣，屬蒲州。

猗氏　漢縣，古郇國也。

虞鄉　漢解縣地，後魏分置虞鄉縣。貞觀十七年，省解縣，併入虞鄉縣。二十年，復置解縣，省虞鄉。天授二年，復分解縣置虞鄉縣。

永樂　武德元年，分芮城縣置〔一〕，屬芮州。九年，廢芮州，改屬鼎州。貞觀八年，改屬蒲州，又割屬虢州。神龍元年，復來屬。

寶鼎　漢汾陰縣。隋屬泰州。貞觀十七年，廢泰州，縣來屬。開元十一年，玄宗祀后土，獲寶鼎，因改爲寶鼎。

龍門　漢皮氏縣〔二〕，後魏改爲龍門。武德元年，於縣置泰州，領龍門、萬泉、汾陰四縣〔三〕。貞觀十七年，廢泰州及芮縣〔四〕，以龍門、萬泉屬絳州，汾陰屬蒲州。

聞喜　漢縣。隋爲桐鄉縣。武德元年，分置聞喜縣。

萬泉　武德三年，分稷山界於薛通城置萬泉縣，屬泰州。州廢，入絳州，後又隸河中府。

絳州　隋絳郡。武德元年，置絳州總管府，管絳、潞、蓋、建、澤、沁、韓、晉、呂、澮、泰、蒲、虞、芮、邵十五州。絳州領正平、太平、曲沃、聞喜、稷山五縣。三年，廢總管府。其年，以廢北澮州之翼城置翼城縣。領翼城、絳、小鄉三縣。武德元年，改爲澮州。二年，改爲北澮州。四年，州廢，三縣併入絳州〔卅〕。置南絳州，又置絳縣。

曲沃　漢絳縣地，後魏置曲沃縣。

絳　漢聞喜縣，後魏置南絳州，又置絳縣。

稷山　後魏高凉縣，隋改名稷山。

垣　隋縣。義寧元年，置邵原，領垣、王屋，又置清廉、亳城，四縣。武德元年，改爲邵州。二年，又置長泉縣。五年，廢亳城。九年，省邵州，省清廉入垣縣，王屋屬懷州，垣屬絳州。

襄陵　後魏禽盛縣。改爲襄陵，取漢舊名。屬晉州。元和十四年，屬絳州。

晉州　隋臨汾郡。義旗初，改爲平陽郡，領臨汾、襄陵、岳陽、冀氏、楊五縣。其年，改楊縣爲洪洞。武德元年，改爲晉州，分襄陵置浮山縣，分洪洞置西河縣。三年，置總管府，管晉、絳、沁、呂四州。移治白馬城。改浮山爲神山縣。貞觀六年，廢都督。十二年，移治所於平陽古城。十七年，省西河縣，以廢呂州之霍邑、趙城、汾西三縣來屬。天寶元年，改州爲平陽郡。乾元元年，復爲晉州。元和十四年，割襄陵屬絳州。大和元年，改屬河中府。舊領縣七，戶二萬一千六百一十七，口九萬七千五百五。天寶領縣九，戶六萬四千八百三十六，口四十二萬九千二百二十一。元和領縣八。在京師東北七百二十五里，至東都七百三十九里。

臨汾　漢平陽縣，隋改爲臨汾。貞觀十七年，省西河縣，併入臨汾。

洪洞　漢楊縣，至隋不改。義寧元年，改爲洪洞，取縣北嶺名。

神山　武德二年，分襄陵置浮山縣。四年，改爲神山，以縣東南羊角山神見爲名。

岳陽　後魏安澤縣，隋改爲岳陽。

霍邑　漢彘縣，後漢改爲永安。隋於此置汾州，尋改爲呂州，領霍邑、趙城、汾西、靈石四縣。貞觀十七年，廢呂州，以霍邑等三縣來屬〔六〕，以靈石屬汾州。

趙城　國初，分霍邑縣置。

汾西　後漢汾西郡，隋廢爲縣，屬呂州。隋末陷賊。武德初，權於今城南五十里申村堡置。貞觀六年，移於今所。

冀氏　漢猗氏縣地，後於古猗氏縣地南置冀氏。

隰州下　隋龍泉郡。武德元年，改爲隰州，領隰川、温泉、大寧、石樓四縣。二年，置總管府，領隰、中、昌、南汾、東和、西德六州。三年，又置北温州屬焉〔七〕。貞觀元年，省中、昌、西德、北温四州〔八〕，又以廢昌州蒲縣來屬，仍督隰、南汾、東和三州。三年，廢都督府。又以廢東和州永和縣來屬。天寶元年，改爲大寧郡。乾元元年，復爲隰州。舊領縣六，戶八千二百二十二，口三萬八千三百九十五。天寶，戶一萬九千四百五十五，口十二萬四千四百二十。在京師東北九百六里，至東都八百八十里。

隰川　州所理。漢蒲子縣地，隋爲隰川縣。

蒲　漢縣。武德二年，置昌州，領蒲、仵城、常武、昌原四縣。貞觀元年，省昌州及昌原、仵城、常武三縣，以蒲屬隰州。

大寧　漢北屈縣地，隋爲仵城。武德二年，置中州於隋大寧故城，因改名大寧。貞觀元年，廢中州及大義、白龍二縣，以大寧隸隰州。

永和　漢狐讘縣，隋爲永和。武德二年，移治於仙芝谷西，屬東和州，又分置樓山縣。貞觀元年，廢東和州及樓山縣，以永和隸隰州。

石樓　漢土軍縣，隋改爲石樓。武德二年，於縣置西德州，領長壽、臨河、石樓三縣。貞觀元年，廢西德州，省長壽、臨河二縣，以石樓屬東和州。二年，又省東和州，以石樓來屬。

温泉　隋新城縣。武德二年，分置温泉縣，仍置北温州，領温泉、新城、高堂三縣，屬隰州總管府。貞觀元年，省北温州及新城、高堂二縣，以温泉來屬。

汾州上　隋西河郡。義旗初，依舊領隰城、介休、孝義、平遙四縣。其年，割介休、平遙二縣屬介休郡。武德元年，以介休郡爲介州，西河郡爲浩州。三年，改浩州爲汾州，仍割并州之文水來屬。貞觀元年，省介州，以介休、平遙二縣來屬。文水還并州。十七年，以廢呂州之靈石來屬。天寶元年，改爲西河郡。乾元元年，復爲汾州。舊領縣四，戶三萬四千九，口十萬六千三百八十四。天寶領縣五，戶五萬九千四百五十，口三十二萬二百三十三。去京師一千二百六里，東都九百三十七里。

西河　漢美稷縣，隋爲隰城縣。上元元年九月，改爲西河縣。

孝義　漢中陽縣，後魏曰永安。貞觀元年，改爲孝義。

介休　漢縣。武德元年，於縣置介州。貞觀元年，州廢，以介休、平遙屬汾州。

平遙　漢平陶縣。後魏廟諱，改「陶」爲「遙」。武德屬介州。州廢來屬。

靈石　隋分介休縣置，屬呂州。州廢來屬。

慈州下　元魏曰南汾州，隋改爲耿州，又爲文成郡。武德元年，改爲汾州。五年，改爲南汾州。八年〔九〕，改爲慈州，以郡近慈烏戍故也。舊領縣五，戶五千二百四十五，口二萬二千六百五十一。天寶，戶一萬一千六百一十六，口六萬二千四百八十六。在京師東北六百八十三里，去東都七百二十七里。

吉昌　隋縣。

文城　元魏曰斤城縣〔一○〕，隋改爲文城。顯慶三年，移斤城縣東北文城村置。

昌寧　漢臨汾縣地，後魏分置太平縣，又分太平置昌寧縣。

呂香　義寧元年，分仵城縣置平昌縣。貞觀元年，改爲呂香，因舊鎮爲名。上元三年，移治所於故平昌府南置，今縣是也。

仵城　後魏置縣，取鎮戍名也。

潞州大都督府　隋上黨郡。武德元年，改爲潞州，領上黨、長子、屯留、潞城四縣。二年，置總管府，管潞、澤、沁、韓、蓋五州。四年，分上黨置壺關縣。貞觀元年，廢都督府。八年，置大都督府。十年，又改爲都督府。貞觀十七年，廢韓州，以所管襄垣等五縣屬潞州。開元十七年，以玄宗歷職此州，置大都督府，管慈、儀、石、沁四州。天寶元年，改爲上黨郡。乾元元年，依舊爲潞州大都督府。舊領縣五，戶一萬八千六百九十，口八萬三千四百五十五。舊於襄垣置韓州，領縣五，戶七千一十七，口三萬二千九百三十六。天寶領縣十，戶六萬八千三百九十一，口三十八萬八千六百六十。在京師東北一千一百里，至東都四百八十七里。

上黨　漢壺關縣。隋分置上黨，州所治。

壺關　武德四年，分上黨置，治於高望堡。貞觀十七年，移治進流川。

長子　漢縣。

屯留　隋舊。武德五年，自霍壁移於今所。

潞城　古邑。隋特置潞城縣。

襄垣　隋縣。武德元年，於縣置韓州，領襄垣、黎城、涉、銅鞮、武鄉五縣，又割并州之榆社來屬。三年，置甲水縣，仍以榆社屬榆州。六年，割沁州之銅鞮來屬。九年，省甲水縣。貞觀十七年，廢韓州，以襄垣等五縣隸潞州。

黎城　舊刈陵縣，隋改曰黎城州。

涉　漢縣。隋屬韓州。州廢來屬。

銅鞮　漢縣。隋屬韓州。武德元年，屬沁州。三年，分置甲水縣。五年，移治觚水堡。六年，移於今所，屬韓州。省甲水縣。韓州廢，屬潞州。

武鄉　漢垣縣，後魏曰沮城〔二〕，移治於南亭川。改爲鄉縣，屬韓州。州廢，屬潞州。則天加「武」字。神龍年，去「武」字，復爲鄉縣。後又加「武」字。

澤州上　隋長平郡。武德元年，改爲蓋州，領高平、丹川、陵川，又置蓋城四縣。又於濩澤縣置澤州，領濩澤、沁水、端氏三縣。三年，於今理置晉城縣。六年，廢建州，自高平移蓋州治之。八年，移澤州治端氏。九年，省丹川、蓋城。貞觀元年，廢蓋州，自端氏縣移澤州於今治。天寶元年，改澤州爲高平郡。乾元元年，復爲澤州。舊領縣六，戶一萬六百六十，口四萬六千七百三十二。天寶，戶二萬七千八百二十二，口二十五萬七千九十。在京師東北一千三十里，至東都六百六十七里。

晉城　漢高都縣，隋改爲丹川。武德元年，移丹川於源澤水北，屬蓋州。二年，於古高都城置晉城縣，屬建州。六年，廢建州，縣屬蓋州。九年，省丹川縣。貞觀元年，廢蓋州，縣屬澤州。

端氏　漢縣。武德八年，移澤州於此縣。貞觀元年，又移於晉城。

陵川　漢泫氏縣，隋改陵川。武德初，屬蓋州。貞觀元年，隸澤州。

陽城　隋濩澤縣。武德元年，於縣置澤州。八年，移州治於端氏。天寶元年，改爲陽城。

沁水　元魏置東永安縣〔三〕，隋改爲沁水，屬蓋州。州廢來屬〔三〕。

高平　漢泫氏縣地。武德元年，於縣置蓋州，領高平、丹川、陵川〔四〕、蓋城四縣。貞觀元年，廢蓋州，來屬。

沁州下　隋上黨郡之沁源縣。義寧元年，置義寧郡，領沁源、銅鞮、綿上，仍分沁源置和川，凡四縣。武德元年，改爲沁州。二年，分沁源置招遠縣。三年，省招遠縣。六年，以銅鞮屬韓州。天寶元年，改沁州爲陽城郡〔五〕。乾元元年，復爲沁州。舊領縣三，戶三千九百五十六，口一萬六千一百七。天寶，戶六千三百八，口三萬四千九百六十三。在京師東北一千二十五里，去東都六百三十五里。

沁源　漢穀遠縣。州所治。後魏改爲沁源。

和川　義寧元年，分沁源置。

綿上　隋分介休之南界，置綿上縣。

遼州　隋太原郡之遼山縣。武德三年，分并州之樂平、和順、平城、石艾四縣置遼州，治樂平。其年，置義興縣。六年，自樂平移於遼山，仍以石艾、樂平二縣屬受州，省義興縣，以廢楡州之楡社、平城二縣來屬。八年，改遼州爲箕州。先天元年，又改爲儀州。天寶元年，改爲樂平郡。乾元元年，復爲儀州。中和三年八月，復爲遼州。舊領縣四，戶四千三百六十五，口八萬八千六百四十。天寶，戶九千八百八十二，口五萬四千五百八十。在京師東北一千四百五十九里，至東都七百九十七里。

遼山　漢垣縣地，魏改轑陽縣。隋改遼山縣，屬并州。武德三年，屬遼州。

楡社　晉武鄉縣。義寧元年，分置楡社縣。武德三年，於此置楡州，割并州平城來屬。仍置偃武縣。六年，廢楡州及偃武縣，以平城、楡社屬遼州。

和順　漢沾縣地。隋爲和順縣。武德初，屬并州，三年，改爲遼州。

平城　隋縣。武德初，屬并州。三年，改屬楡州，六年，改爲遼州。

北京太原府　隋爲太原郡。武德元年，改爲并州總管，領晉陽、太原、楡次、太谷、祁、陽直、壽陽、盂、樂平、交城、石艾、文水、遼山、平城、烏河、楡社十六縣。其年，置清源縣，仍以楡社屬韓州。三年，廢總管。其年，置汾陽〔一六〕；仍以盂、壽陽二縣置受州，治盂縣；樂平、遼山、平城、石艾四縣置遼州，治樂平；太谷、祁二縣置太州，治太谷；仍以文水屬汾州。四年，又置總管，管并、介、受、遼、太、楡、汾七州〔一七〕。其年，改爲上總管。五年，又改代、石二總管。其年，改上總管爲大總管。六年，又改朔州總管，仍割汾州之文水來屬。其年，廢太州，以太谷、祁二縣來屬。七年，改爲大都督府。其年，置羅陰縣，仍省陽直縣，改汾陽爲陽曲縣，又以文水屬汾州〔八〕。貞觀元年，省烏河、羅陰二縣，又以文水來屬。八年，以廢受州之壽陽、盂、樂平、石艾，又割順州之燕然，凡五縣來屬。督并、汾、箕、嵐四州。十四年，廢燕然縣。龍朔二年，進爲大都督府。天授元年，置北都兼都督府。開元十一年，又置北都，改并州爲太原府。天寶元年，改北都爲北京。舊領縣十四，戶九萬七千八百七十四，口二十萬九百三十六。天寶領縣十三，戶十二萬八千九百五，口七十七萬八千二百七十八。在京師東北一千三百六十里，至東都八百八里。

太原　漢晉陽縣。隋文又移於州城內古晉陽城置，今州所治。

晉陽　隋新移於州內。

太谷　隋縣。武德三年，置太州〔九〕。六年，州廢，以太谷、祁屬并州。

文水　隋縣。武德三年，屬汾州。六年，屬并州。七年，又屬汾州。貞觀初，還屬并州。天授元年，改爲武興縣，以天后鄉里縣，與太原、晉陽並爲京縣。神龍元年〔一〇〕，依舊爲文水。

榆次　漢縣。

盂　隋縣。武德三年，置受州，領盂、壽陽二縣。六年，移受州於壽陽。貞觀八年，省受州，盂復屬幷州。

淸源　隋於古梗陽城置淸源縣，以水爲名。

交城　隋分晉陽縣置，取縣西北古交城爲名。初治交山，天授元年，移治郤波村。先天二年，於故縣分置靈川縣，開元二年後省。

陽曲　隋陽直縣。武德三年，分置汾陽縣。七年，省陽直縣，改汾陽爲陽曲縣，仍移治陽直廢縣。其年，又分置羅陰縣。貞觀元年省。十七年，又省燕然併入。

壽陽　隋舊縣。武德三年，屬受州〔二〕。六年，移受州於此，領壽陽、盂二縣。其年，又割遼州之樂平、石艾二縣來屬。貞觀八年，廢受州，以所管四縣隸幷州。

廣陽　漢上艾縣，後漢改爲石艾縣〔三〕。武德三年，屬遼州。六年，屬受州。八年，州廢，屬幷州。天寶元年，改爲廣陽。

樂平　隋縣。武德三年，於縣置遼州。六年，移遼州治於箕州〔四〕，以樂平屬受州。州廢，縣來屬。

祁　漢縣，至隋不改。武德三年，屬太州，州廢來屬。

代州中都督府　隋爲鴈門郡。武德元年，置代州總管，管代、忻、蔚三州。代州領鴈門、繁時、崞、五臺四縣。五年，廢總管。六年，又置，管代、蔚、忻、朔四州〔三四〕。貞觀四年，又督靈州。六年，又督順州。十二年，省順州，以懷化縣來屬。今督代、忻、蔚、朔、靈五州。高宗廢懷化縣。證聖元年，置武延縣。天寶元年，改爲鴈門郡，依舊爲都督府。乾元元年，復爲代州。舊領縣五，戶九千二百五十九，口三萬六千二百三十四。天寶，戶二萬一千二百八十，口十萬三百五十。在京師東北一千五百五十里，去東都一千二百二十三里。

鴈門　漢廣武縣，隋爲鴈門縣。

五臺　漢慮虒縣，隋改爲五臺。

繁時　漢縣。

崞　漢縣。東魏置廓州，又廢〔三五〕。

唐林　證聖元年，分五臺、崞縣置武延縣〔三六〕，唐隆元年，改唐林。

蔚州　隋鴈門郡之靈丘縣。武德四年，平劉武周。六年，置蔚州，寄治幷州陽曲縣，仍置靈丘、飛狐二縣。七年，寄治代州繁時縣。八年，又寄治忻州秀容之北恆州城。貞觀五年，移於今治。天寶元年，改爲安邊郡。至德二年九月，改爲興唐郡。乾元元年，置蔚州。舊領縣二，戶九百四十二，口三千七百四十八。天寶領縣三，戶五千五十二，口二萬九百五十八。在京師東北一千八百一十里，去東都一千六百四十里。

靈丘　隋縣。隋末陷賊，寄治陽曲。自此，隨州寄治。貞觀五年，移於今所。

飛狐　隋縣，隋末陷賊。武德六年，復置，寄治於易州遂城縣。貞觀五年，移治於今所。

興唐　隋安邊縣。至德二年，改爲興唐。

忻州　隋樓煩郡之秀容縣。義旗初，置新興郡，領秀容一縣。武德元年，改爲忻州。四年，又置定襄縣。天寶元年，改爲定襄郡。乾元元年，復爲忻州。舊領縣二，戶四千九百八十七，口一萬七千一百三十。天寶，戶一萬四千八百六，口八萬二千三十二。在京師東北一千三百八十里，去東都一千六百十三里。

秀容　漢汾陽縣地，治郭下。隋朝自秀容故城移於此，因改爲秀容縣。

定襄　漢陽曲縣地。後漢末，移陽曲於太原界置，乃於陽曲古城置定襄縣。復廢。武德四年，分秀容縣復置。

嵐州下　隋樓煩郡之嵐城縣。武德四年，平劉武周，置東會州，領嵐城縣；又以北和州之太和縣來屬。其年，分嵐城置合會、豐潤二縣，仍自故郡城移嵐州於廢東會州，置嵐州。舊領岢嵐一縣，縣移舊嵐州。其年，又以北管州之靜樂縣來屬。七年，置臨津縣。九年，省合會、岢嵐、太和三縣。貞觀元年，改臨津爲合河。三年，又置太和縣。八年，又省。天寶元年，復爲樓煩郡。乾元元年，復爲嵐州。舊領縣三，戶二千八百四十二，口一萬一千五百四十一。天寶領縣四，戶一萬六千七百四十八，口八萬四千六。在京師東北一千二百九十五里，去東都一千一百四十四里。

宜芳　隋嵐城縣。武德四年，改爲宜芳，屬東會州。四年，分置豐潤、合會二縣。五年，省豐潤併入。六年，改屬嵐州。九年，省合會併入。

靜樂　漢汾陽縣地，有隋汾陽宮。武德四年，置管州，領靜樂，又分置汾陽、六度二縣。五年，改管州爲北管州。六年，省北管州及汾陽、六度二縣。以靜樂屬嵐州。

合河　隋臨泉縣。武德四年，置臨津縣。貞觀元年，改爲合河。

嵐谷　舊岢嵐軍也，在宜芳縣北界。長安三年，分宜芳於岢嵐舊軍置嵐谷縣。神龍二年，廢縣置軍。開元十二年，復置縣。

憲州下　舊樓煩監牧也。先隸隴右節度使，至德後，屬內飛龍使。舊樓煩監牧，嵐州刺史兼領。貞元十五年〔三七〕，楊鉢爲監牧使，遂專領監司，不係州司。龍紀元年，特置憲州於樓煩監，仍置樓煩縣。郡城，開元四年王毛仲築。州新置，未記戶口帳籍。

樓煩　龍紀元年，於監西一里置。

玄池　州東六十里置。

天池　州西南五十里置。本置於孔河館，乾元後移於安明谷口道人堡下。

石州　隋離石郡。武德元年，改爲石州。五年，置總管府，管石、北和、北管、東會、嵐、西定六州。貞觀二年，廢都督府。三年，復置都督。六年，又廢。天寶元年，改爲昌化郡。乾元元年，復爲石州。舊領縣五，戶三千七百五十八，口一萬七千四百二。天寶，戶一萬四千二百九十四，口六萬六千九百三十五。在京師東北一千二百九十一里，至東都一千二百二十八里。

離石　漢縣。周改爲昌化郡，隋復爲離石，州所治。

平夷　後周析離石縣置。

定胡　隋縣。武德三年，置西定州。貞觀二年廢，分置孟門縣。七年，廢孟門入定胡。

臨泉　隋太和縣。武德三年，置北和州，改太和縣爲臨泉縣〔三〕。貞觀三年，省北和州，縣屬石州。

方山　隋縣。武德二年，置方州。三年，州廢，縣屬石州。

朔州　隋馬邑縣。武德四年，置朔州，領善陽、常寧二縣。其年，省常寧縣。天寶元年，改爲馬邑郡。乾元元年，復改爲朔州。舊領縣一，戶一千二百五十七，口四千九百一十三。天寶領縣二，戶五千四百九十三，口二萬四千五百三十三。在京師東北一千七百七十四里，至東都一千三百四十三里。

善陽　漢定襄地，有秦時馬邑城、武周塞。後魏置桑乾郡。隋爲善陽縣。

馬邑　秦漢舊名，久廢。開元五年，分善陽縣於大同軍城置。

雲州　隋馬邑郡之雲內縣界恆安鎭也。武德四年，平劉武周。六年，置北恆州。七年，州廢。貞觀十四年，自朔州北定襄城，移雲州及定襄縣置於此。永淳元年，爲賊所破，因廢，乃移百姓於朔州。開元二十年，復爲雲州。天寶元年，改爲雲中郡。乾元元年，復爲雲州，領縣一，戶七十三，口五百六十一。在京師東北一千九百四十里，去東都一千六百四十二里。

雲中　隋雲內縣之恆安鎮。武德六年，置北恆州〔三九〕。貞觀十四年，自朔州北定襄城移雲州於此置，因爲定襄縣。今治，卽後魏所都平城也。永淳元年，爲賊所破，因廢雲州及縣。開元二十年，與州復置。仍改定襄爲雲中縣。

單于都護府　秦漢時雲中郡城也。唐龍朔三年，置雲中都護府。麟德元年，改爲單于大都護府。東南至朔州三百五十七里〔四〇〕。振武軍在城內置。天寶，戶二千一百，口一萬三千。在京師東北二千三百五十里，去東都二千里。

金河　與府同置。

河北道

懷州雄　隋河內郡。武德二年，於濟源西南柏崖城置懷州，領大基、河陽、集城、長泉四縣。其年，於濟源立西濟州，於武德縣立北義州，修武縣東北故濁鹿城立陟州，置總管府，管懷、西濟、北義、陟四州。三年，懷州又置太行、忠義、紫陵、轂只、温五縣。四年，移懷州於今治野王城。其年，又於温縣置平州，以温縣屬之。又省轂只、太行、忠義、紫陵四縣。後省平州，仍於隋河陽宮置盟州，領河陽、集城、温三縣。又省西濟、北義、陟三州入懷州。又於獲嘉縣置殷州。其懷州總管，管懷、盟、殷三州。懷州領河內、武德、軹、濟源五縣〔三〕。八年，廢盟州，省集城入河陽縣，以河陽、温二縣來屬。貞觀元年，罷都督府，以廢殷州修武、獲嘉、武陟，廢邵州之王屋四縣來屬。仍省懷、軹二縣。顯慶二年，割河陽、温、濟源、王屋四縣屬洛州。天授元年，改爲河內郡。乾元元年，復爲懷州。舊領縣九：河內、武德、修武、獲嘉、武陟、温、河陽、濟源、王屋。戶三萬九十，口十二萬六千九百一十六。天寶領縣五，戶五萬五千三百四十九，口三十一萬八千一百二十六。在京師東九百六十九里，至東都一百四十里。

河內　漢野王縣，隋爲河內縣。武德四年，省太行、忠義、紫陵三縣併入。

武德　隋爲安昌縣。武德三年，改爲武德。

武陟　漢懷縣地，故城在今縣西。

修武　漢山陽縣地。修武，古名也，隋因之。武德二年，李原德以縣東北濁鹿城歸順，因置陟州及修武縣。四年，賊平，改爲武陟，廢陟州〔三〕，以修武屬殷州，仍移縣治於隋故修武城。貞觀元年，省殷州，修武屬懷州。

獲嘉　漢縣名。武德四年，於縣置殷州，領獲嘉、武德、武陟、修武、新鄉、共城五縣。貞觀元年，省殷州，以獲嘉、武陟、修武屬懷州，新鄉、共城屬衞州。

衞州望　隋汲郡，本治衞縣。武德元年，改爲衞州。二年，陷竇建德。四年，賊平，仍舊領衞、淸淇、湯陰三縣。其年，廢義州，以汲縣來屬。六年，以湯陰屬相州。貞觀元年，州移治於汲縣，又廢殷州，以共城、新鄉、博望三縣來屬。六年，廢博望縣。十七年，廢淸淇縣。其年，又以廢黎州之黎陽縣來屬〔三〕。天寶元年，改爲汲郡。乾元元年，復爲衞州。舊領縣五，戶一萬一千九百三，口四萬三千六百八十二。天寶，戶四萬八千五十六，口二十八萬四千六百三十。在京師東一千二百二十二里，去東都三百九十里。

汲　漢縣，隋因之。武德元年，置義州，領汲縣。四年，廢義州，縣屬衞州。貞觀元年，衞州自衞縣徙治所於汲縣。

新鄉　隋割汲、獲嘉二縣地，於古新樂城置新鄉縣。武德初，屬義州。州廢，來屬殷州。州廢，屬衞州。

衞　漢朝歌縣。紂所都朝歌城，在今縣西。隋大業二年，改爲衞縣，仍置汲郡於縣治。

貞觀初，移於汲縣。初屬義州。州廢，屬衞州。十七年，省淸淇縣入衞縣。長安三年，又置淸淇縣。神龍元年，又省入衞縣。

共城　漢共縣，隋因之。武德元年，置共州，領共城、凡城二縣。四年，廢共州，省凡城入共城縣。初屬殷州。貞觀初，來屬。

黎陽　隋黎陽縣。武德二年，置黎州總管府，管殷、衞、洹、澶四州。尋陷賊。四年，平竇建德，復置黎州，領臨河、內黃、湯陰、觀城、頓丘、繁陽、澶水八縣〔三四〕。其年，以澶水、觀城、頓丘三縣置澶州，又以湯陰屬相州。貞觀元年，省繁陽〔三五〕，又以澶水來屬。十七年，廢黎州及澶水縣，以黎陽屬衞州，內黃、臨河屬相州。

相州　漢魏郡也。後魏道武改爲相州，隋爲魏郡。武德元年，置相州總管府，領安陽、鄴、林慮、零泉、相、臨漳、洹水、堯城八縣。二年，割林慮置巖州。四年，廢總管府，仍省零泉縣。五年，廢巖州，以林慮來屬，仍省相縣。六年，割衞州之湯源來屬。其年，復置總管府，管磁、洺、黎、衞、邢六州〔三六〕。九年，廢都督府。貞觀元年，改湯源爲湯陰，以廢磁州之滏陽〔三七〕、成安二縣來屬。十年，復置都督，管相、衞、黎、魏、洺、邢、貝七州。十六年，罷都督府。十七年，以廢黎州之內黃、臨河來屬。天寶元年，改爲鄴郡。乾元元年，復爲相州。

舊領縣九，戶一萬一千四百九十，口七萬四千七百六十六。天寶縣十一，戶十萬一千一百四十二，口五十九萬一百九十六。在京師東北一千四百二十一里，至東都六百六里。

安陽　漢侯國，故城在湯陰東。曹魏時，廢安陽，併入鄴。後周移鄴，置縣於安陽故城，仍爲鄴縣。隋又改爲安陽縣，州所治。漢魏郡城，在縣西北七里。

鄴　漢縣，屬魏郡。後魏於此置相州，東魏改爲司州。周平齊，復爲相州。周大象二年，隋文輔政，相州刺史尉遲迥舉兵不順，楊堅令韋孝寬討迥，平之。乃焚燒鄴城，徙其居人，南遷四十五里。以安陽城爲相州理所，仍爲鄴縣。煬帝初，於鄴故都大慈寺置鄴縣。貞觀八年，始築今治所小城。

湯陰　漢蕩陰縣也，併入安陽。武德四年，分安陽置湯源縣，屬衞州。六年，改屬相州。貞觀元年，改爲湯陰。

林慮　漢隆慮縣。武德三年，置巖州，領林慮一縣。五年，巖州廢，縣屬相州。

堯城　隋縣。

洹水　漢長樂縣地，屬魏郡。周建德六年，分臨漳東北界置洹水縣。

臨漳　後周建德六年，分鄴縣置。

成安　漢斥丘縣，屬魏郡。後廢，北齊復置，改爲成安。

內黃　漢縣名。舊屬黎州，貞觀十七年，改屬相州。

臨河　隋分黎陽縣置。貞觀十七年，改屬相州，廢澶水縣併入。

魏州雄　漢魏郡元城縣之地。後魏天平二年，分館陶西界，於今州西北三十里古趙城置貴鄉縣。後周建德七年，以趙城卑濕，東南移三十里〔三八〕，就孔思集寺爲貴鄉縣。大象二年，於縣置魏州。隋改名武陽郡。武德四年，平竇建德，復爲魏州。又分置潭陰縣，領貴鄉〔三九〕、昌樂、元城、莘、武陽、臨黃、觀城、頓丘、繁水、魏、冠氏、館陶、潭陰十三縣。其年，割頓丘、觀城二縣置澶州，又割莘、臨黃、武陽三縣置莘州，又割冠氏、館陶置毛州。魏州置總管府，管魏、黎、澶、莘、毛五州〔四〇〕。魏州領貴鄉、昌樂、繁水、潭陰、元城、魏六縣〔四一〕。貞觀元年，罷都督府，仍省潭陰縣。其年，廢莘、毛、澶三州，盡以所領縣屬魏州。十七年，省元城、武陽、觀城三縣。十八年，省繁水縣。龍朔二年，改爲冀州大都督府，以冀王爲都督，管冀、貝、德、相、棣、滄、魏七州。咸亨三年，依舊爲魏州，罷都督府。永昌元年，置武聖縣。聖曆二年，又置元城縣。天寶元年，改爲魏郡。乾元元年，復爲魏州。舊領縣十三，戶三萬四百四十，口十三萬六千六百一十二。天寶領縣十，戶十五萬一千五百九十六，口一百一十萬九千八百七十。在京師東北一千五百九十里，去東都七百五十里。

貴鄉　後魏分館陶西界，置貴鄉縣於趙城。周建德七年，自趙城東南移三十里，以孔思集寺爲縣廨。大象二年，於縣置魏州。武德八年，移縣入羅城內。開元二十八年，刺史盧暉移於羅城西百步。大曆四年，又移於河南岸置。

元城　隋縣，治古殷城。貞觀十七年，併入貴鄉。聖曆二年，又分貴鄉、莘縣置，治王莽城。開元十三年，移治州郭下。古殷城，在朝城東北十二里。

魏　漢舊縣，在今縣南。天寶三年，移於今所。

館陶　漢縣，隋因之。武德五年，置毛州，割魏州之館陶、冠氏、堂邑，貝州之臨清、清水。又分置沙丘縣。貞觀元年，廢毛州，省沙丘、清水二縣。以堂邑屬博州，臨清屬貝州，館陶、冠氏屬魏州。

冠氏　春秋邑名。隋分館陶縣東界置。武德四年，屬毛州。州廢來屬。

莘　漢陽平縣地，隋置新州〔四二〕。武德五年，改爲莘州，領莘、臨黃、武陽、武水四縣。貞觀元年，廢莘州，以莘、臨黃、武陽屬魏州，武水屬博州。

臨黃　漢觀縣地，隋爲臨黃縣。武德四年，屬莘州。州廢來屬。

朝城　隋武陽縣。貞觀十七年，廢武陽入臨黃、莘二縣。開元七年復置，改爲朝城。

昌樂　晉置，屬陽平郡。後魏置昌州，今縣西古城是也。隋廢昌樂縣入繁水。武德五年復置，隸魏州。今治所，武德六年築也。

澶州　漢頓丘縣，屬東郡，今縣北古陰安城是也。武德四年，分魏州之頓丘、觀城置澶州，領頓丘、觀城，又特置澶水縣。貞觀元年，廢澶州，以澶水屬黎州，頓丘、觀城屬魏州。大曆七年正月敕，又於頓丘縣置澶州，領頓丘、清豐、觀城、臨黃四縣。州新置，元未計戶口帳籍。在京師東北一千四百八十五里，至東都六百八十五里。

頓丘　漢縣，屬東郡，後移治所於陰安城，隋屬魏郡，今縣地北陰安城是也。

清豐　大曆七年，割頓丘、昌樂二縣界四鄉置。以縣界有孝子張清豐門闕，魏州田承嗣請爲縣名。

觀城　隋縣。唐初，屬澶州。州廢，亦省觀城。大曆七年，割昌樂、臨黃二縣四鄉，置縣於舊觀城店。

臨黃　隋舊縣。武德四年，屬莘州。州廢，屬魏州。大曆七年，置澶州，割之來屬。

博州上　隋武陽郡之聊城縣。武德四年，平竇建德，置博州，領聊城、武水、堂邑、茌平，仍置莘亭、靈泉、清平、博平、高唐凡九縣〔四三〕。五年，省莘亭、靈泉二縣。貞觀元年，省茌平縣。天寶元年，改爲博平郡。乾元元年，復爲博州。舊領縣六，戶七千六百八十二，口三萬七千三百九十四。天寶，戶五萬二千六百三十一，口四十萬八千二百五十二。在京師東北一千七百一里，至東都九百四十七里。

聊城　漢縣。治郭下。武德四年，分置在平縣。貞觀元年，省入聊城。

博平　漢縣，隋因之。武德四年，分置靈縣。五年省，併入博平。貞觀十七年，省博平入聊城。天授二年，析聊城復置。

武水　漢陽平縣地，屬東郡。隋改爲清邑，又分清邑置武水縣。武德四年，屬莘州。貞觀元年，屬博州。

清平　漢貝丘縣。隋改爲清平，屬博州。

堂邑　漢縣，後魏廢。隋分清陽縣復置。初屬毛州，州廢，屬博州。

高唐　隋縣。長壽二年，改爲崇武。神龍元年，復爲高唐。

貝州　隋爲清河郡。武德四年，平竇建德，置貝州，領清河、武城、漳南、歷亭、清陽、鄃、夏津七縣。六年，移治所於歷亭。八年，還於舊治。九年，以廢宗州之宗城、經城來屬，又以廢毛州之臨清來屬。天寶元年，改爲清河郡。乾元元年，復爲貝州。舊領縣九，戶一萬七千七百一十九，口九萬七十九。天寶，戶十一萬一十五，口八十三萬四千七百五十七。在京師東北一千七百八十二里，至東都九百九十三里。

清陽　武德四年，分置夏津縣。九年，復省。舊治甘陵城。永昌元年，移治於孔橋。開元二十三年，移就州治。

清河　漢縣，後漢桓帝改爲甘陵，後省。隋復分置清河縣，在郭下。

武城　漢曰東武城。舊治古夏城。調露元年，移於今治。

宗城　隋舊。武德四年，置宗州，領宗城、府城〔四〕、南宮、斌強四縣。九年，廢宗州及府城、斌強二縣，以經城、宗城屬貝州，南宮屬冀州。

臨清　漢清泉縣，後魏改爲臨清。武德四年，屬毛州。州廢，屬貝州。

經城　漢縣。武德四年，屬宗州。州廢來屬。

漳南　漢東陽縣，後魏省。隋分棗強、清平二縣地，復置於古東陽城，仍改爲漳南縣。

歷亭　漢東陽地。隋分鄃縣置歷亭縣。

夏津　舊鄃縣。天寶元年，改爲夏津。

洺州望　隋武安郡。武德元年，改爲洺州，領永年、洺水、平恩、清漳四縣。二年，陷竇建德。四年，建德平，立山東道大行臺，又立曲周、雞澤二縣。五年，罷行臺，置洺州大總管府，管洺、衞、巖、相、磁、邢、趙八州〔四五〕。六年，罷總管府。以磁州之武安、臨洺、肥鄉三縣來屬。貞觀元年，又以廢磁州之邯鄲來屬。天寶元年，改爲廣平郡。乾元元年，復爲洺州。永泰之後，復以武安、邯鄲屬磁州。會昌元年，省清漳、洺水二縣入肥鄉、平恩、曲周等縣。舊領縣七，戶二萬二千九百三十三，口十萬一千三十。天寶領縣十，戶九萬一千六百六十六，口六十八萬三千二百八十。省清漳、洺水。今領縣六。在京師東北一千五百八十五里，至東都八百五十七里。

永年　州所治。本漢曲梁縣，屬廣平郡。改廣平爲永年。

平恩　漢縣。隋自斥漳城移於平恩故城置。

臨洺　漢易陽縣，隋改爲臨洺。武德元年，置紫州，領臨洺、武安、肥鄉、邯鄲等縣。四年，罷紫州，臨洺屬磁州。五年，改屬洺州。

鷄澤　漢廣平縣地。武德四年，置鷄澤縣。

肥鄉　漢邯溝縣地。曹魏立肥鄉縣，屬廣平郡。會昌三年，省清漳縣入。

曲周　隋廢縣。武德四年，復置。會昌三年，省洺水縣入〔四六〕。

磁州　隋魏郡之滏陽縣。武德元年，置磁州，領滏陽、臨水、成安三縣。四年，割洛州之臨洺、武安、邯鄲、肥鄉來屬。六年，置磁州總管府，領磁、邢、洺、黎、相、衞六州。其年，廢總管府。以臨洺、武安、肥鄉三縣屬洺州，磁州領滏陽、成安、邯鄲三縣(四七)。貞觀元年，廢磁州，滏陽、成安屬相州，以邯鄲屬洺州。永泰元年六月，昭義節度使薛嵩，請於滏陽復置磁州，領滏陽、武安、昭義、邯鄲四縣。州新置，未計戶口帳籍。在京師東北一千四百八十五里，至東都六百六十五里。

滏陽　漢武安縣地。隋置滏陽縣，州所治。

邯鄲　漢縣，屬廣平郡。隋屬磁州。州廢，屬洺州。永泰初，復置磁州，來屬。

武安　漢縣。隋復置，隸磁州。

昭義　永泰元年，廉察使薛嵩，特置於滏口之右故臨水縣城。

邢州上　隋襄國郡。武德元年，改爲邢州總管府，管邢、温、和、封、蓬、東龍六州。邢州領龍岡、堯山、內丘三縣。四年，平竇建德，罷總管府。割內丘屬趙州，仍省和、温、封三州，以其所領南和、沙河、平鄉三縣來屬。又立任縣。五年，割趙州之內丘、柏仁來屬。天寶元年，改爲鉅鹿郡。乾元元年，復爲邢州。舊領縣九，戶二萬一千九百八十五，口九萬九百六十。天寶，戶七萬一百八十九，口三十八萬二千七百九十八。在京師東北一千六百五十五里，至東都八百五十七里。

龍岡　漢襄國縣(四八)，隋改爲龍岡，州所治也。

沙河　隋分龍岡縣置。武德元年，置温州。四年，州廢，屬邢州。

南和　漢縣，後周置南和郡，隋廢州爲縣。武德元年，置和州。四年州廢，縣屬邢州。

鉅鹿　隋於漢南䜌故城置鉅鹿縣。武德元年，置起州幷白起縣。四年，廢起州，鉅鹿屬趙州。仍省白起，倂入鉅鹿。貞觀元年，屬邢州。舊治東府亭城。嗣聖元年，移於今所。

平鄉　漢鉅鹿郡，故郡城在今縣北十一里。古鉅鹿城，即今治也。隋改平鄉縣。

任　漢南䜌地。晉置任縣，後廢。武德四年，復置。舊治苑鄉城。

堯山　漢柏仁縣，至隋不改。武德元年，置東龍州，領柏仁縣。四年，平竇建德，縣屬趙州。貞觀初，屬邢州。天寶元年，改爲堯山。

內丘　漢中丘縣。隋改爲內丘縣，屬趙州。貞觀初，還屬邢州。

趙州　漢平棘縣，故城在今縣南。後魏於昭慶縣置殷州(四九)，齊改爲趙州。隋廢，尋復置趙郡於平棘縣。武德元年，張志昂以郡歸國，改爲趙州，領平棘、高邑、贊皇、元氏、廮陶、欒城、大陸、柏鄉、房子、槀城、鼓城十二縣〔五〇〕。其年，以槀城屬廉州，以鼓城屬深州。四年，改大陸爲象城。天寶元年，改爲趙郡〔五一〕。乾元元年，復爲趙州。舊領縣九，戶二萬一千四百二十七，口八萬五千九百九十二。天寶，戶六萬三千四百五十四，口三十九萬五千二百三十八。去京師東北一千八百四十三里，至東都一千三十三里。

平棘　漢平棘縣，屬常山郡。隋自象城移趙州治所於縣置。

寧晉　漢楊氏縣，屬鉅鹿郡。今治卽楊氏城也。後改爲廮陶，元魏改爲廮遙，隋復爲陶〔五二〕。天寶元年，改爲寧晉。

昭慶　漢廣阿縣，屬鉅鹿郡。後魏置殷州，北齊改爲趙州。隋改廣阿爲大陸。武德四年，改爲象城。天寶元年，改爲昭慶，以有建初、啓運二陵故也。

柏鄉　漢縣，屬鉅鹿郡，故城在今縣西南十七里。後廢。隋於今治彭水之陽，復置。

高邑　漢鄗縣，屬常山郡。世祖更名高邑，晉代不改。

臨城　漢房子縣，屬常山郡。天寶元年，改爲臨城。

贊皇　古無其名，隋置，取贊皇山爲名。

元氏　漢常山郡所治，故城在今縣西。

鎮州　秦東垣縣。漢高改名眞定，置恆山郡，又爲眞定國。歷代爲常山郡。治元氏。後魏道武登常山郡，北望安樂壘美之，遂移郡治於安樂城，今州城是也。周、隋改爲恆州，後廢。義旗初，復置恆州，領眞定、石邑、行唐、九門、滋陽五縣，州治石邑。武德元年，陷竇建德。四年，賊平，徙治所於眞定，省滋陽縣，又割廉州之槀城來屬。天寶元年，改爲常山郡。乾元元年，復爲恆州。興元元年，昇爲都督府。元和十五年，改爲鎮州。舊領縣六，戶二萬六千一百一十三，口五萬四千五百四十三。天寶領縣九，戶五萬四千六百三十三，口三十四萬二千二百三十四。今領縣十一。在京師東北一千七百六十里，至東都一千一百三十六里。

眞定　隋屬高陽郡。武德四年，自石邑移恆州於縣爲治所。載初元年，改爲中山縣。神龍元年，復爲眞定縣。

槀城　漢縣。唐初，置鉅鹿郡，領槀城、桓肆、新豐、宜安四縣。武德元年，改爲廉州。其年，陷竇建德。四年，賊平，復置廉州，領槀城、鼓城、毋極四縣〔五〕。省桓肆、新豐、宜安，併入槀城。貞觀元年，廢廉州，以鹿城屬深州，鼓城、毋極屬定州，槀城屬恆州。

石邑　漢縣，屬常山郡。

九門　漢縣，屬常山郡，至隋不改。國初置九門郡，領九門、新市、信義三縣。武德元年，改爲觀州。五年，州廢，省信義、新市二縣。以九門隸恆州。

靈壽　漢縣，屬常山郡。義寧元年，置燕州。武德四年，州廢，縣屬井州〔五四〕。七年州廢，屬恆州。

行唐　漢南行唐縣，屬常山郡。武德四年，置王城縣，屬常山郡。武德五年，省滋陽縣併入。長壽二年，改爲章武。神龍元年，復爲行唐。

井陘　漢縣，屬常山郡。義寧元年，置井陘郡，并葦澤縣。武德元年，改爲井州。四年，又以廢嶽州之房山、蒲吾二縣，恆州之鹿泉來屬。五年，又以恆州之靈壽來屬。貞觀元年，廢蒲吾、葦澤二縣入井陘。十七年，廢井州，以井陘等三縣屬恆州。

獲鹿　漢石邑縣地。隋置鹿泉縣，屬井州。貞觀十七年，來屬。至德元年，改爲獲鹿。

平山　漢蒲吾縣，屬常山郡。隋改爲房山縣。義寧元年，置房山郡。武德元年，置嶽州，領房山一縣。四年，廢嶽州，房山屬恆州。至德元年，改爲平山縣，仍以恆州爲平山郡。

鼓城　漢臨平、下曲陽兩縣之地，屬鉅鹿郡。隋分槀城於下曲陽故城東五里置昔陽縣，尋改爲鼓城。武德四年，屬廉州。州廢，屬定州。大曆三年，割屬恆州。

欒城　漢關縣，屬常山郡。後魏於關縣古城置欒城縣，屬趙州。大曆三年，割屬恆州。

冀州上　隋信都郡。武德四年，改爲冀州，領信都、衡水、武邑、棗強、南宮、堂陽、下博、武強八縣。六年，置總管府，移治所於下博，管冀、貝、深、宗四州。貞觀元年，廢都督府，移州治於信都。又以下博、武強二縣屬深州。十七年，以廢深州之下博、武強、鹿城，廢觀州之阜城來屬。龍朔二年，改爲魏州都督府。咸亨三年，復舊。先天二年，割下博、武強、鹿城三縣屬深州。開元二年，復以下博、武強還冀州。天寶元年，改爲信都。乾元元年，復爲冀州。舊領縣六：信都、南宮、堂陽、棗強、武邑、衡水。戶一萬六千二十三，口七萬二千七百三十三。天寶領縣九，戶一十萬三千八百八十五，口八十三萬五百二十。在京師東北一千九百七十八里，至東都一千一百里。

信都　漢信都國城，今州所治也。後漢改爲樂成國〔三五〕，又改安平國。魏、晉後爲冀州所治。

南宮　漢縣，屬信都國，至隋不改。武德四年，屬宗州。貞觀元年，屬冀州。

堂陽　漢縣，屬鉅鹿郡。隋舊屬冀州。

棗強　漢縣，屬清河郡。隋舊也。

武邑　漢縣，屬信都國。隋舊。武德四年，分置昌亭縣，貞觀初省。

衡水　古無此名，隋開皇十七年，河北大使郎蔚之分信都北界、武邑西界、下博南界，置衡水縣，特築此城。

阜城　漢縣，屬渤海郡。隋屬冀州。故城在今縣東二十里，今城隋築。

蓨　漢縣，屬渤海郡。隋舊隸觀州。州廢，屬德州。故城在今縣南十里。貞觀元年，分置觀津縣，尋省。永泰後，屬冀州。

深州　武德四年，平竇建德，於河間郡之饒陽縣置深州，領安平、饒陽、蕪蔞三縣。初治安平，其年，移治饒陽。貞觀元年，割故廉州之鹿城，冀州之武強、下博來屬。省蕪蔞縣。十七年，廢深州，以饒陽屬瀛州，安平屬定州，鹿城、下博、武強屬冀州。先天二年，復割饒陽、安平、鹿城置深州，仍分置陸澤縣。天寶元年，改深州爲饒陽郡。乾元元年，復爲深州。舊領縣五，戶二萬一百五十六，口八萬七千。天寶，縣四，戶萬八千八百二十五，口三十四萬六千四百七十二。在京師東北二千一十三里，至東都一千二百五十里。

陸澤　先天二年，分饒陽、鹿城界置陸澤縣於古鄡城。鄡，漢縣，屬鉅鹿郡。

饒陽　漢縣，屬涿郡。武德四年，分置蕪蔞縣，貞觀元年省。十七年，割屬瀛州〔五六〕。先天二年，還深州。武德初，爲深州所治。

束鹿　漢安定侯國，今縣西七里故城是也。周、齊爲安定縣，隋改爲鹿城。唐至德元年〔五七〕，改爲束鹿。

下博　漢縣，屬信都國。隋舊。武德四年，屬冀州。貞觀元年，改屬深州。十七年，屬冀州。先天二年，還深州。

安平　漢縣，屬涿郡。武德初，置深州，以縣屬。十七年，州廢，屬定州。先天二年，來屬。

武強　漢武隧縣，屬河間國。晉改爲武強。武德四年，屬冀州。貞觀元年，屬深州。

博野　漢蠡吾縣，屬涿郡。後漢分置博陵縣，後魏改爲博野。武德五年，置蠡州〔五八〕，領博野、清苑，割定州之義豐三縣。八年，州廢，三縣各還本屬。九年，復立蠡州，領博野、清苑二縣。貞觀元年，廢蠡州，博野、清苑屬瀛州。永泰中，屬深州。

樂壽　漢樂成縣〔五九〕，屬河間國，城在今縣東南十六里。後魏移縣東北，近古樂壽亭，因改爲樂壽。隋屬河間郡。永泰中，割屬深州。

滄州上　漢渤海郡，隋因之。武德元年，改爲滄州，領清池、饒安、無棣三縣，治清池。其年，移治饒安。四年，平竇建德，分饒安置鬲津縣。五年，以清池屬東鹽州。六年，以觀州胡蘇縣來屬，州仍徙治之。其年，又省棣州，以滴河、厭次、陽信、樂陵四縣來屬。貞觀元年，以瀛州之景城，廢景州之長蘆、南皮、魯城三縣，廢東鹽州之鹽山、清池二縣，並來屬。又以滴河、厭次二縣屬德州，以胡蘇屬觀州，仍移治於清池。又省鬲津入樂陵，省無棣入陽信。八年，復置無棣縣。十七年，以廢觀州之弓高、東光、胡蘇來屬。割陽信屬棣州。天寶元年，改爲景城郡。乾元元年，復爲滄州。舊領縣十，戶二萬五十二，口九萬五千七百九十六。天寶領縣十一，戶十二萬四千二十四，口八十二萬五千七百五。在京師東北二千二百一十八里，去東都一千三百八十二里。

清池　漢浮陽縣，渤海郡所治。隋改爲清池縣，治郭下。武德四年，屬景州。五年，改屬東鹽州。貞觀元年，改屬滄州。

鹽山　漢高城，古縣在南。隋改爲鹽山。武德四年，置東鹽州，領縣一。五年，又割景州之清池來屬，仍置浮水縣。貞觀元年，省東鹽州及浮水縣，以清池屬滄州。

南皮　漢縣，屬渤海郡，至隋不改。武德四年，屬景州。貞觀元年，改屬滄州。

長蘆　漢參戶縣，屬渤海郡。後周改爲長蘆。武德四年，割滄州之清池、南皮二縣，瀛州之魯城、平舒、長蘆三縣，於此置景州。其年，陷劉黑闥。五年，賊平，置景州總管府，管滄、瀛、東鹽、景四州〔六〇〕。又分清池縣屬東鹽州。貞觀元年，廢景州，以平舒屬瀛州，南皮、魯城、長蘆三縣屬滄州。舊治永濟河西，開元十六年，移於今治。

樂陵　漢舊縣，屬平原郡，隋不改。武德四年，屬棣州。六年，省棣州，以縣屬滄州。

饒安　漢千童縣，屬渤海郡。後漢改爲饒安，隋因之。武德元年，移治故千童城，仍移州治於此。六年，州移治胡蘇。貞觀十二年，移縣治故浮水城。

無棣　漢陽信縣，屬渤海郡。改爲無棣。貞觀元年，併入陽信。八年，復置。大和二年，屬棣州，又復還滄州。

臨津　漢東光縣地。隋於故胡蘇亭置胡蘇縣。武德四年，屬觀州。貞觀十七年，屬滄州。天寶元年，改爲臨津。

乾符　隋魯城縣。武德四年，屬景州。貞觀元年，改屬滄州。乾符年，改爲乾符。

景州　漢鬲縣地，屬平原郡。隋置弓高縣，屬渤海郡。武德四年，於縣置觀州，領弓高、蓨、阜城、東光、安陵、胡蘇、觀津七縣。六年，以胡蘇屬滄州。貞觀元年，省觀津縣，復以胡蘇來屬。十七年，廢觀州，以東光、胡蘇屬滄州，蓨縣、安陵屬德州，阜城屬冀州。貞元二年〔六二〕，又於弓高縣置景州，又以弓高、東光、胡蘇來屬。長慶元年，廢景州，四縣亦還本屬。二年，復於弓高置景州。大和四年廢，縣屬滄州。景福元年，復於弓高置景州，管東光、安陵三縣〔六三〕。天祐五年，移州治於東光縣。領縣六，戶一萬一千三，口五萬七千五百三十二。在京師東北二千九百里，至東都一千三百里。

弓高　漢鬲縣，屬平原郡。隋置弓高縣，後於縣治置觀州、景州。興替不常，事在州說中。

東光　漢縣，屬渤海郡。歷代不改。

安陵　隋宣府鎮。武德四年，置安陵縣，屬觀州。貞觀十七年，廢觀州，改屬德州。永徽二年，移治白社橋。景福元年，改屬景州。

德州　漢平原郡。隋置德州，又爲平原郡。武德四年，平竇建德後，置德州，領安德、般、平原、長河、將陵、平昌六縣。其年，置總管府，管博、德、棣、觀四州。貞觀元年，廢都督府，割滄州之滴河、厭次來屬。十七年，廢般縣，以滴河、厭次二縣屬棣州。又以廢觀州之蓨縣、安陵來屬。天寶元年，改爲平原郡。乾元元年，復爲德州。舊領縣八，戶一萬一百三十五，口五萬二千一百四十一。天寶領縣七，戶八萬三千三百一十一，口六十五萬九千八百五十五。至京師一千九百八十二里，去東都一千一百三十八里。

安德　漢縣，屬平原郡。今州治，至隋不改〔六三〕。

平原　漢舊平原郡所治，故城在今縣西南二十五里。今縣治城，北齊所築。

長河　漢廣川縣，屬信都國，後廢。隋於舊廣川縣東八十里置新縣，今治是也。尋改爲長河縣，爲水所壞。元和四年十月，移就白橋，於永濟河西岸置縣，東去故城十三里。十年，又置河東小胡城。

將陵　漢安德縣。隋分安德於將陵故城置此縣。

平昌　漢縣，屬平原郡，故城在今縣東三十里。大和二年，割屬齊州，又還德州。

定州上　後漢中山國〔六四〕。後魏置安州，尋改爲定州。隋改博陵郡，又復爲高陽郡。武德四年，平竇建德，復置定州〔六五〕，領安喜、義豐、北平、深澤、毋極、唐昌、新樂、恆陽、唐、望都等十縣。其年，置總管府，領定、恆、井、滿、廉五州。六年，昇爲大總管府，管定、洛、相、磁、黎、冀、深、蠡、滄、瀛、魏、貝、景、博、趙、宗、觀、廉、井、邢、欒、德、衞、滿、幽、易、燕、檀、平、營等三十二州。七年，改爲都督府，管定、恆、滿、井、趙、廉、欒、蠡等八州。貞觀元年，以廢廉州之鼓城來屬。五年，廢都督府。十七年，以廢深州之安平來屬。先天二年，以安平還深州。天寶元年，改爲博陵郡。乾元元年，復爲定州。大曆三年，以鼓城隸恆州〔六六〕，曲陽隸洹州〔六七〕。九年，廢洹州，曲陽復來屬。貞元十三年，復爲大都督府，十四年廢，依舊爲上州。舊領縣十一，戶二萬五千六百三十七，口八萬六千八百六十九。天寶，戶七萬八千九十，口四十九萬六千六百七十六。在京師東北二千九百六里，至東都一千二百里。

安喜　漢盧奴縣，屬中山國。慕容垂改爲不連，北齊改爲安喜，隋改爲鮮虞縣。武德四年，復爲安喜，州所治也。

義豐　漢安國縣，屬中山國。隋自鄚城移於鄚德堡置，今縣治。後仍改爲義豐。萬歲通天二年，契丹攻之不下，則天改爲立節縣。神龍中，復舊名。

北平　漢縣，屬中山國。萬歲通天二年，契丹攻之不下，乃改爲徇忠縣。神龍元年，復舊名。

望都　武德四年，分安喜、北平二縣置。初治安險故城，貞觀八年，移於今治。

安險　漢縣，屬中山國。

曲陽　漢上曲陽縣，屬常山郡。隋改爲恆陽。大曆三年，屬恒州。九年，復來屬。元和十五年，改爲曲陽。

陘邑　漢苦陘縣，屬中山國。章帝改爲漢昌，曹魏改爲魏昌，隋改爲隋昌。武德四年，改爲唐昌。天寶元年，改爲陘邑。

唐　漢縣，屬中山國。舊治古公城〔六九〕，聖曆元年，移於今所。

新樂　古鮮虞子國。漢新市縣，屬中山郡。隋改爲新樂。

祁州中　景福二年，定州節度使王處存，奏請於本部無極縣置祁州。州新置，未計戶口帳籍。在京師東北二千二百一十里，至東都一千三百二十里。

無極　漢縣，屬中山國。「無」本作「毋」字。武德四年，屬廉州。貞觀元年，屬定州。萬歲通天二年，改「毋」字爲「無」。

深澤　漢縣，屬中山國。至隋不改，屬定州。隋徙治滹沱北，本縣治也，隋末陷賊。武德四年，復立縣。景福二年，割屬祁州。

易州中　隋上谷郡。武德四年，討平竇建德，改爲易州，領易、淶水、永樂、遂城、遒五縣。五年，割遒縣置北義州。州廢，以遒來屬。開元二十三年，分置五迴、樓亭、板城三縣。天寶元年，改爲上谷郡，復隋舊名。乾元元年，復爲易州。舊領縣五，戶一萬二千八百二十，口六萬三千四百五十七。天寶領縣八，戶四萬四千二百三十，口二十五萬八千七百七十九。今領縣六。在京師東北二千三百三十四里，至東都一千四百六十三里。

易　漢故安縣，屬涿郡。隋爲易縣。

容城　漢縣，屬涿郡。改爲遒縣。武德五年，置北義州，領遒，又割幽州之固安、歸義屬之。貞觀元年，廢北義州，三縣各還本屬。聖曆二年，契丹入寇，固守得全，因改名全忠縣。天寶元年，改爲容城。

遂城　漢北新城縣，屬中山國。後魏改爲新昌，隋末爲遂城。

淶水　漢遒縣，屬涿郡。隋屬上谷郡。

滿城〔六九〕　漢北平縣地，後魏置永樂縣，隋不改。天寶元年，改爲滿城。

五迴　開元二十三年，刺史盧暉奏分易縣置城於五迴山下，因名之。二十四年，遷於五公城〔七〇〕。暉又奏置樓亭、板城二縣。天寶後廢。

瀛州上　隋河間郡。武德四年，討平竇建德，改爲瀛州，領河間、樂壽、景城、文安、東城〔七一〕、豐利六縣。五年，又置武垣、任丘二縣。貞觀元年，省豐利入文安，省武垣入河間，割蒲州之高陽、鄚〔七二〕，故景州之平舒，故蠡州之博野、清苑五縣來屬。又以景城屬滄州。景雲二年，割鄚、任丘、文安、清苑四縣屬鄚州。天寶元年，改爲河間郡。乾元元年，復爲瀛州。舊領縣十：河間、高陽、樂壽、博野、清苑、鄚、任丘、文安、平舒、東城。景雲二年，分鄚、文安、任丘、清苑置鄚州。大曆後，割博野、樂壽隸深州。舊戶三萬五千六百五，口十六萬四千。天寶領縣六，戶九萬八千一十八，口六十六萬三千一百七十一。今領縣五。在京師東北二千二百里，至東都一千三百二里。

河間　漢州鄉縣地，屬涿郡。隋爲河間縣。

高陽　漢縣，屬涿郡。隋舊。武德四年，於縣置蒲州，領高陽、博野、淸苑三縣。屬蠡州〔三〕。八年，二縣又割屬蒲州。九年，復隸蠡州。貞觀元年，廢蒲州，以鄚、高陽二縣屬瀛州。

平舒　漢東平舒縣，屬渤海郡。後去「東」字，隋不改。武德四年，屬景州。貞觀元年，屬瀛州。

束城　漢東州縣，屬渤海郡。隋曰束城，屬河間郡。

景城　漢縣，屬渤海郡。武德四年，屬瀛州。貞觀元年，屬滄州。大中後，割屬瀛州。

莫州上　本瀛州之鄚縣。景雲二年，於縣置鄚州〔四〕，割瀛州之鄚、任丘、文安、淸苑，幽州之歸義等五縣屬之。其年，歸義復還幽州。開元十三年，以「鄚」字類「鄭」字，改爲莫。天寶元年，改爲文安郡。乾元元年，復爲莫州〔五〕。管縣六：莫、文安、任丘、淸苑、長豐、唐興。天寶領縣六，戶五萬三千四百九十三，口三十三萬九千九百七十二。去京師二千三百一十里，至東都一千四百三十里。

莫　漢縣，屬涿郡，至隋不改。武德四年，屬蒲州。貞觀元年，改屬瀛州。景雲二年，割屬莫州。

清苑　漢樂鄉縣，屬信都國。隋爲清苑。武德四年，屬蒲州。貞觀元年，改屬瀛州。景雲二年，屬莫州。

文安　漢縣，屬渤海郡，至隋不改，故城在今縣東北。舊屬瀛州，景雲二年來屬。

任丘　隋縣，後廢。武德五年，分莫縣復置。

長豐　開元十九年，分文安、任丘二縣置。

唐興　如意元年，分河間縣置武昌縣，屬瀛州。長安四年，改屬易州〔七五〕。其年，還隸瀛州。神龍元年，改爲唐興縣。景雲二年，改屬莫州。

幽州大都督府　隋爲涿郡。武德元年，改爲幽州總管府，管幽、易、平、檀、燕、北燕、營、遼等八州。幽州領薊、良鄉、潞、涿、固安、雍奴〔七六〕、安次、昌平等八縣。二年，又分潞縣置玄州，領一縣，隸總管。四年，竇建德平，固安縣屬北義州。六年，改總管爲大總管，管三十九州。七年，改爲大都督府，又改涿縣爲范陽。九年，改大都督爲都督，幽、易、景、瀛、東鹽、滄、蒲、蠡、北義、燕、營、遼、平、檀、玄、北燕等十七州。貞觀元年，廢玄州，以漁陽、潞二縣來屬。又廢北義州，以固安來屬。八年，又置歸義縣。都督幽、易、燕、北燕、平、檀六州。乾封三年，置無終縣。如意元年，分置武隆縣。景龍三年，分置三河縣。開元十三年，昇爲大都督府。十八年，割漁陽、玉田、三河置薊州。天寶元年〔七八〕，改范陽郡，屬范陽、上谷、嬀川、密雲、歸德、漁陽、順義、歸化八郡〔七九〕。乾元元年，復爲幽州。舊領縣十〔八〇〕：薊、潞、雍奴、漁陽、良鄉、固安、昌平、范陽、歸義也。戶二萬一千六百九十八，口十萬二千七十九。天寶，縣十，戶六萬七千二百四十二，口十七萬一千三百一十二。今領縣九。在京師東北二千五百二十里，至東都一千六百里。

薊　州所治。古之燕國都。漢爲薊縣，屬廣陽國。晉置幽州，慕容儁稱燕，皆治於此。自晉至隋，幽州刺史皆以薊爲治所。

幽都　管郭下西界，與薊分理。建中二年，取羅城內廢燕州廨署，置幽都縣，在府北一里。

廣平　天寶元年，分薊縣置。三載復廢。至德後，復分置。

潞　後漢縣，屬漁陽郡，隋不改。武德二年，於縣置玄州，仍置臨泃縣。玄州領潞、臨泃、漁陽、無終四縣。貞觀元年，廢玄州，省臨泃、無終二縣，以潞、漁陽屬幽州。

武清　後漢雍奴縣，屬漁陽郡。歷代不改。天寶元年，改爲武清。

永清　如意元年，分安次縣置武隆縣。景雲元年，改爲會昌縣。天寶元年，改爲永清。

安次　漢縣，屬渤海郡，至隋不改。隋屬幽州。

良鄉　漢縣，屬涿郡，至隋不改。

昌平　後漢縣，屬廣陽國，故城在今縣東南。隋屬涿郡。

涿州　本幽州之范陽縣。大曆四年，幽州節度使朱希彩，奏請於范陽縣置涿州，仍割幽州之范陽、歸義、固安三縣以隸涿，屬幽州都督。州新置，未計戶口帳籍。至京師二千四百里，至東都一千四百八十里。

范陽　漢涿郡之涿縣也，郡所治。曹魏文帝改爲范陽郡。晉爲范陽國，後魏爲范陽郡，隋爲涿縣。武德七年，改爲范陽縣。大曆四年，復於縣置涿州。

新昌　漢縣名，後廢。大曆四年，復析固安縣置。

歸義　漢易縣地，屬涿郡。北齊省入鄚縣。武德五年，於縣置北義州。貞觀元年，與州同省。八年，復置，改屬幽州。分置涿州，又來屬。

固安　漢縣，屬涿郡。武德四年，屬北義州，移治章信城。貞觀元年，省義州，以縣屬幽州，乃移於今治。今治城，漢方城縣地，屬廣陽國。

新城　大曆四年，析置。

薊州　開元十八年，分幽州之三縣置薊州。天寶元年，改爲漁陽郡。乾元元年，復爲薊州。天寶領縣三，戶五千三百一十七，口二萬八千五百二十一。至京師二千八百二十三里，至東都一千二十三里。

漁陽　後漢縣，屬漁陽國。秦右北平郡所治也〔六二〕。隋爲漁陽縣。武德元年，屬幽州。二年，改屬玄州，又分置無終縣。貞觀元年，屬幽州，省無終。神龍元年，改屬營州。開元四年，還屬幽州。十八年於縣置薊州，乃隸之。

三河　開元四年，分潞縣置，屬幽州。十八年，改隸薊州。

玉田　漢無終縣，屬右北平郡。乾封二年，於廢無終縣置，名無終，屬幽州。萬歲通天二年，改爲玉田縣。神龍元年，割屬營州。開元四年，還屬幽州。八年，又割屬營州。十一年〔六三〕，又屬薊州。

檀州　後漢傂奚縣，屬漁陽郡。隋置安樂郡，分幽州燕樂、密雲二縣隸之。武德元年，改爲檀州。天寶元年，改爲密雲郡〔六四〕。乾元元年，復爲檀州。舊領縣二，戶一千七百三十七，口六千四百六十八。天寶，戶六千六十四，口三萬二百四十六。在京師東北二千六百五十七里，至東都一千八百四十四里。

密雲　隋縣。州所治。
燕樂　隋縣。後魏於縣置廣陽郡，後廢。舊治白檀故城，長壽二年，移治新城，即今治也。

嬀州　隋涿郡之懷戎縣。武德七年，討平高開道，置北燕州，復北齊舊名。貞觀八年，改名嬀州，取嬀水爲名。長安二年，移治舊清夷軍城。天寶元年，改名嬀川郡。乾元元年，復爲嬀州。舊領縣一，戶四百七十六，口二千四百九十。天寶，戶二千二百六十三，口一萬一千五百八十四。在京師東北二千八百四十二里，至東都一千九百一十里。

懷戎　後漢潘縣，屬上谷郡。北齊改爲懷戎。嬀水經其中，州所治也。
嬀川　天寶後析懷戎縣置，今所。

平州　隋爲北平郡。武德二年，改爲平州，領臨渝、肥如二縣。其年，自臨渝移治肥如，改爲盧龍縣，更置撫寧縣。七年，省臨渝、撫寧二縣。天寶元年，改爲北平郡。乾元元年，復爲平州。舊領縣一，戶六百三，口二千五百四十二。天寶領縣三，戶三千一百一十三，口二萬五千八十六。在京師東北二千六百五十里，至東都一千九百里。

盧龍　後漢肥如縣，屬遼西郡，至隋不改。武德二年，改爲盧龍縣，復開皇舊名。

石城　漢縣，屬右北平。貞觀十五年，於故臨渝縣城置臨渝。萬歲通天二年，改爲石城，取舊名。

馬城　開元二十八年，分盧龍縣置。

順州下　貞觀六年置，寄治營州南五柳城。天寶元年，改爲順義郡〔八四〕。乾元元年，復爲順州。舊領縣一，戶八十一，口二百一十九。天寶，戶一千六十四，口五千一百五十七。

賓義　郡所理，在幽州城內。

歸順州　開元四年置，爲契丹松漠府彈汗州部落。天寶元年，改爲歸化郡。乾元元年，復爲歸順州。天寶領縣一，戶一千三十七，口四千四百六十九。在京師二千六百里，至東都一千七百一十里。

懷柔　州所理也。

營州上都督府　隋柳城郡。武德元年，改爲營州總管府，領遼、燕二州，領柳城一縣。七年，改爲都督府，管營、遼二州。貞觀二年，又督昌州。三年，又督師、崇二州。六年，又督順州。十年，又督愼州。今督七州。萬歲通天二年，爲契丹李萬榮所陷。神龍元年，移府於幽州界置，仍領漁陽、玉田二縣。開元四年，復移還柳城。八年，又往就漁陽。十一年，又還柳城舊治。天寶元年，改爲柳城郡。乾元元年，復爲營州。舊領縣一，戶一千三十一，口四千七百三十二。天寶，戶九百九十七，口三千七百八十九。在京師東北三千五百八十九里，至東都二千九百一十里。

柳城　漢縣，屬遼西郡。室韋、靺鞨諸部，並在東北。遠者六千里，近者二千里。西北與奚接界，北與契丹接界。

燕州　隋遼西郡，寄治於營州。武德元年，改爲燕州總管府，領遼西、瀘河、懷遠三縣。其年，廢瀘河縣。六年，自營州南遷，寄治於幽州城內。貞觀元年，廢都督府，仍省懷遠縣。開元二十五年，移治所於幽州北桃谷山。天寶元年，改爲歸德郡。乾元元年，復爲燕州。舊領縣一，無實土戶。所領戶出粟皆靺鞨別種〔八五〕，戶五百。天寶，戶二千四十五，口一萬一千六百三。兩京道里，與幽州同。

遼西　州所治縣也。

威州　武德二年，置遼州總管，自燕支城徙寄治營州城內。七年，廢總管府。貞觀元年，改爲威州，隸幽州大都督。所領戶，契丹內稽部落。舊領縣一，戶七百二十九，口四千二百二十二。天寶，戶六百一十一，口一千八百六十九。兩京道里，與涿州同。

威化　後契丹陷營州乃南遷，寄治於良鄉縣石窟堡，爲威化縣，州治也〔六〕。

愼州　武德初置，隸營州，領涑沫靺鞨烏素固部落。萬歲通天二年，移於淄、青州安置。神龍初，復舊，隸幽州。天寶領縣一，戶二百五十，口九百八十四。

逢龍　契丹陷營州後南遷，寄治良鄉縣之故都鄉城，爲逢龍縣，州所治也。

玄州　隋開皇初置，處契丹李去閭部落。萬歲通天二年，移於徐、宋州安置。神龍元年，復舊。今隸幽州。天寶領縣一，戶六百一十八，口一千三百三十三。

靜蕃　州治所，范陽縣之魯泊村。

崇州　武德五年，分饒樂郡都督府置崇州、鮮州，處奚可汗部落，隸營州都督。舊領縣一，戶一百四十，口五百五十四。天寶，戶二百，口七百一十六。

昌黎　貞觀二年，置北黎州，寄治營州東北廢楊師鎮。八年，改爲崇州，置昌黎縣。契丹陷營州，徙治於潞縣之古潞城，爲縣。

夷賓州　乾封中，於營州界內置，處靺鞨愁思嶺部落，隸營州都督。萬歲通天二年，遷於徐州。神龍初，還隸幽州都督。領縣一，戶一百三十，口六百四十八。

來蘇　自徐州還寄於良鄉縣之古廣陽城，爲縣。

師州　貞觀三年置，領契丹室韋部落，隸營州都督。萬歲通天元年，遷於青州安置。神龍初，改隸幽州都督。舊領縣一，戶一百三十八，口五百六十八。天寶，戶三百一十四，口三千二百一十五。

陽師　初，貞觀置州於營州東北廢陽師鎮，故號師州。神龍中，自青州還寄治於良鄉縣之故東閭城，爲州治，縣在焉。

鮮州　武德五年，分饒樂郡都督府奚部落置，隸營州都督。萬歲通天元年，遷於青州安置。神龍初，改隸幽州。天寶領縣一，戶一百七，口三百六十七。

賓從　初置營州界，自青州還寄治潞縣之古潞城。

帶州　貞觀十九年，於營州界內置，處契丹乙失革部落，隸營州都督。萬歲通天元年，遷於青州安置。神龍初，放還，隸幽州都督。天寶領縣一，戶五百六十九，口一千九百九十。

孤竹　舊治營州界。州陷契丹後，寄治於昌平縣之清水店，爲州治。

黎州　載初二年，析慎州置，處浮渝靺鞨烏素固部落，隸營州都督。萬歲通天元年，遷於宋州管治。神龍初還，改隸幽州都督。天寶領縣一，戶五百六十九，口一千九百九十一。

新黎　自宋州遷寄治於良鄉縣之故都鄉城。

沃州　載初中，析昌州置，處契丹松漠部落，隸營州。州陷契丹，乃遷於幽州，隸幽州都督。天寶領縣一，戶一百五十九，口六百一十九。

濱海　沃州本寄治營州城內，州陷契丹，乃遷於薊縣東南迴城，爲治所。

昌州　貞觀二年置，領契丹松漠部落，隸營州都督。萬歲通天二年，遷於青州安置。神龍初還，隸幽州。舊領縣一，戶一百三十二，口四百八十七。天寶，戶二百八十一，口一千八十八。

龍山　貞觀二年，置州於營州東北廢靜蕃戍。七年，移治於三合鎮。營州陷契丹，乃遷於安次縣古常道城，爲州治。

歸義州　總章中置，處海外新羅，隸幽州都督。舊領縣一，戶一百九十五，口六百二十四。

歸義　在良鄉縣之古廣陽城，州所治也。

瑞州　貞觀十年，置於營州界，隸營州都督，處突厥烏突汗達千部落。咸亨中，改爲瑞州。萬歲通天二年，遷於宋州安置。神龍初還，隸幽州都督。舊領縣一，戶六十，口三百六十五。天寶，戶一百九十五，口六百二十四。

來遠　舊縣在營州界。州陷契丹，移治於良鄉縣之故廣陽城。

信州　萬歲通天元年置，處契丹失活部落，隸營州都督。二年，遷於青州安置。神龍初還，隸幽州都督。天寶領縣一，戶四百一十四，口一千六百。

黃龍　州所治，寄治范陽縣。

青山州　景雲元年，析玄州置，隸幽州都督。領縣一，戶六百二十二，口三千二百一十五。

青山　寄治於范陽縣界水門村。

凜州　天寶初置於范陽縣界，處降胡。領縣一，戶六百四十八，口二千一百八十七。

安東都護府　總章元年九月，司空李勣平高麗。高麗本五部，一百七十六城，戶六十九萬七千。其年十二月，分高麗地爲九都督府，四十二州，一百縣，置安東都護府於平壤城以統之。用其酋渠爲都督、刺史、縣令，令將軍薛仁貴以兵二萬鎮安東府。上元三年二月，移安東府於遼東郡故城置。儀鳳二年，又移置於新城。聖曆元年六月，改爲安東都督府。神龍元年，復爲安東都護府。開元二年，移安東都護於平州置。天寶二年，移於遼西故郡城置。

至德後廢，初置領羈縻州十四，戶一千五百八十二。去京師四千六百二十五里，至東都三千八百二十里。

新城州都督府　遼城州都督府

哥勿州都督府　建安州都督府

南蘇州　木底州　蓋牟州　代那州　倉巖州

磨米州　積利州　黎山州　延津州　安市州

凡此十四州，並無城池。是高麗降戶散此諸軍鎭，以其酋渠爲都督、刺史羈縻之。天寶，領戶五千七百一十八，口一萬八千一百五十六。

自燕以下十七州，皆東北蕃降胡散諸處幽州、營州界內，以州名羈縻之，無所役屬。安祿山之亂，一切驅之爲寇，遂擾中原。至德之後，入據河朔，其部落之名無存者。今記天寶承平之地理焉。

山南西道

梁州興元府　隋漢川郡。武德元年，置梁州總管府，管梁、洋、集、興四州〔八七〕。梁州領南鄭、褒中、城固、西四縣。二年，改城固爲唐固，割西縣置褒州。三年，置白雲縣。七年，改總管爲都督，督梁、洋、集、興、褒五州。梁州領南鄭、褒中、白雲四縣〔八八〕。八年，廢褒州，以西、金牛二縣來屬。九年，省白雲縣入城固〔八九〕。貞觀三年，復改唐固爲城固。五年，改褒中爲褒城。六年，廢都督府。八年又置，依舊督梁、洋、集、壁四州。十七年又罷。顯慶元年，復置都督府，督梁、洋、集、壁四州。開元十三年，改梁州爲褒州，依舊都督府。二十年，又爲梁州。天寶元年，改爲漢中郡，仍爲都督府。乾元元年，復爲梁州。興元元年六月，昇爲興元府。官員資序，一切同京兆、河南二府。舊領縣五，戶六千六百二十五，口二萬七千五百七十六。天寶領縣六，戶三萬七千四百七十，口十五萬三千七百一十七。至京師一千二百二十三里，至東京二千七百八里。

南鄭　州所理。漢縣，屬漢中郡。隋不改。

褒城　漢褒中縣，屬漢中郡。義寧二年，改爲褒中〔九〇〕。貞觀三年，復爲褒城。

城固　隋舊。武德二年，改爲唐固。貞觀二年，復爲城固。

西　隋舊。武德二年，置褒州，割金牛來屬，領西、金牛二縣。八年，廢褒州，以縣屬梁州。

金牛　漢葭萌縣地。武德二年，分綿谷縣置，屬褒州。八年，州廢，屬梁州。

三泉　武德四年，分綿谷縣置南安州，領三泉、嘉平二縣。八年，廢南安州及嘉平縣，以三泉屬利州。天寶元年，改屬梁州，移治沙溪之東。

鳳州下　隋河池郡。武德元年，改爲鳳州。天寶元年，復爲河池郡。乾元元年，復爲鳳州。舊領縣四，戶一千九百五十七，口九千七百九十四。天寶，戶五千九百一十八，口二萬七千八百七十七。在京師西南六百里，至東都一千四百五十里。

梁泉　漢故道縣地。後魏置梁泉縣。晉仇池所處地。後魏廢帝於縣置鳳州。

兩當　漢故道縣地，晉改兩當，取水名。

河池　後漢縣，屬武都郡。以川爲名。

黃花　武德四年，分梁泉縣置，以川爲名。

興州下　隋順政郡。武德元年，改爲興州。天寶元年，改爲順政郡。乾元元年，復爲興州。

舊領縣三，戶一千二百二十五，口四千九百一十三。天寶，戶二千二百二十四，口一萬一千四十六。至京師九百四十八里，至東都一千七百八十一里。

順政 漢沮縣，屬武都郡。後魏改爲略陽。晉置武興蕃以處互市，後魏於武興蕃置興州，仍以略陽爲順政。

長舉 漢沮縣地，隋爲長舉縣。本治槃頭城，貞觀三年移於今所。

鳴水 漢沮縣地，隋爲鳴水縣。舊治落蕃水南，永隆元年，移治水北。

利州下 隋義城郡。武德元年，改爲利州，領綿谷、葭萌、益昌、義清、岐坪、嘉川、景谷七縣。二年，置總管府，管利、龍、隆、始、蓬、靜六州。三年，割綿谷之東界置南安州。四年，割景谷縣置沙州。七年，又割岐坪、義清二縣置南平州。其年，改總管府爲都督府，督利、龍、隆、始、沙、南安〔九二〕、南平、靜八州。利州領綿谷、葭萌、益昌、嘉川四縣。八年，廢南安州，割三泉縣來屬。貞觀元年，廢沙州。二年，廢南平州，復以景谷、岐坪、義清等縣來屬。其年，以嘉川屬靜州。六年，罷都督府。以州當劍口，戶不滿萬，移爲中州，又降爲下州。天寶元年，改爲益昌郡，仍割三泉屬梁州。乾元元年，復爲利州。舊領縣七，戶九千六百二十八，口三萬一千九十三。天寶領縣六，戶二萬三千九百一十，口四萬四千六百。在京師西南一千四百八十八里，至東都二千一百九十七里。

綿谷　漢葭萌縣地，蜀爲漢壽縣。晉改晉壽縣，又分晉壽置興安縣。隋改興安爲綿谷。南齊於壽縣置西益州，後梁改爲利州。

胤山　隋義淸縣。天寶元年八月，改爲胤山。

嘉川　隋屬靜州。貞觀十七年，割屬利州。

葭萌　漢縣。蜀爲漢壽，晉改晉壽，江左改晉安。隋改爲葭萌，取漢舊名。

益昌　後魏分晉壽縣置京兆縣，後周改爲益昌。

景谷　漢白水縣地。宋置平興縣，隋改爲景谷。武德四年，置沙州，割龍州之方維來屬。沙州領景谷、方維二縣。貞觀元年，廢沙州，以景谷屬利州，仍省方維縣併入。

通州上　隋通川郡。武德元年，改爲通州，領通川、宣漢、三岡、石鼓、東鄉五縣。以宣漢屬南并州。二年，置新寧、思來二縣〔九二〕。三年，以東鄉屬南石州〔九三〕。又爲通川總管府，管通、開、蓬、渠、萬、南并、南石、南鄰八州。通州領通川、三岡、石鼓、新寧、思來五縣。八年，以廢南石州之東鄉縣來屬。貞觀元年，以廢南并州之宣漢來屬〔九四〕，又省思來入通川。其年，廢萬州，以永穆來屬。貞觀五年，廢都督府爲下州。長安二年，昇爲中州。開元二十三年，昇爲上州。天寶元年，改爲通川郡。乾元元年，復爲通州。舊領縣七，戶七千八百九十八，口三萬八千一百二十三。天寶，戶四萬七百四十三，口十一萬八百四。在京師西南二千三百里，去東都二千八百七十五里。

通川　漢宕渠縣地，分置宣漢縣，屬巴郡。後魏改爲石城縣。梁於縣置萬州，元魏改爲通州。隋爲通川縣。

永穆　宕渠地，梁置永康縣，隋改爲永穆。武德元年，屬巴州。二年，置萬州，蜀割巴州之歸仁〔九五〕，置諾水、廣納、太平、恆豐四縣，並屬萬州。七年，省諾水縣。貞觀元年，廢萬州，以歸仁屬巴州，廣納屬壁州，永穆屬通州。廢太平、恆豐二縣入永穆。

三岡　隋舊縣。

石鼓　後魏置。

東鄉　武德三年，置南石州，又分置下蒲〔九六〕、昌樂二縣屬之。八年，廢南石州，省昌樂入石鼓，下蒲入東鄉。

宣漢　隋舊。武德元年，置南并州，又置東關縣隸之〔九七〕。貞觀元年，廢南并州，省東關入宣漢。自和昌城移治新安，屬通州。

新寧　武德二年，分通川縣置，治新寧故城。貞觀八年，移治賨城。

巴渠　永泰元年六月，分石鼓縣四鄉置巴渠。

洋州下　隋漢川郡之西鄉縣。武德元年，割梁州三縣置洋州。四年，又置洋源縣。天寶元年，改爲洋川郡。乾元元年，復爲洋州。舊領縣四，戶二千二百二十六，口一萬八千六十。天寶領縣五，戶二萬三千八百四十九，口八萬八千三百二十七。在京師南八百里，至東都二千里。

西鄉　本漢成固縣地〔九〕，蜀立西鄉縣。後魏於此置洋州，以水爲名。

黃金　漢安陽縣地，屬漢中郡。後魏置黃金縣，水名也。隋縣治巴嶺鎮，貞觀三年，移於今治。

興道　隋興勢縣。貞觀二十三年，改爲興道。

洋源　武德七年，分西鄉縣置。

眞符　開元十八年，分興道置華陽縣。天寶七年，改屬京兆，仍改爲眞符。十一年，還屬洋川郡。

合州中　隋涪陵郡。武德元年，改爲合州，領石鏡、漢初、赤水三縣。三年，又置新明縣。天寶元年，改爲巴川郡。乾元元年，復爲合州。舊領縣四，戶一萬四千九百三十四，口五萬二百一十。天寶領縣六，戶六萬六千八百一十四，口十萬七千二百二十。在京師南二千四百五十里，至東都三千三百里。

石鏡　漢墊江縣，屬巴郡。宋改名宕渠，宋置東宕渠郡及石鏡縣〔九九〕。又改郡爲合州，涪、漢二水合流處爲名。

新明　武德二年，分石鏡置。

漢初　後魏清居縣，隋改漢初。

赤水　隋分石鏡置。

巴川　開元二十三年，割石鏡、銅梁二縣置。

銅梁　長安三年置。初治奴崙山南，開元三年，移治於武金坑。

集州下　隋漢川郡之難江縣。武德元年，置集州，仍割巴州之符陽、長池、白石三縣來屬。又置平桑縣，凡領五縣。八年，以符陽、白石屬壁州。貞觀元年，廢平桑縣。二年，又置。六年，又省平桑、長池二縣。八年，又割壁州之符陽來屬。十七年，又割廢靜州之地平來屬。天寶元年，改爲符陽郡。乾元元年，復爲集州。舊領縣一，戶一千一百二十六，口四千一十七。天寶領縣三，戶四千三百五十三，口二萬五千七百二十六。在京師西南一千四百二十五里，至東都二千六百里。

難江　漢宕渠縣地，後周改爲難江。梁立東巴州，恭帝改爲集州。以水爲名。

符陽　漢縣。武德元年，屬集州。三年，改屬壁州。貞觀八年，復還集州。

地平　武德元年，分淸化縣置狄平縣。二年，改狄平爲地平。其年，置靜州，領地平、嘉川、大牟、淸化四縣。貞觀十七年，廢靜州，嘉川屬利州，大牟、淸化屬巴州，地平屬集州。

巴州中　隋淸化郡。武德元年，改爲巴州，領化城、淸化、曾口、盤道、永穆、歸仁、始寧、奇章、安固、伏虞、恩陽、白石、符陽、長池十四縣。其年以符陽、長池[100]、白石屬集州，以安固、伏虞屬蓬州，淸化屬靜州。二年，割歸仁、永穆置萬州。貞觀元年，廢萬州，以歸仁來屬。天寶元年，改爲淸化郡。乾元元年，復爲巴州。舊領縣七，戶一萬九百三十三，口四萬七千八百九十。天寶領縣十，戶三萬二百一十，口九萬一千五十一。至京師二千三百六十里，至東都二千五百八十二里。

化城　後漢漢昌縣。梁改爲梁大縣，後周改爲化城縣。後魏置大谷郡。隋置巴州於縣理。

盤道　後魏置。

清化　隋屬巴州。武德元年，於清化縣界木門故地置靜州，領清化、大牢二縣。其年，又置地平縣。六年，移靜州於地平縣。又割利州之嘉川，皆隸靜州。貞觀十七年，廢靜州，以清化縣屬巴州。

曾口　梁置。隋縣治戴公山。神龍元年，移治曾溪。

歸仁　梁置平州，隋改爲歸仁縣。武德二年，屬萬州。貞觀元年，屬巴州。

始寧　梁置，以山爲名。

奇章　梁置，縣東八里有奇章山。

恩陽　梁置義陽縣，隋改爲恩陽。貞觀十七年廢。萬歲通天元年，復置。

大牢　武德元年，分清化縣置，縣東三里有大牢山。

七盤　久視元年，分置。

蓬州下　武德元年，割巴州之安固、伏虞，隆州之儀隴、大寅，渠州之宕渠〔一〇一〕、咸安等六縣，置蓬州，因周舊名。三年，以儀隴屬萬州，尋復來屬。天寶元年，改爲咸安郡。至德二年，改爲蓬山郡。乾元元年，復爲蓬州。舊領縣六，戶九千二百六十八，口三萬五千五百六十六。天寶，縣七，戶一萬五千五百七十六，口五萬三千三百五十二。至京師二千二百一十里，至東都二千九百九十五里。

良山　漢宕渠地，梁置伏虞郡安固縣。後周改伏虞爲蓬州，安固爲良山。開元初，蓬州移治大寅縣，至後不改。

大寅　梁置。舊治斗子山，後移治闢壇口，今爲蓬州所治。

儀隴　梁置。武德二年，屬萬州。州廢，還蓬州。舊領金城山〔一〇〕，開元二十三年，移治平溪。

伏虞　梁宣漢縣。隋改爲伏虞，屬蓬州。

宕渠　梁置，取漢縣名。舊治長樂山，長安三年，移治羅穫水。

咸安　梁置綏安縣，隋改爲咸安。至德二年，改爲蓬山。

大竹　久視元年，分宕渠縣置。至德二年，割屬濟山郡。

壁州下　武德八年，分巴州始寧縣，改置壁州幷諾水縣。又割集州之符陽、白石二縣來屬。貞觀元年，廢萬州，割廣納縣來屬。八年，復以符陽屬集州。天寶元年，改爲始寧郡。乾元元年，復爲壁州。舊領縣三，戶一千四百九十二，口七千四百四十九。天寶，縣四，戶一萬二千三百六十八，口五萬四千七百五十七。在京師西南一千八百二十二里，至東都二千九百四十二里。

諸水　後漢宣漢縣，梁分宣漢置始寧縣，元魏分始寧置諸水縣。武德八年，分巴州始寧之東境，置壁州及諸水縣。今州所治。

廣納　武德三年，割始寧、歸仁二縣地置，以廣納溪爲名。

白石　後魏置，以白石水爲名。武德初，屬巴州，又改屬集州。八年，還壁州。

巴東　開元二十三年六月，置太平縣。天寶元年八月二十四日，改爲巴東縣。

商州　隋上洛郡。武德元年，改爲商州。其年，於上津縣置上州。貞觀十年〔一〇三〕，州廢，上津來屬。天寶元年，改爲上洛郡。乾元元年，復爲商州。舊領縣五，戶四千九百一，口二萬一千五十。天寶，縣六，戶八千九百二十六，口五萬二千八十。至京師二百八十一里，至東都八百八十六里。

上洛　漢縣，屬弘農郡。言在洛水之上，故爲縣名。隋於縣置上洛郡。

豐陽　漢商縣地。晉分商縣置豐陽，以川爲名。舊治吉川城，麟德元年，移理豐陽川。

洛南　漢上洛縣地。晉分置拒陽縣，隋改拒陽爲洛南。舊治拒陽川，顯慶三年，移治

商州〔一〇四〕

商洛　漢商縣，屬弘農郡。隋文加「洛」字。

上津　漢長利縣地，屬漢中郡。梁置南洛州，後魏改爲上州，隋廢州爲上津縣。義寧二年，置上津郡。武德元年，改爲上州，領上津、豐利、黄土、長利四縣。貞觀初，省長利縣。十年，廢上州，以黄土屬金州，豐利屬均州，上津屬商州。

安業　萬歲通天元年，分豐陽置。景龍三年，改屬雍州。景雲元年，還屬商州。乾元元年正月，改爲乾元縣，割屬京兆府。

金州　隋西城郡。武德元年，改爲金州，領洵陽、石泉、安康等縣。其年，割洵陽、驢川二縣置洵州，領三縣。又置西安州。又立寧都、廣德二縣隸西安州。爲直州。三年，金州置總管府，管金、井、直、洵、洋、南豐、均、漸、遷、房、重、順十二州。七年〔一〇五〕，廢洵州，以洵城、洵陽、驢川三縣來屬。貞觀元年，廢直州，又省寧都、廣德，以安康來屬，仍省驢川縣。八年，省洵城縣〔一〇六〕，又以廢上州之黄土縣來屬。天寶元年，改爲安康郡。至德二年二月，改爲漢南郡。乾元元年，復爲金州。舊領縣六，戶一萬四千九十一，口五萬三千二十九。天寶，戶九千六百七十四，口五萬七千九百八十一。在京師南七百三十七里，至東都一千七百里。

西城　州所理。漢西城縣，屬漢中郡。後魏置安康郡，尋改爲東梁州。又以其地出金，改爲金州。皆以西城爲治所。隋末廢。義寧二年，復置。

洵陽　漢縣名。武德元年，置洵州，又分洵陽置洵城、驢川二縣〔一〇七〕。七年，廢洵州，三縣屬金州。貞觀二年，省驢川。八年，省洵城，並入洵陽。

淯陽　後魏黃土縣。義寧二年，屬上州。貞觀八年，屬金州。天寶元年，改爲淯陽。

石泉　隋縣。聖曆元年，改爲武安。神龍初，復爲石泉。永貞元年，省入漢陰縣，復置。

漢陰　漢安陽縣，屬漢中郡。晉武改爲安康，置安康郡。隋改爲縣。武德元年，置西安州，立寧都、廣德二縣。改西安州爲直州。州廢，省寧都、廣德二縣入安康。至德二年二月，改爲漢陰縣。

平利　後周於平利川置吉陽縣，隋改爲安吉〔一〇八〕。武德元年，改爲平利。

開州　隋巴東郡之盛山縣。義寧二年，分置萬州，仍割巴東郡之新浦、通川郡之萬世、西流三縣來屬。武德元年，改爲開州，領四縣。貞觀初，省西流入盛山。天寶元年，改爲盛山郡。乾元元年，復爲開州。舊領縣三，戶二千一百二十二，口一萬五千五百四。天寶，戶五千六百六十，口三萬四百二十一。在京師南一千四百六十里，至東都二千六百七十里。

盛山　漢朐䏰縣，屬巴郡。蜀分置漢豐縣〔一〇九〕，周改漢豐爲永寧。隋改永寧爲盛山，以山爲名。

新浦　宋分漢豐縣置。

萬歲　後周之萬縣，隋加「世」字。貞觀二十三年，改萬世爲萬歲縣。

渠州下　隋宕渠郡。武德元年，改爲渠州，領流江、賨城、宕渠、咸安、潾水、墊江六縣。其年，改賨城爲始安。又分置賨城、義興、豐樂三縣。以宕渠、咸安二縣屬蓬州。又分潾水、墊江〔一一〇〕、潾山、鹽泉四縣置潾州。三年，割潾州之潾水來屬。八年，省義興、豐樂〔一一一〕、賨城三縣。其年，廢潾州，以潾山來屬。天寶元年，改爲潾山郡。乾元元年，復爲渠州。舊領縣四，戶九千七百二十六，口二萬一千五百五十二。天寶，戶九千九百五十七，口二萬六千五百二十四。在京師西南二千一百七十里，至東都三千一百九十里。

流江　漢宕渠縣地，屬巴郡。梁置渠州，周改爲北宕渠郡，又改爲流江郡。仍於郡內置流江縣。武德元年，改爲渠州。又併賨城、義興二縣入流江。

潾水　梁置。義寧元年，屬潾州。武德三年，屬渠州。

渠江　梁置始安縣，隋不改〔二二〕。天寶元年八月，改爲渠江縣。

潾山　梁置。潾山，在縣西四十里，重疊潾比爲名〔二三〕。隋末，縣廢。武德元年，分置潾山縣〔二四〕，又置潾州。八年，州廢，縣隸渠州。

渝州　隋之巴郡。武德元年，置渝州，因開皇舊名，領江津、涪陵二縣。其年，以涪陵屬涪州。三年，置萬春縣。改萬春爲萬壽縣。貞觀十三年，以廢霸州之南平縣來屬。天寶元年，改爲南平郡。乾元初，復爲渝州。舊領縣四，戶一萬二千七百一十，口五萬七百一十三。天寶，戶六千九百九十五，口二萬七千六百八十五。在京師西南二千七百四十八里，至東都三千四百三十里。

巴　漢江州縣，屬巴郡。古巴子國地。梁置楚州〔二五〕。隋改爲渝州，以水爲名。

江津　漢江州縣分置。

萬壽　武德三年，分江津縣置萬春縣。五年，改爲萬壽。

南平　貞觀四年，分巴縣置。於縣南界置南平州，領南平、清谷、周泉、昆川、和山、白溪、瀛山七縣。八年，改南平州爲霸州。十三年，州廢，省清谷等縣，以南平縣屬渝州。

山南東道

鄧州　隋南陽郡。武德二年，改爲鄧州，領穰縣、冠軍、深陽三縣。三年，立順陽縣。州置總管，管鄧、淅、酈、宛、淯〔一六〕、新、弘等七州。四年，廢總管，隸山南行臺。廢新州，以新野縣來屬。又置平晉縣。六年，省順陽入冠軍，省平晉入穰縣。八年，廢宛州，以南陽來屬，廢酈州，以新城來屬。貞觀元年，省冠軍入新城。天寶元年，改爲南陽郡。乾元元年，復爲鄧州。舊領縣六，戶三千七百五十四，口一萬八千二百一十二。天寶領縣七，戶四萬三千五十五，口十六萬五千二百五十七。在京師東南九百二十里，至東都六百七十里。

穰　漢縣，屬南陽郡。漢南陽郡以宛爲理所，後魏移治於穰。隋改爲南陽郡，尋改爲鄧州，取漢鄧縣爲名。

南陽　漢南陽郡所治宛縣也。武德三年，置宛州，領南陽、上宛、上馬、安固四縣，並寄治宛城。八年，州廢，以上馬入唐州，餘三縣入南陽縣，屬鄧州。

新野　漢縣，屬南陽郡。晉於縣置義州〔一七〕。武德四年，分置新州，領一縣。其年，新州廢，縣屬鄧州。

向城　漢西鄂縣地，屬鄧州〔一八〕。後魏於古向城置縣，乃改立。

臨湍　後魏割冠軍縣北境置新城縣。武德二年，移治虎遙城，屬酈州。八年，廢酈州，縣屬鄧州。貞觀三年，移治故臨湍聚。天寶元年，改爲臨湍縣。

內鄉　漢淅縣地，屬弘農郡。後周改爲中鄉，隋改爲內鄉。武德元年，置淅州，又分內鄉置默水縣，後復改爲內鄉。

菊潭　漢涅陽縣地。隋改涅水縣，後廢。開元二十四年，割新城復置，改爲菊潭。

唐州上　隋淮安郡。武德四年，改爲顯州，仍置總管，領顯、北澧、純三州。顯州領比陽〔一九〕、慈丘、平氏、顯岡四縣。五年，又分置唐州，屬顯州總管。七年，改爲都督府，州不改。貞觀元年，罷都督，仍以廢純州桐柏縣來屬。三年，省顯岡縣。九年，改顯州爲唐州，以廢唐州之棗陽、湖陽及廢魯州之方城三縣來屬。十年，以棗陽屬隋州。開元五年，以方城來屬僊州。十三年，置上馬縣。二十六年，以方城來屬。天寶元年，改爲淮安郡。乾元元年，復爲唐州。舊屬河南道，至德後，割屬山南東道。舊領縣六，戶四千七百二十六，口二萬二千二百九十九。天寶領縣七，戶四萬二千六百四十三，口十八萬三千三百六十。至京師一千四百八十里，至東都六百四十六里。

比陽　漢縣，屬南陽郡。後魏置東荆州於漢比陽古城，改爲淮州。隋改淮州爲顯州，取界內顯望岡爲名。貞觀元年，改爲唐州。比水出縣東〔三〇〕。今縣，州所治也。

慈丘　隋分比陽縣置，取界內慈丘山爲名。

桐柏　漢平氏縣地，屬南陽郡。梁置華州，西魏改淮州，又爲純州。後周爲大義郡，隋廢郡爲桐柏縣。

平氏　漢縣，屬南陽郡。

湖陽　漢縣，屬南陽郡。隋不改，屬舂陵郡。武德四年，於縣置湖州，領湖陽、上馬二縣。貞觀元年，廢湖州，省上馬，以湖陽屬唐州。

方城　前漢堵陽縣，屬南陽郡。後漢改爲順陽。隋改爲方城縣，屬淯陽郡。武德二年，於縣置北澧州，領方城、眞昌二縣。貞觀初，省眞昌縣。八年，改北澧州爲魯州，領縣不改。九年，省魯州，以方城屬唐州。

泌陽　後魏石馬縣，後訛爲上馬縣。貞觀元年廢。開元十三年，割湖陽復置上馬縣。天寶元年，改爲泌陽縣。

均州下　隋淅陽郡之武當縣。義寧二年，割淅陽之武當、均陽二縣置武當郡〔三一〕。又置平陵縣。武德元年，改爲均州。七年，省平陵縣。八年，省均陽入武當。其年，以南豐州之鄖鄉〔三二〕、堵陽、安福三縣來屬。貞觀元年，廢均州，又省堵陽、安福二縣。以武當、鄖鄉二縣屬淅州。八年，廢淅州，又以武當、鄖鄉二縣置均州。又廢上州，割豐利縣來屬。天寶元年，改爲武當郡。乾元元年，復爲均州。舊領縣三，戶二千八百二十九，口一萬二千五百九十三。天寶，戶九千六百九十八，口五萬八百九。在京師東南九百三十里，至東都九百一十七里。

武當　州所治。漢縣，南陽郡。梁置南始平郡，後魏改爲豐州，隋改爲均州，皆治武當縣。縣舊治延岑城，顯慶四年，移於今所。

鄖鄉　漢錫縣地，屬漢中郡。晉改爲鄖鄉。武德元年，置南豐州，領鄖鄉、安福、堵陽三縣。屬均州〔三三〕。貞觀元年，廢均州，以鄖鄉、武當屬淅州〔三四〕。又省安福、堵陽，並入鄖鄉。八年，復置均州，二縣來屬。

豐利　漢長利縣地。後魏置豐利郡，分錫縣置豐利縣。武德初，屬上州。州廢，屬均州。

房州下　隋房陵郡。武德元年，改爲遷州，領光遷、永清，又置受陽、淅川、房陵，凡領五縣。

其年，又於竹山縣置房州，領竹山、上庸，又置武陵，凡領三縣。五年，廢遷州之淅川。七年，又廢房陵、受陽二縣。貞觀十年，廢遷州，自竹山移房州治於廢州城。其年，省武陵縣。改光遷爲房陵縣。天寶元年，改爲房陵郡。乾元元年，復爲房州。舊領縣四，戶四千五百三十三，口二萬一千五百七十九。天寶，戶一萬四千四百二十二，口七萬一千七百八。在京師南一千二百九十五里，至東都一千一百八十五里。

房陵　漢縣，屬漢中郡。後魏爲新城郡，又改爲光遷國。武德初，改爲遷州，置光遷縣。又改爲房州，兼改光遷爲房陵縣。

永清　後魏分房陵縣置大洪縣，周改爲永清。

竹山　分上庸縣置。武德元年，置房州。貞觀十年〔二三〕，州移治房陵縣。

上庸　漢縣，屬漢中郡。

隋州下　隋爲漢東郡。武德三年，改爲隋州，領隋縣、光化、安貴、平林、順義五縣。五年，省安貴縣。八年，省平林、順義二縣。貞觀十年，割唐州棗陽來屬。天寶元年，改爲漢東郡。乾元元年，復爲隋州。舊領縣三，戶二千三百五十三，口一萬一千八百九十八。天寶，縣四，戶二萬三千九百一十七，口十萬五千七百二十二。在京師東南一千三百八十八里，至東都一千八里。

隋　漢縣，屬南陽郡。後魏於縣置隋州，隋爲漢東郡，皆治隋州。

光化　隋縣。

棗陽　漢舂陵縣，屬南陽郡。隋置舂陵郡。武德三年，改爲昌州，領棗陽、舂陵、清潭、湖陽、上馬五縣。其年，分湖陽、上馬置湖州。五年，廢昌州及清潭縣。貞觀元年，省舂陵入棗陽。其年，以廢湖州之上馬、湖陽來屬。九年，廢顯州。自此移唐州於廢顯州，仍屬焉。十年，改屬隋州。

唐城　開元二十六年，分棗陽置。

郢州　後魏置温州。武德四年，置郢州於長壽縣，置京山〔三六〕、藍水二縣屬焉。貞觀元年，省藍水入長壽。又廢郢州，以長壽屬鄀州〔三七〕，章山屬荆州〔三八〕。十七年，廢温州，依舊置郢州，治京山。天寶元年，改爲富水郡。乾元元年，復爲郢州。舊温州領縣三，戶一千五百八十，口七千一百七十三。天寶改郢州，戶一萬二千四十六，口五萬七千三百七十五〔三九〕。在京師東南一千四百四十里，至東都一千一百四十九里。

京山　隋縣，屬安陸郡。武德四年，置温州，因後魏。領京山、富水二縣。貞觀八年，廢鄀州〔三〇〕，以長壽來屬。十七年，復於縣置郢州。

長壽　漢竟陵縣地，屬江夏郡。武德四年，於縣置郢州。貞觀元年，廢郢州，以長壽屬鄀州〔三一〕。八年，又屬温州。十七年，又屬郢州。

富水　隋舊。武德初，屬温州。州廢，屬郢州。

復州　隋沔陽郡。武德五年，改爲復州，治竟陵縣。貞觀七年，移治沔陽。天寶元年，改爲竟陵郡。乾元元年，復爲復州。舊領縣三，戶一千四百九十四，口六千二百一十八。天寶，戶八千二百一十，口四萬四千八百八十五。在京師東南一千八百里，至東都一千五百一十八里。

沔陽　漢竟陵縣地，屬江夏郡。隋置沔陽郡，武德初，改爲復州，皆治此縣。

竟陵　漢縣，後廢。晉復置，至隋不改。

監利　漢華容縣地，屬南郡。晉置監利縣。

襄州緊上　隋襄陽郡。武德四年，平王世充，改爲襄州，因隋舊名。領襄陽、安養、漢南、義清、南漳、常平六縣。州置山南道行臺，統交、廣、安、黃、壽等二百五十七州。五年，省鄀州，以陰城、穀城二縣來屬。七年，罷行臺爲都督府，督襄、鄧、唐、均、淅、重七州。貞觀元年，廢重州，以荆山縣來屬。六年，廢都督府。八年，廢鄀州〔一三〕，以率道、樂鄉二縣來屬。又省常平入襄陽，省陰城入穀城，省南津入義清，省漢南入率道。天寶元年，改爲襄陽郡。十四載，置防禦使。乾元元年，復爲襄州。上元二年，置襄州節度使，領襄、鄧、均、房、金、商等州，自後爲山南東道節度使治所。舊領縣七，戶八千九百五十七，口四萬五千一百九十五。天寶，戶四萬七千七百八十，口二十五萬二千一。在京師東南一千一百八十二里，至東都八百五十三里。

襄陽　漢縣，屬南郡。建安十三年，置襄陽郡。晉入爲荆州治所。梁置南雍州，西魏改爲襄州，隋爲襄陽郡，皆以此縣爲治所。

鄧城　漢鄧縣，屬南陽郡，古樊城也。宋故安養縣。天寶元年，改爲臨漢縣。貞元二十一年，移縣古鄧城置，乃改臨漢爲鄧城縣。

穀城　漢筑陽縣地，屬南陽郡。隋爲穀城縣。

義清　漢中廬縣地，屬南郡。元魏改爲義清縣。舊治柘林，永徽元年，移治清良。

南漳　漢臨沮縣，屬南郡。晉立上黃縣，後魏改爲重陽縣，隋改爲南漳。武德二年，分南漳置荆山縣。又於縣治西一百五里置重州，領荆山、重陽、平陽、渠陽、土門、歸義六縣。七年，省渠陽入荆山，省平陽入重陽，又省土門、歸義二縣併房州之永清〔一三三〕。貞觀元年，廢重州，以荆山屬襄州。移重陽入州城，改屬遷州。八年，省重陽入荆山。開元十八年，省荆山，移治於南漳故城，乃改爲南漳。

宜城　漢邔縣，屬南郡。宋立華山郡於大隄村，即今縣。後魏改爲宜城郡，分華山、新野置陽立率道縣〔一三四〕。周省宜城郡入率道縣〔一三五〕。武德四年，率道屬鄀州〔一三六〕。貞觀八年，改隸襄州。天寶七載，改爲宜城縣〔一三七〕。

樂鄉　漢鄀縣，屬南郡。晉於合城郡置樂鄉縣〔一三八〕。武德四年，置鄀州，領樂鄉、長壽、率道、上洪四縣〔一三九〕。貞觀元年，省上洪縣。八年，廢鄀州，以長壽屬温州，以樂鄉、率道屬襄州。

荆州江陵府　隋爲南郡。武德初，蕭銑所據。四年，平銑，改爲荆州，領江陵、枝江、長林、安興、石首、松滋、公安七縣。五年，荆州置大總管，管荆、辰、朗、澧、東松、沈、基、復、巴、睦、崇、硤、平等十三州，統潭、桂、交、循、夔、高、康、欽、尹九州。六年，改平州爲玉州，改巴州爲岳州。七年，廢基州入郢州。其年，改大總管爲大都督，督荆、辰、澧、朗、東松、岳、硤、玉八州，仍統潭、桂、交、夔、高、欽、尹等七州。其沈、復、睦、崇四州，循、康二州都督並不統。八年，廢玉州，以當陽縣來屬。貞觀元年，廢鄀州，以章山來屬〔一四〕。二年，降爲都督府，惟督前七州而已。其桂、潭等七州，不統也。八年，廢東松州入硤州，又省章山入長林。十年，辰州改隸黔州。都督硤、澧、朗、岳四州。都督從三品。荆州領江陵、枝江、當陽、長林、安興、石首、松滋、公安等八縣。龍朔二年，昇爲大都督，督硤、岳、復、鄀四州。天寶元年，改爲江陵郡。乾元元年三月，復爲荆州大都督府。自至德後，中原多故，襄、鄧百姓，兩京衣冠，盡投江、湘，故荆南井邑，十倍其初，乃置荆南節度使。上元元年九月，置南都，以荆州爲江陵府，長史爲尹，觀察、制置，一準兩京。以舊相呂諲爲尹，充荆南節度使，領澧、朗、硤、夔、忠、歸、萬等八州，又割黔中之涪，湖南之岳、潭、衡、郴、邵、永、道、連八州，增置萬人軍，以永平爲名。二年，置長寧縣於郭內，與江陵並治。其年，省枝江縣入長寧。至德二年，江陵尹衞伯玉，以湖南闊遠，請於衡州置防禦使。自此，八州置使，改屬江南西道。舊領縣八，戶一萬二百六十，口四萬九百五十八。天寶領縣七，戶三萬一百九十二，口十四萬八千一百四十九。在京師東南一千七百三十里，至東都一千三百一十五里。

江陵　漢縣，南郡治所也。故楚都之郢城，今縣北十里紀南城是也。後治於郢，在縣東南。今治所，晉桓温所築城也。

長寧　上元元年，分江陵縣置，治郭下。二年，又廢枝江併入。

當陽　漢縣，屬南郡。武德四年，於縣置平州，領當陽、臨沮二縣。六年，改屬玉州。又省臨沮入當陽，屬荆州。

長林　晉分編縣置長林縣，以其有櫟林長阪故也。武德四年，於縣東北百二十里置基州及章山縣。七年，廢基州，以章山屬郢州。州廢，屬荆州。八年，省入長林。

石首　漢華容縣，屬南郡。武德四年，分華容縣置，取縣北石首山爲名。舊治石首山，顯慶元年，移治陽支山下。

松滋　漢高城縣地，屬南郡。松滋，亦漢縣名，屬廬江郡。晉時松滋縣人避亂至此，乃僑立松滋縣，因而不改。

公安　吳孱縣地〔一二〕。漢末左將軍劉備，自襄陽來鎭此，時號左公，乃改名公安。

硤州下　隋夷陵郡。武德四年，平蕭銑〔一三〕，置硤州，領夷陵、夷道、遠安三縣。貞觀八年，廢東松州，以宜都、長陽、巴山三縣來屬。其年，省夷道入宜都。九年，自下牢鎭移治陸抗故壘。天寶元年，改爲夷陵郡。乾元元年，復爲硤州。舊領縣五，戶四千三百，口一萬七千一百二十七。天寶，戶八千九十八，口四萬五千六十六。在京師東南一千八百八十八里，至東都一千六百四十六里。

夷陵　漢縣，屬南郡。有夷山在西北，因爲名。蜀置宜都郡，梁改爲宜州，後魏改爲拓州〔四三〕，又改爲硤州。隋縣治石皋城。武德四年，移治夷陵府。貞觀九年，移治陸抗故壘。

宜都　漢夷道縣，屬南郡。陳改爲宜都，隋改爲宜昌，屬荆州。武德二年，置江州，領宜昌一縣，尋改爲宜都。六年，改江州爲東松州。八年，廢睦州，以長陽、巴山來屬。貞觀八年，廢東松州，盡以三縣屬硤州。

長陽　漢佷山縣，屬武陵郡。隋改爲長陽，以溪水爲名。隋屬荆州。武德四年，置睦州，領長陽、巴山二縣。八年，廢睦州，以二縣屬東松州。貞觀八年，屬硤州。

遠安　漢臨沮縣地，屬南郡。晉改高安縣。後周改爲遠安，屬硤州。

巴山　隋分佷山縣置巴山縣。武德二年，置江州〔四四〕，領巴山、鹽水二縣。四年，廢江州及鹽水縣，以巴山屬睦州。八年，屬東松州。貞觀八年，屬硤州〔四五〕。

歸州　隋巴東郡之秭歸縣。武德二年，割夔州之秭歸、巴東二縣，分置歸州。三年，分秭歸置興山縣，治白帝城。天寶元年，改爲巴東郡。乾元元年，復爲歸州。舊領縣三，戶三千五百三十一，口二萬一十一。天寶，戶四千六百四十五，口二萬三千四百二十七。在京師南二千二百六十八里，至東都一千八百四十三里。

秭歸　漢縣，屬南郡。魏改爲臨江郡，吳、晉爲建平郡。隋屬巴東郡。武德二年，置歸州。

巴東　漢巫縣地，屬南郡。周置樂鄉縣，隋改爲巴東縣。

興山　武德三年，分秭歸縣置。舊治高陽城，貞觀十七年，移治太清鎮，天授二年，移治古夔子城。

夔州下　隋巴東郡。武德元年，改爲信州，領人復、巫山、雲安、南浦、梁山、大昌、武寧七縣。二年，以武寧、南浦、梁山屬浦州。又改信州爲夔州，仍置總管，管夔、硤、施、業、浦、涪[一四六]、渝、谷、南、智、務、黔、克、思、巫、平十九州。八年，以浦州之南浦、梁山來屬。九年，又以南浦、梁山屬浦州。貞觀十四年，爲都督府，督歸、夔、忠、萬、涪、渝、南七州。後罷都督府。天寶元年，改爲雲安郡。至德元年，於雲安置七州防禦使。乾元元年，復爲夔州。二年，刺史唐論請升爲都督府，尋罷之。舊領縣四，戶七千八百三十，口三萬九千五百五十。天寶，戶一萬五千六百二十九，口六萬五十。在京師南二千四百四十三里，至東都二千一百七十五里。

奉節　漢魚復縣，屬巴郡，今縣北三里赤甲城是也。梁置信州，周爲永安郡，隋爲巴東郡，仍改爲人復縣。貞觀二十三年，改爲奉節。

雲安　漢朐䏰縣，屬巴郡。故城曰萬戶城。縣西三十里，有鹽官。

巫山　漢巫縣，屬南郡。隋加「山」字，以巫山硤爲名。舊治巫子城。

大昌　晉分巫、秭歸縣置建昌縣，又改爲大昌。隋不改。

萬州　隋巴東郡之南浦縣。武德二年，割信州之南浦置南浦州，領南浦、梁山、武寧三縣。八年，廢南浦州，以南浦、梁山屬夔州，武寧屬臨州。其年，復立浦州，依舊領三縣。貞觀八年，改爲萬州。天寶元年，改爲南浦郡。乾元元年，復爲萬州。舊領縣三，戶五千三百九十六，口三萬八千八百六十七。天寶，戶五千一百七十九，口二萬五千七百四十六。在京師西南二千六百二十四里，至東都二千四百六十五里。

南浦　後魏分朐䏰縣置魚泉縣，周改爲萬川，隋改爲南浦。武德二年，置浦州。貞觀八年，改爲萬州，以此縣爲治所。

武寧　漢臨江縣地，周分置源陽縣，隋改爲武寧，治巴子故城。

梁山　後周分朐䏰縣置，治後魏萬川郡故城。

忠州　隋巴東郡之臨江縣。義寧二年，置臨州，又分置豐都縣。武德二年，分浦州之武寧置南賓縣，又分臨江置清水縣，並屬臨州。八年，又以浦州之武寧來屬。其年，又隸浦州〔二七〕。九年，以廢潾州之墊江來屬。貞觀八年，改臨州爲忠州。天寶元年，改爲南賓郡。乾元元年，復爲忠州。舊領縣五，戶八千三百一十九，口四萬九千四百七十八。天寶，戶六千七百二十二，口四萬三千二十六。在京師南二千二百二十二里，至東都二千七百四十七里。

臨江　漢縣，屬巴郡。後魏置萬川郡。貞觀八年，改臨州爲忠州，治於此縣。

豐都　漢枳縣地，屬巴郡。後漢置平都縣。義寧二年，分臨江置豐都縣。

南賓　武德二年，分武寧縣置。

墊江　漢縣，屬巴郡，後廢。後魏分臨江復置。周改爲魏安，隋復爲墊江。武德初，屬潾州。州廢，屬臨州。

桂溪　武德二年，分臨江置清水縣。天寶元年，改爲桂溪。

校勘記

〔一〕芮城縣　「城」字各本原無，據通典卷一七九、元和志卷一二、寰宇記卷四六補。

〔二〕皮氏縣　「皮氏」各本原作「艾氏」，據漢志、通典卷一七九、元和志卷一二、寰宇記卷四六改。

〔三〕領龍門萬泉汾陰四縣　據上下文及寰宇記卷四六，「四」當作「三」。

〔四〕廢泰州及芮縣　按「芮縣」當作「芮城縣」，據本書卷三八地理志、寰宇記卷六，貞觀十七年，芮城縣未廢，疑此處「及芮縣」三字爲衍文。

〔五〕其年以廢北澮州之翼城置翼城縣……三縣併入絳州　按此處有訛衍，據寰宇記卷四七、新志，「其年」應爲「義寧元年」，「廢北澮州」應作「絳州」，「翼城縣」應作「翼城郡」。

〔六〕霍邑　各本原作「靈石」，據本卷上下文及元和志卷一二、寰宇記卷四三改。

〔七〕北溫州　「溫」字各本原作「隰」，據寰宇記卷四八改。

〔八〕省中昌西德北溫四州　「溫」、「四」二字各本原作「隰」、「三」，據本卷上下文及寰宇記卷四八改。

〔九〕八年　元和志卷一二、寰宇記卷四八、新志，「八年」上有「貞觀」二字。

〔一〇〕斤城縣　「斤」字各本原作「忻」，據元和志卷一二、寰宇記卷四八改。本條下文「忻」字照改爲「斤」字。

〔一一〕後魏曰沮城　據魏書地形志（以下簡稱魏志）、隋志，「沮」字應爲「陽」字之誤。

〔一二〕東永安縣　「東」字各本原無，據魏志、元和志卷一五、寰宇記卷四四補。

〔一三〕屬蓋州州廢來屬　據本卷上下文及隋志，蓋州置於武德元年，隋無此州，沁水縣自隋至唐皆屬潞州，未嘗屬蓋州。

〔一四〕陵川　各本原作「陵武」，據本卷上文及寰宇記卷四四改。

〔一五〕陽城郡　「郡」字各本原作「縣」，據寰宇記卷五〇改。

〔一六〕汾陽　各本原作「沁陽」，據本卷下文及寰宇記卷四〇改。

〔一七〕仍以文水屬汾州……管幷……汾七州　二「汾」字各本原作「沁」，據本卷下文及寰宇記卷四〇改。

〔一八〕又以文水屬汾州　「屬」字各本原作「置」，據本卷下文及寰宇記卷四〇改。

〔一九〕太州　「太」下各本原有「原」字，據本卷上文及元和志卷一三、寰宇記卷四〇刪。

〔二〇〕神龍元年　「元」字各本原作「九」，按神龍無九年，據元和志卷一三、寰宇記卷四〇改。

〔二一〕受州　各本原作「遼州」，據本卷上下文及元和志卷一三、寰宇記卷四〇改。

〔二二〕後漢改爲石艾縣　「石艾」，後漢書郡國志（以下簡稱後漢志）、晉書地理志（以下簡稱晉志）作「上艾」，魏志始作「石艾」。按元和志卷一三、寰宇記卷五〇俱言後魏改爲石艾縣。疑「後漢」爲「後魏」之誤。

〔二三〕箕州　據本卷上文及寰宇記卷四四，「箕州」當作「遼山」。

〔二四〕管代蔚忻朔四州　「朔」字各本原無，據寰宇記卷四九補。

〔二五〕東魏置廓州又廢　此七字各本原在「繁時　漢縣」下，據隋志、寰宇記卷四九改。

〔二六〕武延縣　「武延」各本原作「延武」，據元和志卷一四、寰宇記卷四九、新志改。

〔二七〕貞元十五年　「貞元」各本原作「貞觀」，據寰宇記卷四二改。

〔二八〕太和縣　「太和」各本原作「太初」，據本卷上文及元和志卷一四、寰宇記卷四二改。

〔二九〕北恆州　「北」字各本原無，據本卷上文及寰宇記卷四九補。

〔三〇〕東南至朔州三百五十七里　「南」、「三」二字各本原作「北」、「五」，據寰宇記卷四九改。

〔三一〕懷州領河內武德軹濟源五縣　寰宇記卷五三「五縣」作「四縣」。

〔三二〕改爲武陟廢陟州　「廢」上各本原有「隋」字，新志作「武德四年……更脩武曰武陟，別置脩武縣。是年，州廢。」此處「隋」字疑衍，據刪。

〔三三〕黎州　「黎」字各本原無，據本卷下文及寰宇記卷五六補。

〔三四〕領臨河內黃湯陰觀城頓丘繁陽澶水八縣　據本卷上下文及新志，「領」下應有「黎陽」二字。

〔三五〕省繁陽　據本卷下文及元和志卷一六、寰宇記卷五七，「繁陽」當作「澶州」。

〔三六〕管磁洺黎衞邢六州　「磁」字各本原作「慈」，據本卷下文及寰宇記卷五六有磁州，此處「慈」應作「磁」，據改。下同。以上下文觀之，此處當脫一「相」字。

〔三七〕滏陽　各本原作「安陽」，據本卷下文及寰宇記卷五五、新志改。

〔三八〕以趙城卑濕東南移三十里　「東」字各本原作「西」，據上文「於今州西北三十里古趙城置貴鄉縣」及下文貴鄉沿革改。

〔三九〕領貴鄉　「領」下各本原有「復爲」二字，據寰宇記卷五四删。

〔四〇〕管魏黎澶莘毛五州　「魏」字各本原無，據本卷下文及寰宇記卷五四補。

〔四一〕領貴鄉昌樂繁水漳陰元城魏六縣　「魏」字各本原無，據寰宇記卷五四補。

〔四二〕隋置新州　據隋志、元和志卷一六，此處「新州」疑爲「莘州」之誤。

〔四三〕領聊城武水堂邑茌平仍置莘亭靈泉清平博平高唐凡九縣　「高唐」各本原無，據寰宇記卷五四補。「靈泉」，聞本及下文博平沿革作「靈」。

〔四四〕府城　據本卷上下文，此處「府城」疑爲「經城」之誤。

〔四五〕八州　據寰宇記卷五八，「八州」當作「七州」。

〔四六〕洺水縣　「洺水」各本原作「臨水」，據本卷上文及寰宇記卷五八改。

〔四七〕滏陽成安邯鄲三縣　「滏陽」二字各本原無，據本卷上下文及寰宇記卷五六補。

〔四八〕漢襄國縣　「縣」字各本原作「郡」，據漢志、隋志改。

〔四九〕後魏於昭慶縣置殷州　魏志：「殷州，孝昌二年，分定、相二州置，治廣阿。」元和志卷一七：「後魏明帝又於廣阿城置殷州。」下文昭慶沿革：漢廣阿縣，後魏置殷州。此處「昭慶」當爲「廣阿」

之誤。

〔五〇〕十二縣　「十二」，寰宇記卷六〇作「十一」。

〔五一〕改爲趙郡　各本原作「隋郡」，據寰宇記卷六〇改。

〔五二〕隋復爲陶　元和志卷一七作「隋開皇六年，改爲廮陶，復漢舊名。」寰宇記卷六〇略同。按本卷上文亦作「廮陶」，疑此處「陶」上脫「廮」字。

〔五三〕領槀城鼓城毋極四縣　據本卷下文及新志，「四縣」上應有「鹿城」二字。

〔五四〕井州　各本原作「幷州」，據本卷下文及元和志卷一七、寰宇記卷六一改。

〔五五〕樂成國　「成」字各本原作「城」，據後漢志、元和志卷一七、寰宇記卷六三改。

〔五六〕瀛州　各本原作「定州」，據本卷上文及寰宇記卷六三、新志改。

〔五七〕唐至德元年　「元」字各本原作「六」，按至德無六年，據寰宇記卷六一改。

〔五八〕蠡州　「蠡」下各本原有「吾」字，據寰宇記卷六八、新志刪。

〔五九〕漢樂成縣　「成」字各本原作「城」，據漢志、寰宇記卷六三改。

〔六〇〕滄瀛東鹽景四州　各本「東」字原無，「州」字原作「縣」，據本卷上下文改補。

〔六一〕貞元二年　「貞元」各本原作「貞觀」，據元和志卷一八、寰宇記卷六八改。

〔六二〕東光安陵三縣　據本卷上下文，此處「東光」上疑脫「弓高」二字。

〔六三〕今州治至隋不改　此句當有訛誤，疑「今」「隋」二字互爲錯簡。

〔六四〕後漢中山國　「後漢」上各本原有「漢縣屬平原郡故城在今縣三十里」十四字，按此當爲涉上文德州平昌沿革而衍，據葉校本刪。

〔六五〕復置定州　「復」字各本原作「移」，據元和志卷一八改。

〔六六〕恆州　各本原作「鼓州」，據本卷上文及寰宇記卷六二改。

〔六七〕洹州　「洹」字聞本作「沍」，寰宇記卷六二作「泜」。

〔六八〕古公城　「古公」，聞本作「古人」，寰宇記卷六二唐縣：「按左人亭，即今縣城是也。」

〔六九〕滿城　各本原作「蒲城」，據寰宇記卷六七、新志改。下同。

〔七〇〕五公城　各本原作「古公城」，據元和志卷一八、寰宇記卷六七改。

〔七一〕束城　各本原作「東城」，據本卷下文及寰宇記卷六六改。下同。

〔七二〕鄚　各本原作「蒲」，據本卷下文及寰宇記卷六六、新志改。

〔七三〕屬蠡州　新志：「武德五年，以博野、清苑，定州之義豐置蠡州。」本卷上文深州博野沿革：「武德五年，置蠡州，領博野、清苑。」本卷下文有「八年，二縣又割屬蒲州。」此處「屬」上疑有脫文。

〔七四〕鄚州　各本原作「莫州」，據本卷下文及寰宇記卷六六改。

〔七五〕天寶元年改爲文安郡乾元元年復爲莫州　「改爲文安郡乾元元年」各本原無，據寰宇記卷六六改。

〔七六〕改屬易州　「易」字各本原無，新志作「長安四年，隸易州。」據補。

〔七七〕雍奴　各本原作「雄奴」，據寰宇記卷六九改。

〔七八〕天寶元年　「元年」，各本原作「九年」，據寰宇記卷六九改。

〔七九〕屬范陽上谷嬀川密雲歸德漁陽順義歸化八郡　合鈔卷五八地理志「屬」字作「管」。「郡」字據上下文義似當作「縣」。

〔八〇〕舊領縣十　據本卷上下文此下疑脱安次一縣。

〔八一〕秦右北平郡　「右」字各本原作「古」，據史記卷一一〇匈奴傳、水經卷一四鮑邱水注改。

〔八二〕十一年　本卷上文及寰宇記卷七〇、新志俱作開元十八年置薊州，則玉田縣十一年不可能屬薊州。寰宇記卷七〇玉田縣沿革作「十一年，又還屬幽州，十八年，隸薊州。」

〔八三〕改爲密雲郡　「爲」字各本原作「屬」，據寰宇記卷七一改。

〔八四〕順義郡　「順」下各本原有「漢」字，據寰宇記卷七一、新志删。

〔八五〕出粟皆靺鞨別種　寰宇記卷七一作「領靺鞨，本粟末靺鞨別種。」

〔八六〕爲威化縣州治也　「州」上各本原有「幽」字，據寰宇記卷七一删。

〔八七〕管梁洋集興四州　「管」下各本原有「洪」字，據寰宇記卷一三三删。

〔八八〕南鄭褒中白雲四縣　寰宇記卷一三三「褒中」下有「城固」二字。

〔八九〕城固　據本卷上下文及新志，城固此時當稱唐固。

〔九〇〕義寧二年改爲褒中　此處疑有脫誤。據隋志、元和志卷二二、寰宇記卷一三三，「義寧」上當脫「仁壽元年改爲褒城」等字。

〔九一〕南安　各本原無，據本卷上下文及寰宇記卷一三五補。

〔九二〕置新寧思來二縣　「置」字各本原作「屬」，據本卷下文及寰宇記卷一三七改。

〔九三〕南石州　「石」字各本原作「幷」，據本卷下文及寰宇記卷一三七改。

〔九四〕南幷州　「南」字各本原無，據本卷上文及寰宇記卷一三七補。

〔九五〕蜀割巴州之歸仁　按下文巴州沿革，似不當有「蜀」字。

〔九六〕下蒲　各本原作「下滿」，據寰宇記卷一三七、新志改。下同。

〔九七〕東關縣　「關」字各本原作「開」，據寰宇記卷一三七、新志改。下同。

〔九八〕成固縣　「成」字各本原作「城」，據漢志、元和志卷二二、寰宇記卷一三八改。

〔九九〕東宕渠郡　「宕」字各本原無，據元和志卷三三、寰宇記卷一三六補。

〔一〇〇〕十四縣其年以符陽長池　以上十字各本原無，據寰宇記卷一三九補。

〔一〇一〕渠州　各本原作「梁州」，據本卷下文及寰宇記卷一三九、新志改。

〔一〇二〕舊領金城山　校勘記卷二一：「領當作治。」按寰宇記卷一三九作「縣城元在金城山頂。」是「領」當爲「治」之誤。

〔一〇三〕貞觀十年　「十」下各本原有「五」字，據本卷下文及寰宇記卷一四一刪。

〔一〇四〕顯慶三年移治清州　寰宇記卷一四一作「大業十一年，移于今理，俗謂之清池川。」此處當有訛誤。

〔一〇五〕七年　各本原作「十年」，按武德無十年，據本卷下文及寰宇記卷一四一改。

〔一〇六〕洵城縣　「洵城」各本原作「洵陽」，據本卷下文及寰宇記卷一四一改。

〔一〇七〕二縣　各本原作「三縣」，據寰宇記卷一四一全州沿革、新志改。

〔一〇八〕安吉　隋志作「吉安」。

〔一〇九〕蜀分置漢豐縣　「漢豐縣」各本原作「開州」，據寰宇記卷一三七改。

〔一一〇〕墊江　「江」下各本原有「置」字，據寰宇記卷一三八刪。

〔一一一〕豐樂　各本原作「豐洛」，據本卷上文及寰宇記卷一三八改。

〔一一二〕梁置始安縣隋不改　隋志：「賓城，舊曰始安，開皇十八年改焉。」寰宇記卷一三八：「始安縣……開皇……十八年，改爲賓城縣……武德元年，復改爲始安縣。」疑此處有脫誤。

〔一一三〕重疊灘比爲名　「比」字各本原作「北」，寰宇記卷一三八作「此山重疊，鄰比相次爲名。」據改。

〔一四〕灕山縣　「灕山」各本原作「灕水」，據本卷上文及寰宇記卷一三八、新志改。

〔一五〕楚州　各本原作「僰州」，據隋志、寰宇記卷一三六改。

〔一六〕淯　各本原作「溝」，據新志向城沿革、葉校本改。

〔一七〕義州　據晉志、寰宇記卷一四二，「義州」疑爲「義陽郡」之誤。

〔一八〕鄧州　據漢志、寰宇記卷一四二，「鄧州」疑爲「南陽郡」之誤。

〔一九〕比陽　各本原作「北陽」，據漢志、隋志、寰宇記卷一四二改。下同。

〔二〇〕比水　各本原作「北水」，據隋志、元和志卷二一、寰宇記卷一四二改。

〔二一〕均陽　聞、殿、局、廣本作「浙陽」，懼盈齋本作「浙陽」，據本卷下文及寰宇記卷一四三改。

〔二二〕南豐州　聞本作「澧州」，殿、懼盈齋、廣本作「澧州」，局本作「豐州」，據本卷下文及新志改。

〔二三〕武德元年置南豐州領郥鄉安福堵陽三縣屬均州　上文均州沿革及寰宇記卷一四三俱作：武德八年，以郥鄉、堵陽、安福三縣屬均州。此處當有脫誤。

〔二四〕武當　聞、殿、局、廣本作「浙川」，懼盈齋本作「浙川」，據本卷上文及寰宇記卷一四三均州沿革改。

〔二五〕十年　各本「十」下原有「七」字，據本卷上文及寰宇記卷一四三、新志刪。

〔二六〕京山　據本卷上下文及元和志卷二一、新志，武德四年，京山爲溫州治所，長壽爲郢州治所。此處「京山」當爲「長壽」之誤。

〔二七〕鄀州　閩、殿、懼盈齋、廣本作「郗州」，局本作「荊州」。據本卷下文及新志改。

〔二八〕章山屬荊州　「章」字各本原作「京」，據本卷下文及寰宇記卷一四四改。

〔二九〕天寶改郢州戶一萬……　按上文有「天寶元年，改爲富水郡。乾元元年，復爲郢州。」據唐制及本志體例，此處不當有「天寶改郢州」句，「改郢州」三字疑衍。

〔三〇〕鄀州　各本原作「郢州」，按郢州沿革及寰宇記卷一四四、新志，郢州貞觀元年廢，十七年始復，八年不當有郢州。據下文襄州樂鄉沿革改。

〔三一〕鄀州　各本原作「荊州」，據本卷下文及新志改。

〔三二〕鄀州　各本原作「鄧州」，據下文樂鄉沿革及新志改。

〔三三〕省平陽入重陽又省土門歸義二縣併房州之永淸　「平陽入重陽」各本原作「重陽入平陽」，「土門」上原有「重陽」二字，「二」字原作「三」，據本卷下文及新志刪改。

〔三四〕分華山新野置陽立率道縣　寰宇記卷一四五作「分新野郡之池陽縣地，因立率道縣。」此處當有脫誤。

〔三五〕周省宜城郡入率道縣　「入率道」三字各本原無，寰宇記卷一四五作「後周保定四年，省宜城郡入率道縣。」據補。

〔一三六〕鄀州　各本原作「鄧州」，據下文樂鄉沿革及寰宇記卷一四五改。

〔一三七〕天寶七載改爲宜城縣　「改」上各本原有「三縣」二字，據元和志卷二一、寰宇記卷一四五刪。「七載」元和志、寰宇記作「元年」。

〔一三八〕晉於合城郡置樂鄉縣　按晉無合城郡，疑此處有訛誤。寰宇記卷一四五作「晉隆安五年，於今城戍置樂鄉縣。」

〔一三九〕武德四年置鄀州領樂鄉長壽率道上洪四縣　按上文郢州沿革：「武德四年，置郢州於長壽縣。」新志樂鄉沿革：「武德四年，以樂鄉及襄州之率道上洪置鄀州。貞觀元年，又領長壽，省上洪。八年州廢，長壽隸溫州。」則武德四年鄀州不當領有長壽縣，此處當有訛誤。

〔一四〇〕章山　各本原作「京山」，據寰宇記卷一四六改。下同。

〔一四一〕吳孱縣地　「孱」字，漢志、晉志俱作「孱陵」。

〔一四二〕武德四年平蕭銑　「四」字各本原作「二」，按平蕭銑當在武德四年，據本書卷一高祖紀、通鑑卷一八九改。

〔一四三〕拓州　各本原作「柘州」，據隋志、寰宇記卷一四七改。

〔一四四〕武德二年置江州　「二」字各本原作「四」，據本卷上下文及新志改。

〔一四五〕貞觀八年屬硤州　「八」字各本原作「元」，據本卷上文及寰宇記卷一四七改。

〔一四六〕涪　各本原作「洛」，據本卷下文及寰宇記卷一四八改。

〔一四七〕浦州　各本原作「湘州」，據本卷上文及寰宇記卷一四九萬州沿革改。

舊唐書卷四十

志第二十

地理三

淮南道六　江南道七　隴右道八

淮南道

揚州大都督府　隋江都郡。武德三年，杜伏威歸國，於潤州江寧縣置揚州，以隋江都郡爲兗州，置東南道行臺。七年，改兗州爲邗州。九年，省江寧縣之揚州，改邗州爲揚州，置大都督，督揚、和、滁、楚、舒、廬、壽七州〔一〕。貞觀十年，改大都督爲都督，督揚、滁、常、潤、和、宣、歙七州。龍朔二年，昇爲大都督府。天寶元年，改爲廣陵郡，依舊大都督府。乾元元年，復爲揚州。自後置淮南節度使，親王爲都督，領使；長史爲節度副大使，知節度事。恆以此爲治所。舊領縣四：江都、六合、海陵、高郵。戶二萬三千一百九十九，口九萬四千三百四十七。天寶領縣七，戶七萬七千一百五，口四十六萬七千八百五十七。在京師東南二千七百五十三里，至東都一千七百四十九里。

江都　漢縣，屬廣陵國。隋爲江都郡。武德三年，改爲兗州，七年改爲邗州，九年改爲揚州都督府，皆以江都爲治所。

江陽〔二〕　貞觀十八年，分江都縣置，在郭下，與江都分理。

六合　漢堂邑縣，屬臨淮郡。晉置秦郡，北齊爲秦州〔三〕，後周爲方州，隋改爲兗州。武德七年，復爲方州，置六合縣。又分六合置石梁縣。貞觀元年，省方州，併石梁入六合，屬揚州。

海陵　漢縣，屬臨淮郡。至隋，屬南兗州。武德二年，屬揚州。景龍二年，分置海安縣。開元十年省，併入海陵。

高郵　漢縣，屬廣陵國，至隋不改。武德二年，屬兗州。州改，仍舊。

揚子　永淳元年，分江都縣置。

天長　天寶元年，割江都、六合、高郵三縣地置千秋縣，天寶七載，改爲天長。

楚州中　隋江都郡之山陽縣〔四〕。武德四年，臧君相歸附，立爲東楚州，領山陽、安宜、鹽城三縣。八年，廢西楚州，以盱眙來屬，仍去「東」字。天寶元年，改爲淮陰郡。乾元元年，復爲楚州。舊領縣四，戶三千三百五十七，口一萬六千二百六十二。天寶領縣五，戶二萬六千六十二，口十五萬三千。在京師西南二千五百一里，至東都一千六百六十里。

山陽　漢射陽縣地，屬臨淮郡。晉置山陽郡，改爲山陽縣。武德四年，置東楚州。八年，去「東」字，治於此縣。縣東南有射陽湖。

鹽城　漢鹽瀆縣地，屬臨淮郡。久無城邑，隋末，韋徹於此置射州，立射陽、安樂、新安三縣。武德四年歸國，因而不改。七年，廢射州及三縣，置鹽城縣於廢射州，仍屬楚州。

盱眙　漢縣，屬臨淮郡。武德四年，置西楚州。置總管，管東楚、西楚。領盱眙一縣。八年，廢西楚州，以盱眙屬楚州。

寶應　漢平安縣，屬廣陵國。武德四年，置倉州，領安宜一縣。七年，州廢，縣屬楚州。肅宗上元三年建巳月，於此縣得定國寶十三枚，因改元寶應，仍改安宜爲寶應。

淮陰　乾封二年，分山陽縣置於隋舊廢縣。

滁州下　隋江都之清流縣。武德三年，杜伏威歸國，置滁州，又以揚州之全椒來屬。天寶元年，改爲永陽郡。乾元元年，復爲滁州。舊領縣二，戶四千六百八十九，口二萬一千五百三十五。天寶領縣三，戶二萬六千四百八十六，口十五萬二千三百七十四。在京師東南二千五百六十四里，至東都一千七百四十六里。

清流　漢全椒縣地，屬九江郡。梁置南譙州，居桑根山之朝陽，在今縣西南八十里南譙州故城是也〔五〕。北齊自南譙故城經治於此新昌郡城〔六〕，今州治是也。隋改南譙爲滁州，後廢。武德三年復置，皆治於清流縣。

全椒　漢舊縣名。梁北譙郡，又改爲臨滁郡。隋改爲滁縣，煬帝復爲全椒。

永陽　景龍二年，分清流縣置。

和州　隋歷陽郡。武德三年，杜伏威歸國，改爲和州。天寶元年，改爲歷陽郡。乾元元年，復爲和州。舊領縣二，戶五千七百三十，口三萬三千四百一。天寶領縣三，戶二萬四千七百九十四，口十二萬一千一十三。在京師東南二千六百八十三里，至東都一千八百一十一里。

歷陽　漢縣，屬九江郡。東晉置歷陽郡。宋爲南豫州，北齊置和州。隋爲歷陽郡。國初，復爲和州。皆治此縣。

烏江　漢東城縣之烏江亭，屬九江郡。北齊爲密江郡，陳爲臨江郡，後周爲問江郡，隋爲烏江郡，縣皆治此。

含山　武德六年置，八年廢。長安四年復，爲武壽縣。神龍元年，復爲含山。

濠州下　隋爲鍾離郡。武德三年，改爲濠州。又改臨濠爲定遠縣，化明爲招義縣。領鍾離、塗山、定遠、招義四縣。武德四年，省塗山入鍾離。天寶元年，改爲鍾離郡。乾元元年，復爲濠州。舊領縣三，戶二千六百六十，口一萬三千八百五十五。天寶，戶二萬一千八百六十四，口十萬八千三百六十一。在京師東南二千一百五十里，至東都一千三百一十三里。

鍾離　漢縣，屬九江郡。晉、宋、齊、梁，置徐州。隋初爲濠州，煬帝復爲鍾離郡。武德三年〔七〕，置濠州。皆治於此。武德七年，省塗山縣併入。

定遠　漢曲陽縣地，屬九江郡。隋置定遠縣。

招義　漢淮陵縣地，屬臨淮。宋置濟陰郡。武德七年，改爲招義。

廬州上　隋廬江郡。武德三年，改爲廬州，領合肥、廬江、愼三縣。七年，廢巢州爲巢縣來屬。天寶元年，改爲廬江郡。乾元元年，復爲廬州，自中升爲上。舊領縣四，戶五千三百五十八，口二萬七千五百一十三。天寶領縣五，戶四萬三千三百二十三，口二十萬五千三百九十六。在京師東南二千三百八十七里，至東都一千五百六十九里。

合肥　漢縣，屬九江郡。舊縣在北。夏水出城父東南，至此與肥水合，故曰合肥。梁置合州，隋初爲廬江郡，皆治此縣。

愼　漢浚遒縣，屬九江郡。古城在今縣南。隋爲愼縣。

巢　漢居巢縣，屬廬江郡。隋爲襄安縣。武德三年，置巢州，分襄安立開城、扶陽二縣。七年，廢巢州及開城、扶陽二縣，改襄安爲巢縣，屬廬州。

廬江　漢郡名。漢龍舒縣地，屬廬江郡。梁置湖州〔八〕，隋復舊也。

舒城　開元二十三年，分合肥、廬江二縣置，取古龍舒縣爲名。

壽州中　隋爲淮南郡。武德三年，杜伏威歸國，改爲壽州。七年，置都督府，督壽、蓼二州，領壽春、安豐、霍丘三縣。貞觀元年，廢都督府，又以廢霍州之霍山縣來屬。天寶元年，改爲壽春郡，又置霍山縣。乾元元年，復爲壽州。舊領縣四，戶二千九百九十六，口一萬四千七百一十八。天寶領縣五，戶三萬五千五百八十二，口十八萬七千五百八十七。在京師東南二千二百一十七里，至東都一千三百九里。

壽春　漢縣，屬九江郡。晉改爲壽陽。晉於此置揚州，齊置豫州，後魏置揚州，梁復爲豫州，後周置揚州。隋改壽州，煬帝爲淮南郡，武德爲壽州。皆以壽春爲治所。

安豐　漢六國〔九〕，故城在縣南。梁置安豐郡。縣界有芍陂，灌田萬頃，號安豐塘。隋因置縣。

霍山　漢灊縣〔一〇〕，屬廬江郡。隋置霍山應城三縣〔一一〕。貞觀元年，廢霍州，省應城、灊城二縣，以霍山屬壽州。

盛唐　舊霍山縣。神功元年，改爲武昌。神龍元年，復爲霍山。開元二十七年，改爲盛唐，仍移治於騶虞城。

霍丘　漢松滋縣地，屬廬江郡。武德四年，置蓼州，領霍丘一縣。七年，蓼州廢，霍丘屬壽州。　縣北有安豐津，斬毌丘儉處。

光州緊中　隋弋陽郡。武德三年，改爲光州，置總管府，以定城縣爲弦州，殷城縣爲義州，以廢宋安郡爲谷州，凡管光、弦、義、谷、廬五州。光州領光山、樂安、固始三縣。武德七年，改總管爲都督府。貞觀元年，罷都督府，省弦州及義州，以定城、殷城二縣來屬。又省谷州，以宋安併入樂安。天寶元年，改爲弋陽郡。乾元元年，復爲光州。舊領縣五，戶五千六百四十九，口二萬八千二百九十一。天寶，戶三萬一千四百七十三，口十九萬八千五百八十。至京師一千八百五十五里，至東都九百二十五里。

定城　漢弋陽地，屬汝南郡。南齊爲南弋陽縣，尋改爲定城。武德三年，於縣置弦州，領定城一縣。貞觀元年，廢弦州，以定城屬光州，州所理也。

光山　晉分弋陽置西陽縣，梁於縣置光州，隋爲弋陽郡。武德三年，復爲光州，治於光山縣。太極元年，移州理於定城。

仙居　漢軑縣〔三〕，屬江夏郡，古城在縣北十里。宋分軑縣置樂安縣。天寶元載，改爲仙居。

殷城　漢期思縣地，屬汝南郡。宋置苞信縣。隋改爲殷城，取縣東古殷城爲名。

固始　漢寢縣，屬汝南郡，後漢改爲固始。

蘄州中　隋蘄春郡〔三〕。武德四年，平朱粲，改爲蘄州，領蘄春、蘄水、羅田、黃梅、浠水五縣〔四〕。其年，省蘄水入蘄春，又分蘄春立永寧，省羅田入浠水。又改浠水爲蘭溪，又於黃梅縣置南晉州。八年，州廢，以黃梅來屬。天寶元年，改爲蘄春郡。乾元元年，復爲蘄州。舊領縣四，戶一萬六百一十二，口三萬九千六百七十八。天寶，戶二萬六千八百九，口十八萬六千八百四十九。至京師二千五百六十里，至東都一千八百二十四里。

蘄春　漢縣，屬江夏郡。吳爲蘄春郡。晉改爲西陽，又改爲蘄陽。周平淮南〔一五〕，改爲蘄州。

黃梅　漢蘄春縣地〔一六〕。宋分置新蔡郡。隋改爲黃梅。武德四年，置南晉州，領黃梅、義豐、長吉、塘陽、新蔡五縣。八年，廢州，仍省義豐等四縣，以黃梅來屬。

廣濟　漢蘄春縣地。武德四年，置永寧縣。天寶元年，改爲廣濟縣。

蘄水　漢蘄春縣地，宋置浠水縣。武德四年，改爲蘭溪。天寶元年，改爲蘄水。

申州中　隋義陽郡。武德四年，置申州，領義陽、鍾山二縣。八年，省南羅州，又以羅山來屬。天寶元年，改爲義陽郡。乾元元年，復爲申州。舊領縣三，戶四千七百二十九，口二萬三千六十一。天寶，戶二萬五千八百六十四，口十四萬七千七百五十六。至京師一千七百九十六里，至東都九百四十三里。

義陽　漢平氏縣之義陽鄉〔一七〕，屬南陽郡。魏分南陽立義陽郡。晉自石城徙居於仁順，今州理也。宋置司州，後魏改爲郢州，隋改爲申州。

鍾山　漢鄳縣地，屬江夏郡。隋改鍾山縣。

羅山　漢鄳縣地，隋爲羅山縣。武德四年，置南羅州〔二八〕，領羅山一縣。八年廢，屬申州。

黃州下　隋永安郡。武德三年，改爲黃州，置總管，管黃、蘄、亭、南司四州〔二九〕。黃州領黃岡、木蘭、麻城、黃陂四縣。其年，省木蘭縣，分黃岡置堡城縣，分麻城置陽城縣。仍於麻城縣置亭州，於黃陂縣置南司州。七年，廢南司州及亭州，縣並屬黃州。仍省堡城入黃岡。貞觀元年，罷都督府。天寶元年，改爲齊安郡。乾元元年，復爲黃州。舊領縣三，戶四千八百九十六，口二萬二千六十。天寶，戶一萬五千五百一十二，口九萬六千三百六十八。在京師東南二千一百四十八里，至東都一千四百七十里。

黃岡　漢西陵縣地，江夏郡。北齊於舊城西南築小城，置衡州，領齊安一郡。隋改齊安爲黃州，治黃岡。

黃陂　漢西陵縣地。後周於古黃城西四十里獨家村置黃陂縣。武德三年，置南司州。七年，州廢，縣屬黃州。

麻城　漢西陵縣地。隋置麻城縣。武德三年，於縣置亭州，領麻城、陽城二縣。八年，州廢，仍省陽城入麻城，縣屬黃州。

安州中都督府　隋安陸郡。武德四年，平王世充，改爲安州，領安陸、雲夢、應陽、孝昌、吉陽、應山、京山、富水八縣。其年，於應山縣置應州，領應山一縣。於孝昌縣置澴州〔一〇〕，領孝昌一縣。以富水、京山二縣屬温州。改應陽爲應城縣。安州置總管，管澴、應二州。七年，州廢，澴、應二州縣屬安州。改爲大都督府，督安、申、陽、温、復、沔、光、黃、蘄九州。六年，罷都督府〔一一〕。七年，又置，督安、隋、温、沔、復五州。十二年，罷都督府。天寶元年，改爲安陸郡，依舊爲都督府，督安、隋、郢、沔四州。乾元元年，復爲安州。舊領縣六，戶六千三百三十八，口二萬六千五百一十九。天寶，戶二萬二千二百二十一，口十七萬一千二百二。在京師東南二千五十一里，至東都一千一百九十里。

安陸　漢縣，屬江夏郡。宋分江夏立安陸郡。武德四年，改爲安州，治於安陸。

孝昌　宋分安陸縣置。武德四年，置澴州，領孝昌、澴陽二縣。八年，州廢，以澴陽、孝昌屬安州。

雲夢　漢安陸縣地。後魏分安陸，於雲夢古城置雲夢縣。

應城　宋分安陸縣置應城縣，隋改爲應陽。武德四年，復爲應城。

吉陽　梁分安陸置平陽縣，後魏改爲京池。隋改爲吉陽，取山名。

應山　漢隋縣地，屬南陽郡。梁分隋縣置永陽縣。隋改爲應山，以縣北山爲名。

舒州下　隋同安郡。武德四年，改爲舒州，領懷寧、宿松、太湖、望江、同安五縣。其年，割宿松置嚴州。五年，又割望江置高州，又改高州爲智州。六年，舒州置總管府，管舒、嚴、智三州。七年，廢智州，望江屬嚴州。八年，又廢嚴州，以望江、宿松二縣來屬。貞觀元年，罷都督府。天寶元年，改爲同安郡。至德二年二月，改盛唐郡。乾元元年，復爲舒州。舊領縣五，戶九千三百六十一，口三萬七千五百三十八。天寶，戶三萬五千三百五十三，口十八萬六千三百九十八。在京師東南二千六百二十六里，至東京一千八百九十三里。

懷寧　漢皖縣地，晉於皖縣置懷寧縣。晉置晉熙郡。隋改爲熙州，又爲同安郡。武德四年，改爲舒州，以懷寧爲州治。

宿松　漢皖縣地，梁置高塘郡。隋罷郡，置宿松縣。武德四年，置嚴州，領宿松一縣。七年，廢智州，以望江來屬。八年，廢嚴州，二縣來屬舒州。

望江　漢皖縣地，晉置新冶縣〔三〕。陳於縣置大雷郡。隋改新冶爲義鄉，尋改爲望江。

武德四年，置高州，尋改爲智州。七年，州廢，縣屬嚴州。八年，廢州，以縣屬舒州。

太湖　漢皖縣地，宋置太湖縣。

同安　漢樅陽縣，屬廬江郡。梁置樅陽郡。隋罷郡爲同安縣，取界內古城名。

江南道

江南東道

潤州上　隋江都郡之延陵縣。武德三年，杜伏威歸國，置潤州於丹徒縣〔三〕，改隋延陵縣爲丹徒，移延陵還治故縣，屬茅州。六年，輔公祏反，復據其地。七年，平公祏，又置潤州，領丹徒縣。八年，廢簡州，以曲阿來屬。九年，揚州移理江都，以延陵、句容、白下三縣屬潤州。天寶元年，改爲丹陽郡。乾元元年，復爲潤州。永泰後，常爲浙江西道觀察使理所。舊領縣五，戶二萬五千三百六十一，口十二萬七千一百四。天寶領縣六，戶十萬二千三十三，口六十六萬二千七百六。在京師東南二千八百二十一里，至東都一千七百九十七里。

丹徒　漢縣，屬會稽郡。春秋吳朱方之邑地，吳爲京口戍。晉置南徐州。隋爲延陵鎮，因改爲延陵縣。尋以蔣州之延陵、永年，常州之曲阿三縣置潤州，東潤浦爲名。皆治於丹徒縣。

丹陽　漢曲阿縣，屬會稽郡。又改名雲陽，後復爲曲阿。武德五年，於縣置簡州。八年，州廢，縣屬潤州。天寶元年，改爲丹陽縣，取漢郡名。

延陵　漢曲阿縣地，晉分置延陵郡〔二四〕。隋移郡丹徒〔二五〕。武德三年，移於今所，屬茅州。七年，廢茅州，以縣屬蔣州。八年，改蔣州爲揚州。九年，改屬潤州。

上元　楚金陵邑，秦爲秣陵。吳名建業，宋爲建康。晉分秣陵置臨江縣，晉武改爲江寧。武德三年，於縣置揚州，仍置東南道行臺，改江寧爲歸化。六年，輔公祏反，據其地。七年，公祏平，置行臺尚書省，改揚州爲蔣州。廢茅州，以句容二縣來屬蔣州〔二六〕。八年，罷行臺，改蔣州置揚州大都督府。改歸化縣爲金陵〔二七〕。揚州領金陵、句容、丹陽、溧水六縣。九年，揚州移治江都，改金陵爲白下縣。以延陵、句容、白下三縣屬潤州，丹陽、溧陽、溧水三縣屬宣州。移白下治故白下城。貞觀七年，復移今所。九年，改爲江寧縣。至德二年二月，置江寧郡。乾元元年，於江寧置昇州，割潤州之句容江寧、宣州之當塗溧水四縣，置浙西節度使。上元二年，復爲上元縣，還潤州。當塗等三縣，各依舊屬。

句容　漢縣，屬丹陽郡。武德四年，於縣置茅州，領句容。七年，州廢，以縣屬蔣州。九年，屬潤州。乾元元年，屬昇州。寶應元年州廢，屬潤州。

金壇　垂拱四年，分延陵縣置也。

常州上　隋毗陵郡。武德三年，杜伏威歸化，置常州，領晉陵、義興、無錫、武進四縣。六年，復陷輔公祏。七年，公祏平，復置常州，於義興置南興州。八年，州廢，義興來屬，省武進入晉陵。天寶元年，改爲晉陵郡。乾元元年，復爲常州。舊領縣四，戶二萬一千一百八十二，口十一萬一千六百六。天寶領縣五，戶十萬二千六百三十一，口六十九萬六百七十三。在京師東南二千八百四十三里，至東京一千九百八十三里。

晉陵　漢毗陵縣，屬會稽郡，吳延陵邑也。晉改爲晉陵郡。隋省郡，於常熟縣置常州。武德中，移於今治。

武進　晉分曲阿縣置武進，梁改爲蘭陵，隋廢。垂拱二年，又分晉陵置，治於州內。

江陰　梁分蘭陵縣置。武德三年，於縣置暨州，領江陰、暨陽、利城三縣。九年，省暨陽、利城入江陰，屬常州。

義興　漢陽羡縣，屬會稽郡。晉立義興郡及縣。武德七年，置南興州，領義興、陽羡、臨津三縣。八年，廢南興州及陽羡、臨津二縣〔三〕，義興復隸常州。

無錫　漢縣，屬會稽郡，隋屬常州。

蘇州上　隋吳郡，隋末陷賊。武德四年，平李子通，置蘇州。六年，又陷輔公祏。七年，平公祏，復置蘇州都督，督蘇、湖、杭、暨四州，治於故吳城，分置嘉興縣。八年，廢嘉興入吳縣。九年，罷都督。貞觀八年，復置嘉興縣。領吳城、崑山、嘉興、常熟四縣。天寶元年，改爲吳郡。乾元元年，復爲蘇州。舊領縣四，戶一萬一千八百五十九，口五萬四千四百七十一。天寶領縣六，戶七萬六千四百二十一，口六十三萬二千六百五十五。在京師東南三千一百九十九里，至東都二千五百里。

吳　春秋時吳都闔閭邑。漢爲吳縣，屬會稽郡。隋平陳，置蘇州，取州西姑蘇山爲名。

嘉興　漢由拳縣，屬會稽郡。吳改嘉興，隋廢。武德七年，復置，屬蘇州。八年，廢入吳。貞觀八年，復置，屬蘇州。

崑山　漢婁縣，屬會稽郡。梁分婁縣置信義縣。又分信義置崑山，取縣界山名。

常熟　晉分吳縣置海虞縣。梁改常熟縣，今崑山縣東一百三十里常熟故城是也。隋舊治南沙城，武德七年，移於今所治城。

長洲　萬歲通天元年，分吳縣置，在郭下，分治州界。

海鹽　漢縣，屬會稽郡。久廢。景雲二年，分嘉興縣復置。先天元年，復廢。開元五年，復置，治吳禦城。

湖州上　隋吳郡之烏程縣。武德四年，平李子通，置湖州，領烏程一縣。六年，復沒于輔公祏。七年平賊，復置。仍廢武州，以武康來屬。又省雉州，以長城縣來屬。天寶元年，改爲吳興郡。乾元元年，復爲湖州。舊領縣五，戶一萬四千一百三十五，口七萬六千四百三十。天寶領縣五，戶七萬三千三百六，口十七萬七千六百九十八。在京師東南三千四百四十一里，至東都二千六百四十四里。

烏程　漢縣，屬會稽郡。梁置震州，取震澤爲名。隋改湖州，取州東太湖爲名。皆治烏程。

武康　吳分烏程、餘杭二縣立永安縣，晉改爲永康，又改爲武康。武德四年，置武州。七年，州廢，縣屬湖州。

長城　晉分烏程置長城縣。武德四年，置雉州，領長城、原鄉二縣。七年，州廢及原鄉併入長城，屬湖州。

安吉　武德四年置，屬桃州。七年，廢入長城。麟德元年，復分長城縣置。

德清　天授二年，分武康置武原縣。景雲二年，改爲臨溪。天寶元年，改爲德清縣。

杭州上　隋餘杭郡。武德四年，平李子通，置杭州，領錢塘、富陽、餘杭三縣。六年，復没于輔公祏。七年平賊，復置杭州。八年，廢潛州，以於潛縣來屬。貞觀四年，分錢塘置鹽官縣。天寶元年，改爲餘杭郡〔三九〕。乾元元年，復爲杭州。舊領縣五，戶三萬五百七十一，口十五萬三千七百二十。天寶領縣九，戶八萬六千二百五十八，口五十八萬五千九百六十三。在京師東南三千五百五十六里，至東都二千九百一十九里。

錢塘　漢縣，屬會稽郡。隋於餘杭縣置杭州，又自餘杭移州理錢塘。又移州於柳浦西，今州城是。貞觀六年，自州治南移於今所，去州十一里。又移治新城戍。開元二十一年，移治州郭下。二十五年，復還舊所。

鹽官　漢海鹽縣地，有鹽官，吳遂名縣。武德四年，屬東武州。七年，省入錢塘。貞觀四年，復分錢塘置。

餘杭　漢縣，屬會稽郡。隋置杭州，後徙治錢塘。

富陽　漢富春縣，屬會稽郡。晉改爲富陽。隋舊縣。

於潛　漢縣，屬丹陽郡。武德七年，置潛州，領於潛、臨水二縣。八年，廢潛州及臨水縣，於潛還杭州。

臨安　垂拱四年，分餘杭、於潛，置於廢臨水縣。

新城　永淳元年，分富陽置。

紫溪　垂拱二年，分於潛置。萬歲通天元年，改爲武隆。其年，依舊爲紫溪。

唐山　萬歲通天元年，分紫溪，又別置武隆縣。神龍元年，改爲唐山。

越州中都督府　隋會稽郡。武德四年，平李子通，置越州總管，管越、嵊、姚、鄞、浙、綱、衢、穀、麗、嚴、婺十一州。越州領會稽、諸暨、山陰三縣。七年，改總管爲都督，督越、婺、鄞、嵊、麗五州。越州領會稽、諸暨、山陰、餘姚四縣。八年，廢鄞州爲鄮縣，嵊州爲剡縣，來屬。麗州爲永康，屬婺州。省山陰縣。督越、婺二州。貞觀元年，更督越、婺、泉、建、台、括六州。天寶元年，改越州爲會稽郡。乾元元年，復爲越州。舊領縣五，戶二萬五千八百九十，口十二萬四千一十。天寶領縣七，戶九萬二百七十九，口五十二萬九千五百八十九。在京師東南三千七百二十里〔三○〕，至東都二千八百七十里。

會稽　漢郡名。宋置東揚州，理於此，齊、梁不改。隋平陳，改東揚州爲吳州。煬帝改爲越州，尋改會稽郡，皆立于此縣。

山陰　垂拱二年，分會稽縣置，在州治，與會稽分理。

諸暨　漢縣，屬會稽郡。越王允常所都。

餘姚　漢縣，屬會稽郡。隋廢。武德四年，復置，仍置姚州。七年，州廢，縣屬越州。

剡　漢縣，屬會稽郡。武德四年，置嵊州及剡城縣。八年，廢嵊州及剡城，以剡縣來屬。

蕭山　儀鳳二年，分會稽、諸暨置永興縣。天寶元年，改爲蕭山。

上虞　漢縣，屬會稽郡。

明州上　開元二十六年，於越州鄮縣置明州。天寶元年，改爲餘姚郡。乾元元年，復爲明州，取四明山爲名。天寶領縣四，戶四萬二千二十七，口二十萬七千三十二。在京師東南四千一百里，至東都三千二百五十里。

鄮　漢縣，屬會稽郡。至隋廢。武德四年，置鄞州。八年，州廢爲鄮縣，屬越州。開元二十六年，於縣置明州。

奉化　慈溪　翁山　已上三縣，皆鄮縣地。開元二十六年，析置。

台州上　隋永嘉郡之臨海縣。武德四年，平李子通，置海州，領臨海、章安、始豐、樂安、寧海五縣。五年，改爲台州。六年，沒于輔公祏。七年平賊，仍置台州，省寧海入章安。八年，廢始豐、樂安二縣入臨海。貞觀八年，復分置始豐。舊管二縣。永昌元年，置寧海縣。神龍二年，置象山縣。天寶元年，改爲臨海郡。乾元元年，復爲台州。舊領縣二：臨海、始豐。戶六千五百八十三，口三萬五千三百八十三。天寶領縣六，戶八萬三千八百六十八，口四十八萬九千一十五。在京師東南四千一百七十七里，至東都三千三百三十里。

臨海　漢回浦縣，屬會稽郡。後漢改爲章安。吳分章安置臨海縣。武德四年，於縣置台州，取天台山爲名。

唐興　吳始平縣，晉改始豐，隋末廢。武德四年，復置。八年，又廢。貞觀八年，復爲始豐縣〔三〕。上元二年，改爲唐興。

黃巖　上元二年，分臨海置。

樂安　廢縣。上元二年，分臨海置，徙治孟溪。

寧海　永昌元年，分臨海置。

象山　神龍二年，分寧海及越州鄮縣置。

婺州　隋東陽郡。武德四年，平李子通，置婺州，領華川、長山二縣。七年，廢綱州，義烏來屬。八年，廢麗州爲永康縣、衢州信安縣〔三二〕，並來屬。又廢穀州入信安，長山入金華縣。貞觀八年，復置龍丘縣。咸亨五年，置蘭溪、常山二縣。垂拱二年，分龍丘、信安、常山三縣置衢州，又置東陽縣。天授二年，又置武義縣。天寶元年，改婺州爲東陽郡。乾元元年，復爲婺州。舊領縣五，戶三萬七千八百一十九，口二十二萬八千九百九十。天寶領縣七，戶十四萬四千八十六，口七十萬七千一百五十二。在京師東南四千七十三里，至東都三千一百三十五里。

金華　漢烏傷縣，屬會稽郡。後漢分烏傷置長山縣。吳置東陽郡。隋改長山爲金華，取州界山爲名。

義烏　晉分烏傷縣置。武德四年，置綢州，仍分置華川縣。七年，廢綢州及華川縣，改烏傷爲義烏，以縣屬婺州。

永康　吳分烏傷縣置。武德四年，置麗州，又分置縉雲縣。八年，廢麗州及縉雲縣，以永康來屬。

東陽　垂拱二年，分烏傷縣〔三三〕，取舊郡名。

蘭溪　咸亨五年，析金華縣西界置，以溪水爲名。

武成　天授二年，分永康置武義縣，又改爲武成。

浦陽　新置。

衢州　武德四年，平李子通，於信安縣置衢州。七年陷賊，乃廢。垂拱二年，分婺州之信安、龍丘置衢州，取武德廢州名。天寶元年，改爲信安郡。乾元元年，復爲衢州，又割常山入信州。天寶領縣五，戶六萬八千四百七十二，口四十四萬四百一十一。在京師東南四千七百十三里，至東都三千一百四十五里。

信安　後漢新安縣，晉改爲信安。武德四年，置衢州，縣仍屬焉。又分置須江、定陽二縣。八年，廢衢州及須江、定陽二縣，以信安還屬婺州。

龍丘　漢太末縣，屬會稽郡。晉置龍丘縣，以山爲名。至隋廢。武德四年，置穀州及太末、白石二縣。八年，廢穀州及白石、太末二縣入信安縣。貞觀八年，分金華、信安二縣置龍丘縣，來屬婺州。垂拱二年，屬衢州。

須江　武德四年，分信安置，以城南有須江。八年廢。永昌元年，分信安復置。

盈川　如意元年，分龍丘置，縣西有刑溪，陳時土人留異惡「刑」字，改名盈川，因以爲縣名。

常山　咸亨五年，分信安置，屬婺州。垂拱二年，改屬衢州。乾元元年，屬信州，又還衢州。

信州上　乾元元年，割衢州之常山、饒州之弋陽、建州之三鄉、撫州之一鄉，置信州，又置上饒、永豐二縣。領縣四，戶四萬。在京師東南五千八百里，至東都二千九百五十里。

上饒　乾元元年置，州所理也。元和七年，省永豐縣入。

弋陽　舊屬饒州，乾元元年，來屬。

貴溪　永泰元年十一月，分弋陽西界置。

玉山　證聖二年，分常山、須江置，屬衢州。乾元元年，割屬信州。

睦州　隋遂安郡。武德四年，平汪華，改爲睦州，領雉山、遂安二縣。七年，廢嚴州之桐廬縣來屬，又改爲東睦州。八年，去「東」字。舊管縣三，治雉山。萬歲登封二年，移治建德。天寶元年，改爲新定郡。乾元元年，復爲睦州。舊領縣三：雉山、遂安、桐廬。戶一萬二千六十四，口五萬九千六十八。天寶領縣六，戶五萬四千九百六十一，口三十八萬二千五百一十三。在京師東南三千六百五十九里，至東都二千八百三十一里。

建德　漢富春縣地，屬會稽郡。吳分置建德縣，隋廢。永淳二年，復分桐廬、雉山置。萬歲通天二年，移州治建德縣。

清溪　漢歙縣地，屬丹陽郡。後分置新安縣，隋改爲雉山。文明元年，復爲新安。開元二十年，改爲還淳。永貞元年十二月，避憲宗名，改爲清溪。舊爲睦州治所，移建德。

壽昌　永昌元年七月，分雉山縣置。載初元年廢，神龍元年復。舊治白艾里，後移於今所。

桐廬　吳分富春縣置。武德四年，於縣置嚴州，領桐廬、分水、建德三縣。七年，廢州及分水、建德二縣。以桐廬屬睦州。舊治桐溪，開元二十六年，移治鍾山。

分水　如意元年，分桐廬縣之四鄉，置武盛縣〔三〕。神龍元年，改爲分水。

遂安　後漢分歙縣南鄉安定里，置新定縣。晉改新定爲遂安。

歙州　隋新安郡。武德四年，平汪華，置歙州總管，管歙、睦、衢三州。貞觀元年，罷都督府。天寶元年，改爲新安郡。乾元元年，復爲歙州。舊領縣三，戶六千二十一，口二萬六千六百一十七。天寶領縣五，戶三萬八千三百三十，口二十六萬九千一百九。在京師東南三千六百六十七里，至東都二千八百二十六里。

歙　漢縣，屬丹陽郡。縣南有歙浦，因爲名。隋於縣置新安郡。武德改爲歙州。

休寧　吳分歙縣置休陽縣，後改爲海陽。晉武改爲海寧，隋改爲休寧。

黟　漢縣，屬丹陽郡。音同黳（三五），縣南墨嶺山出石墨故也。縣置在黟川。

績溪　永徽五年，分置北野縣，後改爲績溪。

婺源　開元二十八年正月九日置。

處州　隋永嘉郡。武德四年，平李子通，置括州，置總管府，管松、嘉、台三州。括州領括蒼、麗水二縣。七年，改爲都督府。八年，廢松州爲松陽縣來屬。省麗水入括蒼。貞觀元年，廢都督府。省東嘉州（三六），以永嘉、安固二縣來屬。天寶元年，改爲縉雲郡。乾元元年，復爲括州。大曆十四年夏五月，改爲處州，避德宗諱（三七）。舊領縣四，戶一萬二千八百九十九，口十萬一千六百六。天寶領縣五，戶四萬二千九百三十六，口二十五萬八千二百四十八。今縣六。在京師東南四千二百七十八里，至東都三千一十五里。

麗水　漢回浦縣地，屬會稽郡。光武更爲章安。隋平陳，改永嘉郡爲處州，尋改爲括州，又分松陽縣東界置括蒼縣。大曆十四年夏，改爲麗水縣，州所治。

松陽　後漢分章安之南鄉置松陽縣，縣東南大陽及松樹爲名。

縉雲　萬歲登封元年，分括蒼及婺州永康縣置。

青田　景雲二年，分括蒼置。

遂昌　舊縣。武德八年，併入松陽。景雲二年，分松陽縣復置。

龍泉　乾元二年，越州刺史獨孤峴奏請於括州龍泉鄉置縣，以龍泉爲名，從之。

温州上　隋永嘉郡之永嘉縣。武德五年，置東嘉州，領永嘉、永寧、安固、樂成、横陽五縣。貞觀元年，廢東嘉州，以縣屬括州。上元二年，分括州之永嘉、安固二縣置温州。天寶元年，改爲永嘉郡。乾元元年，復爲温州。天寶領縣四，戶四萬二千八百一十四，口二十四萬一千六百九十四。在京師東南四千七百三十七里，至東都三千九百四十里。

永嘉　後漢分章安縣之東甌鄉置永寧縣〔三八〕，屬會稽郡。晉置永嘉郡〔三九〕。隋改爲永嘉。上元二年，置温州，治於此縣。

安固　後漢章安縣，晉改爲安固，隋廢。武德八年，分永嘉縣置，屬東嘉州。貞觀元年，廢東嘉州，安固屬括州。上元元年，屬温州。

横陽　武德五年，分安固縣置。貞觀元年廢，大足元年，復分安固置。

樂城　武德五年置，七年併入永嘉縣。載初元年，分永嘉復置也。

福州中都督府　隋建安郡之閩縣。貞觀初，置泉州。景雲二年，改爲閩州，置都督府，督閩、泉、建、漳、湖五州〔四〇〕。開元十三年，改爲福州，依舊都督府，仍置經略使。二十二年，罷漳、湖二州，令督福、建、泉、汀四州〔四一〕。舊屬嶺南道，天寶初，改屬江南東道。尋改爲長樂郡。乾元元年，復爲福州都督府。天寶領縣八，戶三萬四千八十四，口七萬五千八百七十六。在京師東南五千三十三里，至東都四千二百三十三里。

閩　漢冶縣，屬會稽郡。秦時爲閩中郡。漢高立閩越王，都於此。武帝誅東越，徙其人於江淮，空其地。其逃亡者，自立爲冶縣，後更名東冶縣。後漢改爲侯官都尉，屬會稽郡。晉置晉安郡。宋、齊因之〔四二〕，陳置閩州，又改爲豐州。隋平陳改爲泉州，煬帝改爲閩州，又爲建安郡。開元十三年，改爲福州。皆治閩縣。

侯官　隋縣，後廢。長安二年，又分閩縣置。

長樂　隋縣，後省。武德六年，分閩縣置新寧縣。其年，改爲長樂。

福唐　聖曆二年，分長樂置萬安縣。天寶元年，改爲福唐。

連江　武德六年，分閩縣置温麻縣。其年，改爲連江。

長溪　武德六年置，其年併入連江。長安二年，分連江復置。

古田　開元二十九年，開山洞置。

永泰　永泰年分置。

梅青〔四三〕　新置。

泉州中　隋建安郡，又爲泉州。舊治閩縣，後移於南安縣〔四四〕。聖曆二年，分泉州之南安、莆田、龍溪三縣，置武榮州。三年，州廢，三縣還泉州。久視元年，又以三縣置武榮州。景雲二年，改爲泉州。開元二十九年，割龍溪屬漳州。天寶元年，改泉州爲清源郡〔四五〕。乾元元年，復爲泉州。天寶領縣四，戶二萬三千八百六，口十六萬二百九十五。在京師東南六千二百一十六里，至東都五千四百一十三里。

晉江　開元八年，分南安置，今爲州之治所。

南安　隋縣。武德五年，置豐州，領南安、莆田二縣。貞觀元年，廢豐州，縣屬泉州。聖曆二年，屬武榮州。州廢來屬。

莆田　武德五年，分南安縣置，屬豐州。州廢來屬。

仙遊　聖曆二年，分莆田置清源縣。天寶元年，改爲仙遊。

建州中　隋建安郡之建安縣。武德四年，置建州，領綏城、唐興〔四〕、建陽、沙、將樂、邵武等縣。天寶元年，改爲建安郡。乾元元年，復爲建州。舊領縣二，戶一萬五千三百三十六，口二萬二千八百二十。天寶領縣六，戶二萬二千七百七十，口一十四萬三千七百七十四。在京師東南四千九百三十五里，至東都三千八百八十八里。

建安　漢冶縣地。吳置建安縣，州所治，以建溪爲名。

邵武　隋縣。

浦城　載初元年，分建安縣置唐興縣。天授二年，改爲武寧。神龍元年，復爲唐興。天寶元年，改爲浦城〔五〕。

建陽　隋廢縣。垂拱四年，分建安置。

將樂　隋廢縣。垂拱四年五月，分邵武復置。

沙　隋廢縣。永徽六年，分建安置。

汀州下　開元二十四年，開福、撫二州山洞，置汀州。天寶元年，改爲臨汀郡。乾元元年，復爲汀州。天寶領縣三，戶四千六百八十，口一萬三千七百二。在京師東南六千一百七十三里〔四八〕，至東都五千三百七十里。

長汀　州治所。　龍巖　寧化　已上三縣，並開元二十四年，開山洞置。

漳州　垂拱二年十二月九日置。天寶元年，改爲漳浦郡。舊屬嶺南道，天寶割屬江南東道。乾元元年，復爲漳州。天寶領縣二，戶五千三百四十六，口一萬七千九百四十。在京師東南七千三百里，至東都六千五百里。

漳浦　垂拱二年十二月，與州同置。州所治。

龍溪　舊屬泉州。聖曆二年，屬武榮州。景雲二年，還泉州。開元二十九年，屬漳州。

江南西道

宣州　隋宣城郡。武德三年，杜伏威歸化，置宣州總管府，分宣城置懷安、寧國二縣。六年，陷輔公祏。七年賊平，改置宣州都督，督宣、潛、猷、池四州，廢桃州〔四九〕，以綏安來屬，省懷安、寧國二縣。宣州領宣城、綏安二縣〔五〇〕。八年，廢南豫州〔五一〕，以當塗來屬，廢猷州，以涇縣來屬。九年，移揚州於江都，以溧陽、溧水、丹陽來屬。貞觀元年，罷都督府。廢池州，以秋浦、南陵二縣來屬。省丹陽入當塗縣。開元中，析置青陽、太平、寧國三縣。天寶元年，改爲宣城郡。至德二年，又析置至德縣。乾元元年，復爲宣州。永泰元年，割秋浦、青陽、至德三縣置池州。舊領縣八，戶二萬二千五百三十七，口九萬五千七百五十三。天寶領縣九，戶一十二萬一千二百四，口八十八萬四千九百八十五。今縣十。在京師東南三千五百五十一里，至東都二千五百一十里。

宣城　漢宛陵縣，屬丹陽郡。秦屬鄣郡〔三〕。梁置南豫州，隋改爲宣州，煬帝又爲宣城郡，皆此治所。

當塗　漢丹陽縣地，屬丹陽郡。晉分丹陽置于湖縣。成帝以江北當塗縣流人寓居于湖，乃改爲當塗縣，屬宣州。牛渚山，一名采石，在縣北四十五里大江中。武德三年，置南豫州，以縣屬。八年，省南豫州，縣屬宣州。

涇　漢涇縣，屬丹陽郡。武德三年，置猷州，領涇、南陽、安吳三縣。八年，廢猷州及南陽、安吳二縣。屬宣州。縣界有陵陽山。

廣德　漢故鄣縣，屬丹陽郡。宋分宣城之廣德、吳興之故鄣，置綏安縣。至德二年九月，改爲廣德，以縣界廣德故城爲名。

溧陽　漢縣，屬丹陽郡。上元元年十一月，割屬昇州。州廢來屬。

溧水　漢溧陽地。隋爲縣。武德三年，屬揚州。九年，屬宣州。乾元元年，屬昇州。州廢還屬。

南陵　漢春穀縣地，屬丹陽郡。梁置南陵縣。武德七年，屬池州。州廢來屬。舊治赭圻城，長安四年，移理青陽城。

太平　天寶十一載正月，析涇縣置。

寧國　隋縣。武德六年廢，天寶三載復置。

旌德　寶應二年二月，析太平縣置。

池州下　隋宣城郡之秋浦縣。武德四年，置池州，領秋浦、南陵二縣。貞觀元年，廢池州，以秋浦屬宣州。永泰元年，江西觀察使李勉，以秋浦去洪州九百里，請復置池州，仍請割青陽、至德二縣隸之，又析置石埭縣，並從之。後隸宣州。領縣四，戶一萬九千，口八萬七千九百六十七。

秋浦　州所治。漢石城縣，屬丹陽郡。隋分南陵置秋浦縣，因水爲名。

青陽　天寶元年，分涇〔三〕、南陵、秋浦三縣置，治古臨城。

至德　至德二年析置。

石埭　永泰二年，割秋浦、浮梁、黟三縣置，治古石埭城。

饒州下　隋鄱陽郡。武德四年，平江左，置饒州，領鄱陽、新平、廣晉、餘干、樂平、長城、玉亭、弋陽、上饒九縣。七年，省上饒入弋陽，省玉亭入長城、餘干二縣。八年，又併長城入餘干，併新平、廣晉入鄱陽〔三四〕。舊領縣四，戶一萬一千四百，口五萬九千八百一十七。天寶，戶四萬八百九十九，口二十四萬四千三百五十。在京師東南三千二百六十三里，至東都二千四百一十三里。

鄱陽　漢縣，屬豫章郡。古城在今縣東界，有鄱江，今爲州所理。

餘干　漢餘干縣屬豫章郡，古所謂汗越也。汗音干。隋朝去「水」。

樂平　武德中置，九年省，後重置。

浮梁　武德中，廢新平縣。開元四年，分鄱陽置，後改新昌。天寶元年復置〔三五〕。

洪州上都督府　隋豫章郡。武德五年，平林士弘，置洪州總管府，管洪、饒、撫、吉、虔、南平六州，分豫章置鍾陵縣。洪州領豫章、豐城、鍾陵三縣。八年，廢孫州、南昌州〔三六〕、米州，以南昌、建昌、高安三縣來屬。省鍾陵、南昌二縣入豫章。貞觀二年，加洪、饒、撫、吉、虔、袁、江、鄂等八州。顯慶四年，督饒、鄂等州。洪州舊領縣四，永淳二年，置新吳縣。長安四年，置武寧縣，又督洪、袁、吉、虔、撫五州〔五七〕。天寶元年，改爲豫章郡。乾元元年，復爲洪州。舊領縣四：豫章、豐城、高安、建昌。戶一萬五千四百五十六，口七萬四千四百四十四。天寶領縣六，戶五萬五千五百三十，口三十五萬三千二百三十一。在京師東南三千九十里，至東都二千二百一十一里。

鍾陵　漢南昌縣，豫章郡所治也。隋改爲豫章縣，置洪州，煬帝復爲豫章郡。寶應元年六月，以犯代宗諱〔五八〕，改爲鍾陵，取地名。

豐城　吳分南昌縣置富城縣〔五九〕，晉改爲豐城。

高安　漢建城縣，屬豫章郡。武德五年，改爲高安，仍置靖州，領高安、望蔡、華陽三縣。七年，改靖州爲米州。其年，又改爲筠州。八年，廢筠州，省華陽、望蔡二縣，以高安屬洪州。

建昌　漢海昏縣，屬豫章郡。後漢分立建昌。武德五年，分置南昌州總管府，管南昌、西吳、靖、米、孫五州。南昌州領建昌、龍安、永修三縣。七年，罷都督爲南昌州。八年，廢南昌州及孫州，以南昌州新吳、永修、龍安入建昌縣，以孫州之建昌入豫章縣，而以建昌屬洪州。

新吳　舊廢縣。永淳二年，分建昌置。

武寧　長安四年，分建昌置武寧縣。景雲元年，改爲豫寧〔六〇〕。寶應元年，復爲武寧。

分寧　貞元十六年二月置。

虔州中　隋南康郡。武德五年，平江左，置虔州。天寶元年，改爲南康郡。乾元元年，復爲虔州。舊領縣四，戶八千九百九十四，口三萬九千九百一。天寶領縣六，戶三萬七千六百四十七，口二十七萬五千四百一十。今縣七。在京師東南四千一十七里，至東都三千四百里。

贛古濫反。　州所理。漢縣，屬豫章郡。漢分豫章立廬陵郡，晉改爲南康郡。隋初爲虔州，煬帝爲南康郡。皆治贛。

虔化　吳分贛立陽都縣，晉改爲寧都。隋平陳，改爲虔化，屬虔州。

南康　漢南野縣，屬豫章郡。吳分南野立南安縣，晉改爲南康。

雩都　漢縣，屬豫章郡。

信豐　永淳元年，分南康置南安縣。天寶元年，改爲信豐。

大庾〔六一〕　神龍元年，分南康置。

安遠　貞元四年八月四日置。

撫州中　隋臨川郡。武德五年，討平林士弘，置撫州，領臨川、南城、邵武、宜黃、崇仁、永城、東興、將樂八縣。七年，省東興、永城、將樂三縣，以邵武隸建州。八年，省宜黃縣。天寶元年，改爲臨川郡。乾元元年，復爲撫州。舊領縣三，戶七千三百五十四，口四萬六百八十五。天寶領縣四，戶三萬六百五，口十七萬六千三百九十四。在京師東南三千三百一十二里，至東都二千五百四十里。

臨川　州所理。漢南昌縣地。後漢分南昌置臨汝縣。吳置臨川郡，歷南朝不改。隋平陳，改臨川郡爲撫州，仍改臨汝縣爲臨川縣。州郡所理，皆此縣。

南城　漢縣，屬豫章郡。開元八年，分南城置〔六三〕。

崇仁　吳分臨汝置新建縣。梁改爲巴山縣，仍僑置巴山郡。隋平陳，改巴山爲崇仁縣。

南豐　開元八年，分南城置。

吉州上　隋廬陵郡。武德五年，討平林士弘，置吉州，領廬陵、新淦二縣。七年，廢潁州，以安福縣來屬。八年，廢南平州，以太和縣來屬。天寶元年，改爲廬陵郡。乾元元年，復爲吉州。舊領縣四，戶一萬五千四十，口五萬三千二百八十五。天寶領縣五，戶三萬七千七百五十二，口三十三萬七千三十二。

廬陵　漢縣，屬豫章郡。後漢改爲西昌。隋復爲廬陵，州所治也。舊治子陽城，永淳元年，移於今所。

太和　隋縣。武德五年，置南平州，領太和、永新、廣興、東昌四縣。八年，廢南平州，以永新等三縣併太和，屬吉州。

安福　吳置安成郡於此。隋廢爲安復，後改爲安福。

新淦　漢舊縣，屬豫章郡。淦，音紺，又音甘。

永新　廢縣。顯慶二年，分太和置。

江州中　隋九江郡。武德四年，平林士弘，置江州，領湓城、潯陽、彭澤三縣。五年，置總管，管江、鄂、智、浩四州，并管昌、洪四總管府。又分湓城置楚城縣，分彭澤置都昌縣。八年，廢浩州及樂城縣入彭澤縣，又廢湓城入潯陽。貞觀元年，罷都督府。八年，廢楚城縣入潯陽〔六三〕。天寶元年，改爲潯陽郡。乾元元年，復爲江州。舊領縣三，戶六千三百六十，口二萬五千五百九十九。天寶，戶二萬九千二十五，口十五萬五千七百四十四。在京師東南二千九百四十八里，至東都二千一百九十七里。

潯陽　州所理。漢縣，屬廬江郡。晉置江州。隋改爲彭蠡縣，取州東南五十二里有彭蠡湖爲名。煬帝改爲湓城，取縣界湓水爲名。武德四年，復爲潯陽，潯水至此入江爲名。

都昌　武德五年，分彭澤置，屬浩州。八年，廢浩州，縣屬江州。

彭澤　漢縣，屬豫章郡。隋爲龍城縣。武德五年，置浩州，又分置都昌、樂城二縣。八年，罷浩州，以彭澤屬江州，仍省樂城入彭澤。

至德〔六四〕　至德二年九月，中丞宋若思奏置。

袁州下　隋宜春郡。武德四年，平蕭銑，置袁州。天寶元年，改爲宜春郡。乾元元年，復爲袁州。舊領縣三，戶四千六百三十六，口二萬五千七百一十六。天寶，戶二萬七千九十一，口一十四萬四千九十六。在京師東南三千五百八十里，至東都二千一百六十一里。

宜春　州所理。漢縣，屬豫章郡。吳爲安成郡，南朝不改。晉改爲宜陽。隋置袁州，煬帝爲宜春郡，復改爲宜春。宜春，泉水名，在州西。取此水爲酒，作貢。

萍鄉　吳分宜春置萍鄉縣，屬安成郡。

新喻 吳分宜春置新喻，屬安成郡。

鄂州上 隋江夏郡。武德四年，平蕭銑，改爲鄂州。天寶元年，改爲江夏郡。乾元元年，復爲鄂州。永泰後，置鄂岳觀察使，領鄂、岳、蘄、黄四州，恆以鄂州爲使理所。舊領縣四，戶三千七百五十四，口一萬四千六百一十五。天寶領縣五，戶一萬九千一百九十，口八萬四千五百六十三。後併沔州入鄂州，以漢陽、汉川來屬。在京師東南二千三百四十六里，至東都一千五百三十里。

江夏 漢郡名。本漢沙羨縣地，屬江夏郡。晉改沙羨爲沙陽。江、漢二水會於州西，春秋謂之夏汭，晉、宋謂之夏口。宋置江夏郡，治於此。隋不改。武德四年，改爲鄂州，取漢縣名。

永興 漢鄂縣地，屬江夏郡。吳分鄂置新陽縣，隋改爲永興。

武昌 漢鄂縣，屬江夏郡。吳、晉爲重鎭，以名將爲鎭守。

蒲圻 吳分沙羨縣置。

唐年 天寶二年，開山洞置。

漢陽 漢安陸縣地，屬江夏郡。晉置沌陽縣〔六五〕。隋初爲漢津縣，煬帝改爲漢陽。武德四年，平朱粲，分沔陽郡置沔州，治漢陽縣。貞觀，戶一千五百一十七，口六千九百五十九。至太和七年，鄂岳節度使牛僧孺奏，沔州與鄂州隔江，都管一縣，請倂入鄂州，從之。舊屬淮南道。

汊川　漢安陸縣地，後魏置汊川郡。武德四年，分漢陽縣置汊川縣，屬沔州。州廢，屬鄂州。

岳州下　隋巴陵郡。武德四年，平蕭銑，置巴州，領巴陵、華容、沅江、羅、湘陰五縣。六年，改爲岳州，省羅縣。天寶元年，改爲巴陵郡。乾元元年，復爲岳州。舊領縣四，戶四千二，口一萬七千五百五十六。天寶領縣五，戶一萬一千七百四十，口五萬二百九十八。在京師東南二千二百三十七里，至東都一千八百一十六里。

巴陵　漢下雋縣〔六六〕，屬長沙郡。吳置巴陵縣。晉置建昌郡，隋改爲巴州〔六七〕，煬帝改爲巴陵郡。武德置岳州，皆置巴陵縣〔六八〕。縣界有古巴丘。

華容　漢孱陵縣地〔六九〕，屬武陵郡。劉表改爲安南〔七〇〕。隋改爲華容。垂拱二年，去「華」字，曰容城。神龍元年，復爲華容。

沅江　漢益陽縣，屬長沙國。隋改爲安樂，又改爲沅江，屬岳州。

湘陰　漢羅縣，屬長沙國。宋置湘陰縣，縣界汨水，注入湘江。

昌江　神龍三年，分湘陰縣置。

潭州中都督府　隋長沙郡。武德四年，平蕭銑，置潭州總管府，管潭、衡、永、郴、連、南梁、南雲、南營八州。潭州領長沙、衡山、醴陵、湘鄉、益陽、新康六縣。七年，廢雲州，改南梁爲邵州，南營爲道州。省新康縣。督潭、衡、郴、連、永、邵、道等七州。天寶元年，改爲長沙郡〔七〕。乾元元年，復爲潭州。舊領縣五，戶九千三十一，口四萬四百四十九。天寶領縣六，戶三萬二千二百七十二，口十九萬二千六百五十七。在京師南二千四百四十五里，至東都二千一百八十五里。

長沙　秦置長沙郡。漢爲長沙國，治臨湘縣。後漢爲長沙郡，吳不改。晉懷帝置湘州，至梁初不改。隋平陳，爲潭州，以昭潭爲名。煬帝改爲長沙郡，仍改臨湘爲長沙縣。武德復爲潭州。

湘潭　後漢湘南縣地，屬長沙郡。吳分湘南立衡陽縣，屬衡陽郡。隋廢郡，縣屬潭州。天寶八年，移治於洛口，因改爲湘潭縣。

湘鄉　漢鍾武縣，屬零陵郡。後漢改爲重安，永建三年，又名湘鄉，屬長沙郡。

益陽　漢縣，屬長沙國，故城在今縣東八十里。武德四年，分置新康縣。七年，省入。

醴陵　漢臨湘縣，界有醴陵，後漢立爲縣，屬長沙郡。隋廢。武德四年，分長沙置。

瀏陽　吳分長沙置瀏陽縣，隋廢。景龍二年，於故城復置。

衡州中　隋衡山郡。武德四年，平蕭銑，置衡州，領臨蒸、湘潭、耒陽、新寧、重安、新城六縣。七年，省重安、新城二縣。貞觀元年，以廢南雲州之攸縣來屬。天寶元年，改爲衡陽郡。乾元元年，復爲衡州。舊領縣五，戶七千三百三十，口三萬四千四百八十一。天寶領縣六，戶三萬三千六百八十八，口十九萬九千二百二十八。在京師東南三千四百三里，至東都二千七百六十里。

衡陽　漢蒸陽縣，屬長沙國。吳分蒸陽立臨蒸縣，吳末分長沙東界郡立湘東郡〔七〕。宋、齊、梁不改。隋罷湘東郡爲衡州，改臨蒸爲衡陽縣。武德四年，復爲臨蒸。開元二十年，復爲衡陽。

常寧　吳分耒陽立新寧縣，屬湘東郡。舊治三洞，神龍二年，移治麻州。開元九年，治宜江。天寶元年，改爲常寧。

攸　漢縣，屬長沙國，縣北有攸溪故也。

茶陵　漢縣，屬長沙國。隋廢。聖曆元年，分攸縣置。

耒陽　漢縣，屬桂陽郡。隋改爲耒陰。武德四年，復爲耒陽。

衡山　吳分湘南縣置。舊屬潭州，後割屬衡州。

澧州下　隋澧陽郡。武德四年，平蕭銑，置澧州，領孱陵、安鄉、澧陽、石門、慈利、崇義六縣。貞觀元年，省孱陵縣。天寶元年，改爲澧陽郡。乾元元年，復爲澧州。天寶初，割屬山南東道。舊領縣五，戶三千四百七十四，口二萬五千八百二十六。天寶領縣四，戶一萬九千六百二十，口九萬三千三百四十九。在京師東南一千八百九十三里，至東都一千五百七十二里。

澧陽　漢零陽縣，屬武陵郡。吳分武陵西界置天門郡。晉末，以義陽流人集此，僑置南義陽郡。隋平陳，改南義陽爲澧州。皆治此縣。

安鄉　漢孱陵縣地，屬武陵郡。隋分立安鄉縣。貞觀元年，廢孱陵併入。

石門　吳分零陽縣於此置天門郡。隋平陳，廢天門郡，以廢州爲石門縣。

慈利　本漢零陽縣，隋改零陽爲慈利縣。麟德元年，省崇義併入。

朗州下　隋武陵郡。武德四年，平蕭銑，置朗州。天寶元年，改爲武陵郡。乾元元年，復爲朗州。天寶初，割屬山南東道。舊領縣二，戶二千一百四十九，口一萬九百一十三。天寶，戶九千三百六，口四萬三千七百十六。在京師東南二千一百五十九里，至東都一千八百五十八里。

武陵　漢臨沅縣地，屬武陵郡。秦屬黔中郡地。梁分武陵郡於縣置武州，陳改武州爲沅陵郡。隋平陳，復爲嵩州，尋又改爲朗州。煬帝爲武陵郡。武德復爲朗州。皆治於武陵縣。

龍陽　隋縣，取洲名。

永州中　隋零陵郡。武德四年，平蕭銑，置永州，領零陵、湘源、祁陽、灌陽四縣。七年，省灌陽。貞觀元年，省祁陽縣，四年，復置。天寶元年，改爲零陵郡。乾元元年，復爲永州。舊領縣三，戶六千三百四十八，口二萬七千五百八十三。天寶，戶二萬七千四百九十四，口十七萬六千一百六十八。在京師南三千二百七十四里，至東都三千六百六十五里。

零陵　漢泉陵縣地，屬零陵郡。漢郡治泉陵縣，故城在今州北二里。隋平陳，改泉陵爲零陵縣，仍移於今理。梁、陳皆爲零陵郡，隋置永州，煬帝復爲零陵郡，皆治此縣。

祁陽　吳分泉陵縣，於今縣東北九十里置祁陽縣，今有古城。隋平陳，併入零陵。武德四年，復分置，移於今治。貞觀元年省，四年又置。石鸞岡在祁陽西北一百一十里，此岡穴出石鸞，充貢。湘水南自零陵界來。

湘源　漢零陵縣地，屬故城在今縣南七十八里〔三三〕。隋平陳，併零陵入湘源縣。

灌陽　漢零陵縣地。大業末，蕭銑析湘源縣置。武德七年廢。上元二年，荆南節度使呂諲奏，復於故城置灌陽縣。灌水在城西，今名灌源。

道州中　隋零陵郡之永陽縣。武德四年，平蕭銑，置營州，領營道、江華、永陽、唐興四縣。五年，改爲南營州。貞觀八年，改爲道州，仍省永陽縣。十七年廢，併入永州。上元二年，復析永州置〔三四〕。天寶元年，改爲江華郡。乾元元年，復爲道州。舊領縣三，戶六千六百一十三，口三萬一千八百八十。天寶領縣四，戶二萬二千五百五十一，口十三萬九千六十三。今領縣五。

弘道　漢營浦縣，屬零陵郡。吳置營陽郡，晉改爲永陽郡。隋平陳，改營浦爲永陽縣。武德四年，於縣置營州，改爲營道縣。五年，又加「南」字〔三五〕。貞觀八年，改爲道州。天寶元年，改營道爲弘道。

延唐　漢泠道縣，屬零陵郡，古城在今縣東界南四十里。隋平陳，廢泠道入營道縣，仍於泠道廢城置營道縣。武德四年，移營道縣於州郭置，仍於此置唐興縣。長壽二年，改名武盛。神龍元年，復爲唐興。天寶元年，改爲延唐〔六〕。泠水，在今縣南六十里。

江華　漢馮乘縣〔七〕，屬蒼梧郡。武德四年，析賀州馮乘縣置江華縣。貞觀十七年，改屬永州。上元二年，還道州。文明元年，改爲雲溪縣。神龍元年二月，復爲江華。

永明　隋改漢營浦縣爲永陽，置道州。後州郭內置營道縣，乃移永陽之名於州西南一百一十里置。貞觀八年省，地入營道。天授二年，復析營道置。天寶元年，改爲永明縣。

大曆　大曆二年，湖南觀察使韋貫之奏請析延唐縣，於道州東南二百二十里舂陵侯故城北十五里置縣，因以大曆爲名。

郴州中　隋桂陽郡。武德四年，平蕭銑，置郴州，領郴、盧陽、義章、臨武、平陽、晉興六縣〔八〕。七年，廢義章〔九〕、平陽二縣。八年，省晉興。天寶元年，改爲桂陽郡。乾元元年，復爲郴州。舊領縣五，戶八千六百四十六，口四萬九千三百五十五。天寶領縣八，戶三萬一千三百三。在京師東南三千三百里，至東都三千五十七里。

郴　漢縣，屬桂陽郡，漢郡理所也。後漢郡理耒陽，尋還郴。宋、齊封子弟爲桂陽王，皆治於此。隋平陳，改爲郴州，煬帝爲桂陽郡，武德四年，改郴州，皆以郴爲理。

義章　大業末，蕭銑分郴置。武德七年省，八年復置。長壽元年，分義章南界置高平縣。開元二十三年，廢高平，仍移義章治高平廢縣。

義昌　晉分郴縣置汝城、晉寧二縣。陳廢二縣，立盧陽郡，領盧陽縣。開皇九年廢郡〔六〇〕，以盧陽屬郴州。天寶元年，改爲義昌。

平陽　晉分郴置平陽郡及縣。陳廢，後蕭銑復分郴置。武德七年省，八年復置。

資興　後漢分郴置漢寧縣。吳改爲陽安，晉改爲晉寧，隋改爲晉興。貞觀八年省，咸亨三年復置，改名資興。

高亭　漢便縣地，屬桂陽郡。晉省，陳復置。隋廢。開元十三年，宇文融析郴縣北界四鄉置安陵縣。天寶元年，改爲高亭，取縣東山名。

臨武　漢縣，屬桂陽郡，縣南臨武溪故也。

藍山　漢南平縣，屬桂陽郡。隋廢。咸亨二年，復置南平縣。天寶元年，改爲藍山。九疑山，在縣西五十里。

邵州　隋長沙郡之邵陽縣。武德四年，平蕭銑，置南梁州，領邵陵、建興、武岡三縣。七年，省建興入武岡，省邵陵併邵陽。貞觀十年，改名邵州。天寶元年，改爲邵陽郡。乾元元年，復爲邵州。舊領縣二，戶二千八百五十六，口一萬三千五百八十三。天寶，戶一萬七千七十三，口七萬一千六百四十四。在京師東南三千四百里，至東都二千二百六十八里。

邵陽　漢昭陵縣，屬長沙國。後漢改爲昭陽，晉改爲邵陽。隋平陳，移於今理。吳分零陵北部置邵陵郡。隋平陳，廢郡，以邵陽屬潭州，尋又於邵陽置建州。武德四年，改置南梁州〔八〕，貞觀十年，改爲邵州，皆理邵陽縣。

武岡　漢都梁縣，屬零陵郡。晉分都梁置武岡縣。隋廢。武德四年，分邵陽復置。

連州　隋熙平郡。武德四年，平蕭銑，置連州。天寶元年，改爲連山郡。乾元元年，復爲連州。舊領縣三，戶五千五百六十三，口三萬一千九十四。天寶，戶三萬二千二百十，口一十四萬三千五百三十二。在京師南三千六百六十五里，至東都三千四百五里。

桂陽　漢縣，屬桂陽郡，今州理是也。隋開皇十年，於縣置連州，大業改爲熙平郡，武德四年，復爲連州，皆以桂陽爲理所。

陽山　漢縣，屬桂陽郡。後漢省。晉平吳，分洽湞縣復置。梁於洽湞縣西置陽山郡，以縣屬之。隋廢郡，縣屬連州。神龍元年，移於湞水之北，今縣理是也。一名湟水。

連山　晉武分桂陽立廣惠縣，隋改爲廣澤。仁壽元年，改爲連山。

黔州下都督府　隋黔安郡。武德元年，改爲黔州，領彭水、都上、石城三縣。二年，又分置盈隆、洪杜〔六二〕、相永、萬資四縣。四年，置都督府〔六三〕，督務、施、業、辰、智、牂、充、應、莊等州。其年，以相永、萬資二縣置費州，以都上分置夷州。十年，以思州高富來屬。十一年，又以高富屬夷州，以智州信寧來屬。今督思、辰、施、牢、費、夷、巫、應、播、充、莊、牂、琰、池、矩十五州。其年，罷都督府。置莊州都督。景龍四年廢，以播州爲都督。先天二年廢，復以黔州爲都督。天寶元年，改黔州爲黔中郡，依舊都督施、夷、播、思、費、珍、溱、商九州〔六四〕。又領充、明、勞、羲、福、犍、邦、琰、清、莊、峩、蠻、牂、鼓、儒、琳、鸞、令、那、暉、郝、總、敦、侯、晃、柯、樊、稜、添、普寧、功、亮、茂龍、延、訓、卿、雙、整、懸、撫水、矩、思源、逸、殷、南平、勳、姜、襲等五十州〔六五〕。皆羈縻，寄治山谷。乾元元年，復以黔中郡爲黔州都督府。舊領縣五，戶五千九百一十三，口二萬七千四百三十三。天寶縣六，戶四千二百七十，口二萬四千二百四。在京師南三千一百九十三里，至東都三千二百七十一里。

彭水　漢酉陽縣，屬武陵郡。吳分酉陽置黔陽郡。隋於郡置彭水縣。周置奉州，尋爲黔州，貞觀四年，於州置都督府。

黔江　隋分黔陽縣置石城縣。天寶元年，改爲黔江。

洪杜　武德二年，分置洪杜縣，治洪杜溪。麟德二年，移治龔湍。

洋水　武德二年，分彭水於巴江西置盈隆縣。先天元年，改爲盈川〔六六〕。天寶元年，改爲洋水。

信寧　隋置信安縣，取界內山名。武德二年，改爲信寧。武德五年，屬義州。州廢來屬。

都濡　貞觀二十年，分盈隆縣置。

辰州下　隋沅陵縣。武德四年，平蕭銑，置辰州，領沅陵等五縣。九年〔六七〕，分大鄉置大鄉五縣。五年，分辰溪置溆浦縣。貞觀九年，分大鄉置三亭縣。天授二年，分大鄉、三亭兩縣置溪州。景雲二年，置都督府，督巫、業、錦三州。開元二十七年，罷都督府。天寶元年，改爲盧溪郡。乾元元年，復爲辰州，取溪名。舊領縣七，戶九千二百八十三，口三萬九千二百二十五。天寶領縣五，戶四千二百四十一，口二萬八千五百五十四。在京師南微東三千四百五里，至東都三千二百六十里。

沅陵　漢辰陽縣，屬武陵郡，本秦黔中郡縣也。隋改辰陽爲辰溪，仍分置沅陵縣，仍置沅陵郡。武德四年，改爲辰州，以沅陵爲理所。

盧溪　武德三年，分沅陵縣置。

漵浦　漢義陵縣地，屬武陵郡〔八八〕。武德五年，分辰溪置。

麻陽　武德三年，分沅陵、辰溪二縣置。垂拱四年，分置龍門縣，尋廢。

辰溪　漢辰陽縣地，隋分置辰溪縣。

錦州下　垂拱二年，分辰州麻陽縣地并開山洞置錦州及四縣。天寶元年，改錦州爲盧陽郡。乾元元年，復爲錦州。天寶領縣五，戶二千八百七十二，口一萬四千三百七十四。至京師三千五百里，至東都三千七百里。

盧陽　招諭　渭陽　常豐　已上四縣，並垂拱三年與州同置。其常豐本名萬安，天寶元年，改爲常豐。

洛浦　天授二年，分辰州之大鄉置〔八九〕，屬溪州。長安四年〔九〇〕，改屬錦州。

施州下　隋清江郡之清江縣。義寧二年，置施州，領清江、開夷二縣。貞觀八年，廢業州，以建始縣來屬。麟德元年，廢開夷縣入清江。天寶元年，改爲清化郡。乾元元年，復爲施州。舊領縣三，戶二千三百一十二，口一萬八百二十五。天寶領縣二，戶三千七百二，口一萬六千四百四十四。在京師南二千七百九里，至東都二千八百一十里。

清江　漢巫縣，南郡。吳分巫立沙渠縣。後周於縣立施州。隋爲清江縣，州所理也。

建始　後周分巫縣置建始縣。義寧二年，於縣置業州，領建始一縣。貞觀八年，廢業州，縣屬施州。

巫州下　貞觀八年，分辰州龍標縣置巫州。其年，置夜郎、朗溪、思徵三縣〔六一〕。九年，廢思徵縣。天授二年，改爲沅州，分夜郎渭溪縣〔六二〕。長安三年，割夜郎、渭溪二縣置舞州。先天二年，又置潭陽縣。開元十三年，改沅州爲巫州。天寶元年，改爲潭陽郡。乾元元年，復爲巫州。舊領縣三，戶四千三十二，口一萬四千四百九十五。天寶，戶五千三百六十八，口一萬二千七百三十八。在京師南三千一百五十八里，至東都三千八百三十三里。

龍標〔六三〕　武德七年置，屬辰州。貞觀八年，置巫州，爲理所也。

朗溪　貞觀八年置。

潭陽　先天二年，分龍標置。

業州下　長安四年，分沅州二縣置舞州。開元十三年，改爲鶴州。二十年，又改爲業州。天寶元年，改龍標郡。乾元元年，復爲業州。領縣三，戶一千六百七十二，口七千二百八十四。在京師南四千一百九十七里，至東都三千九百里。

峩山　貞觀八年〔云〕，置夜郎縣，屬巫州。長安四年，置舞州。開元二十年，改夜郎爲峩山縣。

渭溪　天授二年，分夜郎置，屬沅州。長安四年，改業州。

梓薑　舊於縣置充州，天寶三年，以充州荒廢，以梓薑屬業州，其充州爲羈縻州。

夷州下　隋明陽郡之綏陽縣。武德四年，置夷州於思州寧夷縣，領夜郎、神泉、豐樂、綏養、雞翁、伏遠、明陽、高富、寧夷、思義、丹川、宜慈、慈岳等十三縣。六年，廢鷄翁縣。貞觀元年，廢夷州，省夜郎、神泉、豐樂三縣，以伏遠、明陽、高富、寧夷、思義、丹川六縣隸務州，宜慈、慈岳二縣隸溪州，以綏養隸智州。四年，復置夷州於黔州都上縣。六年，又置鷄翁縣。十一年，又以義州之綏陽、黔州之高富來屬。其年，又自都上移於今所。天寶元年，改爲義泉郡。乾元元年，復爲夷州。舊領縣四，戶二千二百四十一，口八千六百五十七。天寶縣五，戶一千二百八十四，口七千一十三。在京師南四千三百八十七里，至東都三千八百八十里。

綏陽　漢牂柯郡地。隋朝招慰置綏陽縣，古徼外夷也。武德三年，屬義州。貞觀十一年，改屬夷州。

都上　隋置。武德元年，屬黔州。貞觀四年，置夷州，爲理所。十一年，州移治綏陽縣。

義泉　隋舊。於縣置牢州。貞觀十七年，廢牢州，以義泉屬夷州。

洋川　武德二年置，舊屬牢州。貞觀十七年，屬夷州。

寧夷　舊屬思州。開元二十五年，屬夷州。

播州下　隋牂柯郡之牂柯縣。貞觀九年，分置郎州，領恭水、高山、貢山、柯盈、邪施、釋燕六縣。十一年，省郎州并六縣。十三年〔九五〕，又於其地置播州及恭水等六縣。十四年，改恭水等六縣名。二十年，以夷州之芙蓉、琊川來屬。顯慶五年，廢舍月、胡江、羅爲三縣。景龍四年，廢莊州都督府，以播州爲都督府。先天二年，罷都督。開元二十六年，又廢胡刀、琊川兩縣。天寶元年，改爲播川郡。乾元元年，復爲播州。領縣三，戶四百九十，口二千一百六十八。在京師南四千四百五十里，至東都四千九百六十里。

遵義　漢武開西南夷，置牂柯郡，秦夜郎郡之西南境也。貞觀九年〔九七〕，置恭水縣，屬郎州。十一年省，十三年復置，屬播州。十四年，改爲羅蒙。十六年，改爲遵義。顯慶五年，廢舍月併入。

芙蓉　舊屬牢州。貞觀十六年，改爲夷州，二十年，又改屬播州。開元二十六年，廢胡刀、琊川兩縣併入。

帶水　貞觀九年，置柯盈縣。十四年，改爲帶水。

思州下　隋巴東郡之務川縣。武德四年，置務州，領務川、涪川、扶陽三縣。貞觀元年，以廢夷州之伏遠、寧夷、思義、高富、明陽、丹川六縣，廢思州之丹陽、城樂、感化、思王、多田五縣來屬。其年，省思義、明陽、丹川三縣。二年，又省丹陽。四年，改務州爲思州。其年，以涪川、扶陽二縣割入費州。八年，又以多田、城樂二縣割入費州，其年，又廢感化縣。十年，以高富隸黔州。十一年，又省伏遠縣。天寶元年，改爲寧夷郡。乾元元年，復爲思州。舊領縣三，戶二千六百三，口七千五百九十九。天寶，戶一千五百九十九，口一萬二千二十一。在京師南三千八百三十九里，至東都三千五百九十六里。

務川　州所治。漢酉陽縣〔九七〕，屬武陵郡。隋朝招慰置務川縣。武德四年，招慰使冉安昌以務川當牂柯要路，請置務州〔九八〕。貞觀四年〔九九〕，改爲思州，以思邛水爲名〔一〇〇〕。

思王　武德三年置，屬思州。貞觀元年，改屬務州〔一〇一〕。四年，改屬思州。

寧夷　隋置。武德四年，屬夷州。貞觀元年，屬思州。

思邛　開元四年，開生獠置。

費州下　隋黔安郡之涪川縣。貞觀四年，分思州之涪川、扶陽二縣置費州。其年，割黔州之萬資、相永二縣來屬。八年，又割思州之多田、城樂來屬。十一年，廢相永、萬資二縣。天寶元年，復爲涪川郡。乾元元年，復爲費州。舊領縣四，戶二千七百九，口六千九百五十。天寶，戶四百二十九，口二千六百九。在京師南四千七百里，至東都四千九百里。

涪川　漢牂柯郡之地，久不臣附。周宣政元年，信州總管、龍門公裕，招慰生獠王元殊、多質等歸國，乃置費州，以水爲名。武德四年，置務州〔一〇二〕。貞觀四年，置費州治於此。

多田　武德四年，務州刺史奏置。以土地稍平，墾田盈畛，故以多田爲名。貞觀四年，屬思州。八年，改屬費州。

扶陽　隋仁壽四年，庸州刺史奏置，以扶陽水爲名。

城樂　武德四年，山南道大使趙郡王孝恭招慰生獠，始築城，人歌舞之，故曰城樂。

南州下　武德二年置，領隆陽、扶化、隆巫、丹溪、靈水、南川六縣。三年，改爲僰州。四年，復爲南州。貞觀五年，置三溪縣。七年，又置當山、嵐山、歸德、汶溪四縣。八年，又廢當山、嵐山、歸德、汶溪四縣。十一年，又廢扶化、隆巫、靈水三縣。天寶元年，改爲南川郡〔一〇三〕。乾元元年，復爲南州。舊領縣三，戶三千五百八十三，口一萬三百六十六。天寶領縣二，戶四百四十三，口二千四十三。在京師南三千六百里，至東都三千七百里。

南川　武德二年，置隆陽縣。先天元年，改爲南川，州所治。

三溪　貞觀五年置。

溪州下　舊辰州之大鄉。天授二年，分置溪州。舊領縣二，又分置洛浦縣。長安四年，以洛浦屬錦州。天寶元年，改溪州爲靈溪郡。乾元元年，復爲溪州。領縣二，戶二千一百八十四，口一萬五千二百八十二。至京師二千八百九十三里，至東都二千六百九十六里。

大鄉　漢沅陵、遷陵二縣地〔一〇四〕，屬武陵郡。梁分置大鄉縣。舊屬辰州，天授二年來屬，州所理也。

三亭　貞觀九年，分大鄉置，屬辰州。天授二年，改屬溪州。縣界有黔山，大酉、小酉二山。

溱州下　貞觀十六年，置溱州及榮懿、扶歡、樂來三縣。咸亨元年，廢樂來縣。天寶元年，改爲溱溪郡。乾元元年，復爲溱州。領縣二，戶八百七十九，口五千四十五。至京師三千四百八十里，至東都四千二百里。

榮懿　扶歡　已上二縣，並貞觀十六年，開山洞置。

珍州下　貞觀十六年置，天寶元年改爲夜郎郡。乾元元年，復爲珍州。領縣三，戶二百六十三，口一千三十四。至京師四千一百里，至東都三千七百里。

夜郎　漢夜郎郡之地。貞觀十七年，置於舊播州城，以縣界有隆珍山，因名珍州。

麗皐　樂源　並貞觀十六年，開山洞置。

牂州，領縣二。　充州，領縣八。　應州，領縣五。　琰州，領縣四。　牢州，領縣七。　已上國初置，並屬黔中道羈縻州。永徽已後併省。

隴右道

秦州中都督府　隋天水郡。武德二年，平薛舉，改置秦州，仍立總管府，管秦、渭、岷、洮、疊、文、武、成、康、蘭、宕、扶等十二州。秦州領上邽、成紀、秦嶺、清水四縣。四年，分清水置邽州。六年，廢邽州，以清水來屬。八年，廢文州，又以隴城來屬。其年，又廢伏州，以伏羌來屬。九年，於伏羌廢城置鹽泉縣。貞觀元年，改鹽泉爲夷賓。二年，省夷賓縣。六年，省長川縣。十四年，督秦、成、渭、武四州，治上邽。十七年，廢秦嶺縣。開元二十二年，緣地震，移治所於成紀縣之敬親川。天寶元年，改爲天水郡。依舊都督府，督天水、隴西、同谷三郡。其年，復還治上邽。乾元元年，復爲秦州。舊領縣六，戶五千七百二十四，口二萬五千七十三。天寶領縣五，戶二萬四千八百二十七，口十萬九千七百。在京師西七百八十里，至東都一千六百五里。

上邽　漢縣，屬隴西郡。武帝分置天水郡。後漢分豲道立南安郡〔一〇五〕。後魏改上邽爲上封。隋復於上邽置秦州。州前有湖水，四時增減〔一〇六〕，故名天水郡。

成紀　漢縣，屬天水郡。舊治小坑川。開元二十二年，移治敬親川，成紀亦徙新城。天寶元年，州復移治上邽縣。

伏羌　漢冀縣，屬天水郡。晉於此置秦州。後魏改爲當亭縣，隋復爲冀城縣〔一〇七〕。武德三年，改爲伏羌縣，仍置伏州。八年，伏州廢，縣屬秦州。貞觀三年，廢夷賓縣，併入伏羌。

隴城　漢隴縣，屬天水郡。隋加「城」字。武德二年，置文州，以隴城隸之。八年文州廢，來屬。貞觀三年，省長川縣併入。

清水　漢縣，屬天水郡。武德四年，置邽州於清水。六年，廢邽州，以清水來屬。

成州下　隋漢陽郡。武德元年，置成州，領上祿、長道、潭水三縣。貞觀元年，以潭水屬宕州，又割廢康州之同谷縣來屬。州理楊難當所築建安城。天寶元年，改爲同谷郡。乾元元年，復爲成州。舊領縣三，戶一千五百四十六，口七千二百五十九。天寶，戶四千七百二十七，口二萬一千五百八。在京師西南九百六十里，至東都一千八百里。

上祿　漢縣，屬武都郡，白馬氐之所處。州南八十里仇池山，其上有百頃地，可處萬家。晉時，氐酋楊難當據仇池，卽此山上也。晉朝招慰，乃置仇池郡，以難當爲守。梁置南秦州，又改爲成州。隋以上祿爲倉泉縣，又復爲上祿。

長道　元魏分上祿置長道縣，於縣置天水郡。隋改天水爲漢陽郡，又改漢陽縣爲長道。

同谷　漢下辨步見反道，屬武都郡。後魏於此置廣業郡，領白石縣。又改白水爲同谷。

渭州下　隋隴西郡。武德元年，置渭州。天寶元年，改爲隴西郡。乾元元年，復爲渭州。四月，鄯州都督郭英乂，奏請以渭州、洮州爲都督府，後廢。舊領縣四，戶一千九百八十九，口九千二十八。天寶，戶六千四百二十五，口二萬四千五百二十。在京師西一千一百五十三里，至東都二千里。

襄武　漢縣，屬隴西郡。後魏於縣置渭州，以水爲名。

隴西　漢豲音桓道地，屬天水郡。

鄣〔一〇八〕　後漢分武陽置鄣縣。天授二年，改爲武陽縣。神龍元年，復爲鄣縣。

渭源　漢首陽縣地，屬隴西郡。後魏分隴西置渭源郡，又改首陽爲渭源縣。上元二年，改首陽縣，仍於渭源故城分置渭源縣。儀鳳三年，廢首陽併入渭源。

鄯州下都督府　隋西平郡。武德二年，平薛舉，置鄯州，治故樂都城。貞觀中，置都督府。天寶元年，改爲西平郡。乾元元年，復爲鄯州。上元二年九月，州爲吐蕃所陷，遂廢。所管鄯城三縣，今河州收管。舊領縣二，戶一千八百七十五，口九千五百八十二。天寶領縣三，戶五千三百八十九，口二萬七千一十九。在京師西一千九百一十三里，至東都二千五百四十里。

湟水　漢破羌縣，屬金城郡。漢破匈奴，取西河地，開湟中處月氏，即此。湟水，俗呼湟河，又名樂都水，南涼禿髮烏孤始都此〔一〇九〕。後魏置鄯州，改破羌爲西都縣。隋改爲湟水縣。縣界有浩亹水。

龍支　漢允吾縣，屬金城郡。後漢改爲龍耆縣。後魏改爲金城縣，又改爲龍支。積石山，在今縣南。

鄯城　儀鳳三年置，漢西平郡故城在西。

蘭州下　隋金城郡。隋末，陷薛舉。武德二年，平賊，置蘭州。八年，置都督府，督蘭、河、鄯、廓四州。貞觀六年，又督西鹽州。十二年，又督涼州。今督蘭、鄯、儒、淳四州。領金城、狄道、廣武三縣。顯慶元年，罷都督府。天寶元年，改金城郡。二十載，割狄道縣置狄道郡。

乾元元年，復爲蘭州。舊領縣三，戶一千六百七十五，口七千三百五。天寶領縣二，戶二千八百八十九，口一萬四千二百二十六。在京師西一千四百四十五里，至東都二千二百里。

五泉　漢金城縣，屬金城郡，西羌所處。後漢置西海郡，乞伏乾歸都此，稱涼〔三〇〕。隋開皇初，置蘭州，以皐蘭山爲名。煬帝改金城郡。隋置五泉縣。咸亨二年，復爲金城。天寶元年，改爲五泉。

廣武　漢枝楊縣，屬金城郡。張駿置廣武郡。隋廢爲縣，屬蘭州。

臨州下都督府　天寶三載，分金城郡置狄道郡。乾元元年，改爲臨州都督府，督保塞州，羈縻之名也。領縣二，戶二千八百九十九，口一萬四千二百二十六。在京師西一千四百四十五里，至東都二千二百里。

狄道　漢縣，屬隴西郡。晉改爲武始縣。隋復爲狄道，屬蘭州。天寶三載復置。

長樂　舊安樂縣。乾元後，改爲長樂。

河州下　隋枹晉桴罕郡。武德二年，平李軌，置河州，領枹罕、大夏二縣。貞觀元年，廢大夏縣。五年復置。十年，省米州，以米川縣來屬。十一年，廢烏州，以其城置安鄉縣，來屬。

天寶元年，改爲安鄉郡。乾元元年，復爲河州。舊領縣三，戶三千三百九十一，口一萬二千六百五十五。天寶領縣三，戶五千七百八十二，口三萬六千八百八十六。在京師西一千四百一十五里，至東都二千二百七十里。

枹罕　漢縣，屬金城郡。張駿於縣置河州，至後魏不改，又名枹罕郡。隋初爲河州，煬帝爲枹罕郡。武德二年，改爲河州。皆治於枹罕。

大夏　漢縣，屬隴西郡。張駿於縣置大夏郡及縣，取西大夏水爲名。貞觀元年，廢入枹罕。五年又置。

鳳林　漢白石縣，屬金城郡。張駿改白石爲永固。貞觀七年，廢縣，置烏州。十一年州廢，於城內置安鄉縣。天寶元年，改爲鳳林，取關名也。

武州下　隋武都郡。武德元年，置武州，領將利、建威、覆津、盤堤四縣。貞觀元年，省建威入將利。天寶元年，改爲武都郡。乾元元年，復爲武州。舊領縣三，戶一千一百五十二，口五千三百八十一。天寶，戶二千九百二十三，口一萬五千三百一十三。在京師西一千二百九十里，至東都二千里。

將利　秦、漢白馬之地。漢置武都郡幷縣。後魏改武都爲石門縣，置武州。後周改爲將利縣，仍置武都郡。隋初廢，煬帝復爲郡，皆治將利縣。

覆津　後魏置武階郡，又於今縣東北三十里萬郡故城置覆津縣。隋廢武階郡，縣屬武都郡。

盤堤　漢河池縣地，屬武都郡。後魏於今縣東南百四十二里移盤堤縣於郡置武州。盤堤山爲名。

洮州下　隋臨洮郡。武德二年，置洮州。貞觀五年，移州治於洪和城，後復移還洮陽城，今州治也。永徽元年，置都督府。開元十七年廢，併入岷州。臨潭縣置臨州。二十七年，又改爲洮州。天寶元年，改爲臨洮郡，管密恭縣，党項部落也，寄治州界。乾元元年，復爲洮州。舊領縣二，戶二千三百六十三，口八千二百六十。天寶，戶三千七百，口一萬五千六十。在京師西一千五百六里，至東都二千三百九十里。

臨潭　秦、漢時羌地，本吐谷渾之鎭，謂之洪和城。後周攻得之，改爲美相縣，屬洮州〔二〕。貞觀四年，洮州理於此。置臨潭縣，屬旭州。八年，廢旭州，來屬。其年，移理洮陽城，今州治也。仍於舊洪和城置美相縣，隸洮州。天寶中，廢美相併入。

岷州下　隋臨洮郡之臨洮縣。義寧二年，置岷州。武德四年，爲總管府，管岷、宕、洮、疊、旭五州。七年，加督芳州。九年，又督文、武、扶三州。貞觀元年，督岷、宕、洮、旭四州。六年，督橋、意二州。十二年，廢都督府。神龍元年，廢當夷縣。天寶元年，改爲和政郡。乾元元年，復爲岷州。舊領縣四，戶四千五百八十三，口一萬九千二百三十九。天寶，縣三，戶四千三百二十五，口二萬三千四百四十一。在京師西一千三百七十八里，至東都二千一百里。

溢樂　秦臨洮縣，屬隴西郡。今州西二十里長城，蒙恬所築。岷山，在縣南一里。崆峒山，縣西二十里。後魏置岷州，仍改臨洮爲溢樂。隋復改臨洮，義寧二年，改名溢樂。神龍元年，廢當夷縣併入。

祐川　後周置基城縣。先天元年，改爲祐川，避玄宗名。

和政　後周置洮城郡。保定元年，置和政縣。

廓州下　隋澆河郡。武德二年，置廓州。天寶元年，改爲寧塞郡。乾元元年，復爲廓州。舊領縣二，戶二千二十，口九千七百三十二。天寶，縣三，戶四千二百六十一，口二萬四千四百。在京師二千三十里〔三〕，至東都二千七百七十二里。

廣威　後漢燒當羌之地，段熲破羌斬澆河大帥卽此也。漢末，置西平郡，此地卽南界也。前涼置湟河郡。後魏置石城郡。廢帝因縣內化隆谷改爲化隆縣。後周置廓州〔二三〕。先天元年，改爲化成縣。天寶元年，改爲廣威縣。縣界有拔延山。

達化　後周置達化郡並縣。吐渾澆河城，在縣西一百二十里。

米川　漢枹罕縣地，屬金城郡。貞觀五年，置米州及米川縣。十年，州廢，縣屬廓州。

疊州下都督府　隋臨洮郡之合川縣〔二四〕。武德二年，置疊州，領合川、樂川、疊川三縣。五年，又置安化〔二五〕、和同二縣，以處党項，尋省。疊川、樂川縣〔二六〕。十三年，置都督，督疊、岷、洮、宕、津、序、壹、枯、嶂、王、蓋、立、橋等州。永徽元年，罷都督府。天寶元年，改爲合川郡。乾元元年，復爲疊州。舊領縣一，戶一千八十三，口四千六百六十九。天寶領縣二，戶一千二百七十五，口七千六百七十四。在京師西南一千一百一十里，至東都二千五百六十里。

合川　秦、漢已來，爲諸羌保據。後周武帝逐諸羌，始有其地，置合川縣，仍於縣置疊州，取郡山重疊之義。舊治吐谷渾馬牧城，武德三年，移於交戍城。

常芬　隋同昌郡之常芬縣。武德元年，置芳州，領常芬、恆香、丹嶺三縣。神龍元年，廢芳州爲常芬縣，隸疊州。

宕州下　隋宕昌郡。武德元年，置宕州，領懷道、良恭、和戎三縣。貞觀三年，省和戎入懷道。天寶元年，改爲懷道郡。乾元元年，復爲宕州。舊領縣二，戶一百四十，口一千四百六十一。天寶，戶一千一百九十，口七千一百九十九。在京師西南一千六百五十六里，至東都二千二百八十五里。

懷道　歷代諸羌所據，後魏始附爲蕃國。後周置宕昌郡及懷道、良恭二縣。隋爲宕昌郡。武德初，爲宕州，理懷道。

良恭　後周置陽宕縣，隋改爲良恭。

河西道此又從隴右道分出，不在十道之內。

貞觀元年，分隴坻已西爲隴右道。景雲二年，以江山闊遠，奉使者艱難，乃分山南爲東西道，自黃河以西，分爲河西道。

涼州中都督府　隋武威郡。武德二年，平李軌，置涼州總管府，管涼、甘、瓜、肅四州。涼州領姑臧、昌松、番禾三縣。三年，又置神烏縣。七年，改爲都督府，督涼、肅、甘、沙、瓜、伊、芳、文八州。貞觀元年，廢神烏縣。總章元年，復置。咸亨元年，爲大都督府，督涼、甘、肅、伊、瓜、沙、雄七州。上元二年，爲中都督府。神龍二年，置嘉麟縣。天寶元年，改爲武威郡，督涼、甘、肅三州。乾元元年，復爲涼州〔二七〕。舊領縣三，戶八千二百三十一，口三萬三千三十。天寶領縣五，戶二萬二千四百六十二，口十二萬二百八十一。在京師西北二千一十里，至東都二千八百七十里。

姑臧　漢縣，屬武威郡。所理，秦月氏戎所處。匈奴本名蓋藏城，語訛爲姑臧城。西魏復置涼州。晉末，張軌據姑臧，稱前涼。呂光又稱後涼。後入於元魏，爲武威郡。武德初，平李軌，置涼州。州界有猪野澤。

神烏　漢鸞鳥縣，屬武威郡。後魏廢。總章元年，復於漢武威城置武威縣。神龍元年，改爲神烏。於漢鸞鳥古城置嘉麟縣。

昌松　漢蒼松縣，屬武威郡。後涼呂光改爲昌松。

天寶　漢番音盤禾縣，屬張掖郡。縣南山曰天山，又名雪山。咸亨元年，於縣置雄州。

調露元年，廢雄州，番禾還涼州。天寶三年，改爲天寶縣。

嘉麟　神龍二年，於漢鸞鳥古城置。景龍二年廢，先天二年復置。

吐渾部落　興昔部落　閤門府　皐蘭府　盧山府　金水州　蹛林州

賀蘭州　已上八州府，並無縣，皆吐渾、契苾、思結等部，寄在涼州界內，共有戶五千四十八，口一萬七千二百一十二。

甘州下　隋張掖郡。武德二年，平李軌，置甘州。天寶元年，改爲張掖郡。乾元元年，復爲甘州。　舊領縣二，戶二千九百二十六，口一萬一千六百八十。天寶，戶六千二百八十四，口二萬二千九十二。在京師西北二千五百里，至東都三千三百一十里。

張掖　故匈奴昆邪王地，屬漢武開置張掖郡及觻音祿得縣，郡所治也，匈奴王號也。後魏置張掖軍，孝文改爲郡及縣，州置西涼州〔二八〕，尋改爲甘州，取州東甘峻山爲名。祁連山，在州西南二百里也。

刪丹　漢縣，屬張掖郡。後漢分張掖置西海郡。晉分刪丹置蘭池、萬歲、仙提三縣〔二九〕。煬帝廢，併入刪丹。居延海、焉支山在縣界。刪丹山，卽焉支山，語訛也。

肅州下　武德二年，分隋張掖郡置肅州。八年，置都督府，督肅、瓜、沙三州。貞觀元年，罷都督府。貞觀中，廢玉門縣。天寶元年，改爲酒泉郡。乾元元年，復爲肅州。舊領縣三，戶一千七百三十一，口七千一百一十八。天寶領縣二，戶二千三百三十，口八千四百七十六。在京師西北二千八百五十八里，至東都三千七百八十里。

酒泉　漢福祿縣，屬酒泉郡。郡城下有金泉，泉味如酒，故爲郡名。此月支地，爲匈奴所滅，匈奴令休屠、昆邪王守之。漢武時，昆邪來降，乃置酒泉郡。張軌、李暠、沮渠蒙遜皆都於此。後魏置酒泉軍，復爲郡，後周改爲甘州，隋分甘州置肅州，皆治酒泉。義寧元年，置酒泉縣。

福祿　漢舊縣，屬酒泉郡。今縣，漢樂涫縣地〔三〇〕，屬燉煌郡。武德二年，於樂涫古城置福祿縣。

瓜州下都督府　隋燉煌郡之常樂縣。武德五年，置瓜州，仍立總管府，管西沙、肅三州〔三一〕。八年，罷都督。貞觀中，復爲都督府。天寶元年，爲晉昌郡。乾元元年，復爲瓜州。舊領縣二，戶一千一百六十四，口四千三百二十二。天寶，戶四百七十七，口四千九百八十七。在京師西三千三百一十里，至東都四千三百六里。

晉昌　漢冥安縣，屬燉煌郡。冥，水名。置晉昌郡及冥安縣，周改晉昌爲永興〔一三〕。隋改爲瓜州，改冥安常樂〔一二〕。武德七年，復爲晉昌。

常樂　漢廣至縣，屬燉煌郡。魏分廣至置宜禾縣。李暠於此置涼興郡。隋廢，置常樂鎭。武德五年，改鎭爲縣。

伊州下　隋伊吾郡。隋末，西域雜胡據之。貞觀四年，歸化，置西伊州。六年，去「西」字。天寶元年，爲伊吾郡。乾元元年，復爲伊州。舊領縣三，戶一千三百三十二，口六千七百七十八。天寶領縣二，戶二千四百六十七，口一萬一百五十七。在京師西北四千四百一十六里，至東都五千三百三十里。

伊吾　在燉煌之北，大磧之外。秦、漢之際，戎居之。南去玉門關八百里，東去陽關二千七百三十里。漢宣帝時，以鄭吉爲都護，在玉門關〔一四〕。元帝時，置戊己校尉，皆治車師。後漢明帝時，取伊吾盧地，置宜禾都尉以屯田。竇憲、班超大破西域，始於此築城。班勇爲西域長史，居此地也。後魏、後周，鄯善戎居之。隋始於漢伊吾屯城之東築城，爲伊吾郡。隋末，爲戎所據。貞觀四年，款附，置西伊州始於此。天山，在州北一百二十里，一名白山，胡人呼折羅漫山〔一五〕。

柔遠　貞觀四年置，取縣東柔遠故城爲名。

納職　貞觀四年，於鄯善胡所築之城置納職縣。

沙州下　隋燉煌郡。武德二年，置瓜州。五年，改爲西沙州。貞觀七年，去「西」字。天寶元年，改爲燉煌郡。乾元元年，復爲沙州。舊領縣二，戶四千二百六十五，口一萬六千二百五十。在京師西北三千六百五十里，至東都四千三百九里。

燉煌　漢郡縣名。月氏戎之地，秦、漢之際來屬。漢武開西域，分酒泉置燉煌郡及縣。周改燉煌爲鳴沙縣，取縣界山名。隋復爲燉煌。武德三年，置瓜州，取春秋「祖吾離於瓜州」之義。五年，改爲西沙州。皆治於三危山，在縣東南二十里。鳴沙山，一名沙角山，又名神沙山，取州名焉，在縣七里。

壽昌　漢龍勒縣地，屬燉煌郡。縣南有龍勒山。後魏改爲壽昌縣。陽關，在縣西六里。玉門關，在縣西北一百一十八里。

西州中都督府　本高昌國。貞觀十三年，平高昌，置西州都督府〔三六〕，仍立五縣。顯慶三年，改爲都督府。天寶元年，改爲交河郡。乾元元年，復爲西州。舊領縣五，戶六千四百六十六。天寶領縣五，戶九千一十六，口四萬九千四百七十六。在京師西北五千五百一十六里，至東都六千二百一十五里。

高昌　漢車師前王之庭。漢元帝置戊己校尉於此。以其地形高敞，故名高昌。其故壘有八城。張駿置高昌郡，後魏因之。魏末為蠕蠕所據，後麴嘉稱高昌王於此數代。貞觀十四年，討平之，以其地為西州。其高昌國境，東西八百里，南北五百里。尋置都督府，又改為金山都督府。

柳中　貞觀十四年置。

交河　縣界有交河，水源出縣北天山，一名祁連山，縣取水名。地本漢車師前王庭。

蒲昌　貞觀十四年，於始昌故城置，縣東南有蒲類海，胡人呼為婆悉海。

天山　貞觀十四年置，取祁連山為名。

北庭都護府　貞觀十四年，侯君集討高昌，西突厥屯兵於浮圖城，與高昌相響應。及高昌平。二十年四月，西突厥泥伏沙鉢羅葉護阿史那賀魯率衆內附，乃置庭州，處葉護部落。長安二年，改為北庭都護府。自永徽至天寶，北庭節度使管鎮兵二萬人，馬五千匹；所統攝突騎施、堅昆、斬啜〔三七〕；又管瀚海、天山、伊吾三軍鎮兵萬餘人，馬五千匹。至上元元年，陷吐蕃。舊領縣一，戶二千三百。天寶領縣三，戶二千二百二十六，口九千九百六十四。在京師西北五千七百二十里，東至伊州界六百八十里，南至西州界四百五十里，西至突騎施庭一千六百里，北至堅昆七千里，東至迴鶻界一千七百里。

金滿　流沙州北，前漢烏孫部舊地〔二八〕，方五千里。後漢車師後王庭。胡故庭有五城，俗號「五城之地」。貞觀十四年平高昌後，置庭州以前，故及突厥常居之〔二九〕。

輪臺　取漢輪臺爲名。

蒲類　海名。

已上三縣，貞觀十四年與庭州同置。

瀚海軍　開元中，蓋嘉運置，在北庭都護府城內，管鎮兵萬二千人，馬四千二百匹。

天山軍　開元中，置西州城內〔三〇〕，管鎮兵五千人，馬五百匹。在都護府南五百里〔三一〕。

伊吾軍　開元中置，在伊州西北五百里甘露川，管鎮兵三千人，馬三百匹，在北庭府東南七百里。

鹽治州都督府　鹽祿州都督府　陰山州都督府

大漠州都督府　輪臺州都督府　金滿州都督府

玄池州　哥係州　咽麪州

金附州　孤舒州　西鹽州

東鹽州　叱勒州　迦瑟州

馮洛州　已上十六番州，雜戎胡部落〔一三〕，寄於北庭府界內，無州縣戶口，隨地治畜牧。

安西大都護府　貞觀十四年，侯君集平高昌，置西州都護府〔一四〕，治在西州。顯慶二年十一月，蘇定方平賀魯，分其地置濛池、崑陵二都護府。分其種落，列置州縣。於是，西盡波斯國，皆隸安西都護府。仍移安西都護府理所於高昌故地。三年五月，移安西府於龜茲國。舊安西府復爲西州。龍朔元年，西域吐火羅款塞，乃於于闐以西、波斯以東十六國，皆置都督，督州八十，縣一百一十，軍府一百二十六，仍立碑於吐火羅以志之。咸亨元年四月，吐蕃陷安西都護府。至長壽二年，收復安西四鎭，依前於龜茲國置安西都護府。至德後，河西、隴右戍兵皆徵集，收復兩京。上元元年，河西軍鎭多爲吐蕃所陷。有舊將李元忠守北庭，郭昕守安西府，二鎭與沙陀、迴鶻相依，吐蕃久攻之不下。建中元年，元忠、昕遣使間道奏事，德宗嘉之，以元忠爲北庭都護，昕爲安西都護。其後，吐蕃急攻沙陀、迴鶻部落，北庭、安西無援，貞元三年，竟陷吐蕃。

北庭都護府〔一三四〕　本龜茲國。顯慶中，自西州移府治於此。東至焉耆鎮守八百里，西至疏勒鎮守二千里，南至于闐二千里，東北至北庭府二千里，南至吐蕃界八百里，北至突騎施界雁沙川一千里。安西都護府，鎮兵二萬四千人，馬二千七百匹。都護兼鎮西節度使。

安西都護所統四鎮

龜茲都督府　本龜茲國。其王姓白，理白山之南。去瓜州三千里，勝兵數千。貞觀二十二年，阿史那社尒破之，虜龜茲王而還，乃於其地置都督府，領蕃州之九。至顯慶三年，破賀魯，仍自西州移安西府置于龜茲國城。

毗沙都督府〔一三五〕　本于闐國。在葱嶺北二百里，勝兵數千。俗多機巧。其王伏闍信，貞觀二十二年入朝〔一三六〕。上元二年正月，置毗沙都督府，初管蕃州五。上元元年，分爲十〔一三七〕。在安西都護府西南二千里。

疏勒都督府　本疏勒國。在白山之南，勝兵二千。去瓜州四千六百里。貞觀九年，遣使朝貢，自是不絕。上元中，置疏勒都督府，在安西都護府西南二千里。

焉耆都督府　本焉耆國。其王姓龍，名突騎支，常役於西突厥。俗有魚鹽之利。貞觀十八年，郭孝恪平之，由是臣屬。上元中，置都督府處其部落，無蕃州。在安西都護府東八百里。

西域十六都督州府

龍朔元年，西域諸國，遣使來內屬，乃分置十六都督府，州八十，縣一百一十，軍府一百二十六，皆隸安西都護府，仍於吐火羅國立碑以紀之。

月氏都督府　於吐火羅國所治遏換城置，以其王葉護領之〔一三八〕。於其部內分置二十四州，都督統之。

太汗都督府　於嚈噠部落所治活路城置，以其王太汗領之。仍分其部置十五州，太汗領之〔一三九〕。

條枝都督府　於訶達羅支國所治伏寶瑟顛城置，以其王領之。仍於其部分置八州。

大馬都督府　於解蘇國所治數瞞城置，以其王領之。仍分其部置三州。

高附都督府　於骨咄施國所治妖沙城置，以其王領之。仍分其部置三州。

修鮮都督府　於罽賓國所治遏紇城置，以其王領之。仍分其部置十一州。

寫鳳都督府　於失苑延國所治伏戾城置，以其王領之。仍分其部置四州。

悅般都督府　於石汗那國所治豔城置，以其王領之。仍分其部置雙靡州。

奇沙州　於護特健國所治遏密城置。仍分其部置沛薄、大秦二州。

和默州　於怛沒國所治怛城置，仍分置栗弋州。

拔撒州　於烏拉喝國所治摩竭城置。

崑墟州　於護密多國所治抵寶那城置。

至拔州　於俱密國所治措瑟城置。

鳥飛州　於護密多國所治摸廷城置。

王庭州　於久越得犍國所治步師城置。

波斯都督府　於波斯國所治陵城置。

右西域諸國，分置羈縻州軍府，皆屬安西都護統攝。自天寶十四載已前，朝貢不絕。今於安西府事末紀之，以表太平之盛業也。

校勘記

〔一〕督揚和滁楚舒廬壽七州　「督」下各本原有「越」字，據寰宇記卷一二三刪。

〔二〕江陽　「陽」字各本原作「陵」，據通典卷一八一、寰宇記卷一二三、新志改。

〔三〕晉置秦郡北齊爲秦州　二「秦」字各本原作「泰」，據隋志、寰宇記卷一二三改。

〔四〕山陽縣　「山」字各本原作「南」，據本卷下文及隋志、新志改。

〔五〕南譙州故城　「南」字各本原作「內」。按本卷下文及寰宇記卷一二八均作「南譙故城」，據改。

〔六〕北齊自南譙故城經治於此新昌郡城　寰宇記卷一二八作：「高齊至天保三年，徙南譙州于新昌郡。」此處「經」字疑當作「徙」。

〔七〕武德三年　「三」字各本原作「八」。按下文有武德七年，此不當作八年，據本卷上文及寰宇記卷一二八改。

〔八〕梁置湖州　按「湖」字疑誤。殿本隋志、通典卷一八一作「相」，百衲本隋志作「湘」。

〔九〕漢六國　寰宇記卷一二九安豐縣：「春秋時六國地……漢爲縣，屬六安國。」此處疑有訛誤。

〔一〇〕漢灊縣　「灊」下各本原有「城」字，據漢志、寰宇記卷一二九刪。

〔一一〕隋置霍山應城三縣　此處當有訛誤。據本卷下文及寰宇記卷一二九、新志，疑當作：「武德四年，以霍山、應城、灊城三縣置霍州。」

〔一二〕漢軑縣　「軑」字各本原作「軚」，據漢志、元和志卷九、寰宇記卷一二七改。下同。

〔一三〕隋蘄春郡　「蘄」字各本原作「宜」，據隋志、通典卷一八一、寰宇記卷一二七改。

〔一四〕浠水　各本原作「沛水」，據寰宇記卷一二七、新志改。下同。

〔一五〕周平淮南　「周」字各本原作「因」，據隋志、元和志卷二七改。

〔一六〕漢蘄春縣地　「地」下各本原有「屬」字，據通典卷一八一、寰宇記卷一二七、通鑑卷一八九注引舊唐書刪。

〔一七〕漢平氏縣之義陽鄉　「縣」下各本原重一「縣」字，據元和志卷九、寰宇記卷一三二、通鑑卷八五注引舊唐書刪。

〔一八〕置南羅州　「南」字各本原無，據本卷上文及元和志卷九、寰宇記卷一三二補。

〔一九〕管黃蘄亭南司四州　「司」字各本原無，據本卷下文及寰宇記卷一三二補。

〔二〇〕澴州　各本原作「環州」，據隋志、新志改。下同。

〔二一〕六年罷都督府　按上文已言武德七年，此處不當又有六年。且下文有七年……十二年，而武德無十二年。合鈔卷六〇地理志「六年」上有「貞觀」二字，當是。

〔二二〕新治縣　「治」字各本原作「治」，據宋志、寰宇記卷一二五改。下同。

〔二三〕丹徒縣　「丹徒」，各本原作「丹陽」。據本卷下文及寰宇記卷八九改。

〔二四〕延陵郡　據晉志、元和志卷二五、寰宇記卷八九，「郡」字當作「縣」。

〔二五〕隋移郡丹徒　據本卷上文及寰宇記卷八九，「郡」字當作「治」。

〔二六〕以句容二縣　據本卷上文及新志，「句容」下當脫「延陵」二字。

〔二七〕金陵　「陵」字聞本作「隄」，殿、懼盈齋、局、廣本作「提」，據本卷下文及新志改。

〔二八〕廢南興州　「南」字各本原無，據本卷上文及寰宇記卷九二補。

〔二九〕改爲餘杭郡　「爲」字各本原作「屬」，據寰宇記卷九三改。

〔三〇〕三千七百二十里　「三」字各本原作「二」，據寰宇記卷九六改。

〔三一〕復爲始豐縣　「始豐」，各本原作「臨海」，據本卷上文及寰宇記卷九八改。

〔三二〕八年……廢衢州信安縣　據本卷下文，武德八年，信安縣未廢，應是廢衢州。此處「州」下疑脫「爲」字。

〔三三〕分烏傷縣　按武德七年已改烏傷爲義烏，此處烏傷當作義烏。又「縣」下疑脫「置」字。

〔三四〕置武盛縣　「武盛」各本原作「盛武」，據元和志卷二五、寰宇記卷九五、新志改。

〔三五〕音同毉　各本原作「晉同醫」，據通鑑卷一八九注引舊唐書改。

〔三六〕省東嘉州　「東」字各本原無，據寰宇記卷九九、新志補。下同。

〔三七〕避德宗諱　「德宗」各本原作「代宗」，據本書卷一二德宗紀、元和志卷二六改。

〔三八〕永寧縣　「永寧」各本原作「永嘉」，據後漢志、通典卷一八二、寰宇記卷九九改。

〔三九〕永嘉郡　「永嘉」各本原作「永寧」，據通典卷一八二、元和志卷二六、寰宇記卷九九改。

〔四〇〕督閩泉建漳潮五州　「閩」字各本原無，據寰宇記卷一〇〇補。

〔四一〕令督福建泉汀四州　寰宇記卷一〇〇無「令」字，合鈔卷六〇地理志「令」作「今」。

〔四二〕宋齊因之　「因」字各本原作「分」，據通典卷一八二、寰宇記卷一〇〇改。

〔四三〕梅青 據寰宇記卷一〇〇、新志，「青」字當作「溪」。

〔四四〕後移於南安縣 各本「後」上原有「開元」二字，「移」下原有「治泉州治」四字，據寰宇記卷一〇二删。

〔四五〕清源郡 「清源」各本原作「清溪」，據寰宇記卷一〇二改。

〔四六〕唐興 各本原作「吳興」，據寰宇記卷一〇一、新志改。

〔四七〕天寶元年改爲浦城 「城」下各本原有「隋廢縣名」四字，按天寶後不當有此四字，據隋志、寰宇記卷一〇一删。

〔四八〕在京師東南六千一百七十三里 「東」字各本原作「西」，元和志卷二九：「西北至上都取建州路六千二百九十五里。」寰宇記卷一〇二：「西北至長安六千一百九十五里。」據改。

〔四九〕桃州 各本原作「姚州」，據寰宇記卷一〇三、新志改。

〔五〇〕領宣城綏安二縣 「宣城」各本原無，據本卷上文及寰宇記卷一〇三補。

〔五一〕南豫州 「豫」字各本原無，據本卷下文及新志補。

〔五二〕秦屬鄣郡 「鄣」字各本原作「漳」，據元和志卷二八、寰宇記卷一〇三改。下同。

〔五三〕涇 「涇」下各本原有「陽」字，據寰宇記卷一〇五、新志删。

〔五四〕併新平廣晉入鄱陽 寰宇記卷一〇七「鄱陽」下有：「天寶元年，改爲鄱陽郡。乾元元年，復爲饒州。」按本志體例當有此沿革，此處疑有脫文。

〔五五〕天寶元年復置　此處當有訛誤。元和志卷二八作「天寶元年改名浮梁」，新志作「天寶元年更名」。

〔五六〕孫州南昌州　「孫州南」三字各本原無，據本卷下文及寰宇記卷一〇六、新志補。

〔五七〕又督洪袁吉虔撫五州　「吉」下各本原有「慶」字，據寰宇記卷一〇六刪。

〔五八〕以犯代宗諱　「代宗」，各本原作「肅宗」，據本書卷一一代宗紀改。

〔五九〕吳分南昌縣置富城縣　各本「置」字原無，「富」字原作「高」，據通典卷一八二、寰宇記卷一〇六補改。

〔六〇〕豫寧　各本原作「豫章」，據寰宇記卷一〇六、新志改。

〔六一〕大庾　各本原作「太康」，據通典卷一八二、元和志卷二八、寰宇記卷一〇八改。

〔六二〕開元八年分南城置　據本卷下文及元和志卷二八、寰宇記卷一一〇、新志，此處八字係重下文南豐沿革而衍。

〔六三〕楚城縣　「城」字各本原無，據本卷上文及寰宇記卷一一一補。

〔六四〕至德　按本卷上文池州已領有至德；又上文言江州領縣三，而實數四；通典卷一八二、元和志卷二八、新志，至德俱屬池州。是此處江州不當領有至德。

〔六五〕沌陽縣　「沌」字各本原作「池」，據水經卷二八沔水注、元和志卷二七、寰宇記卷一三一改。

〔六六〕漢下雋縣　「雋」字各本原作「嶲」，據漢志、通典卷一八三、元和志卷二七改。

〔六七〕隋改爲巴州　據隋志、通典卷一八三、元和志卷二七，「隋」字當作「梁」。

〔六八〕皆置巴陵縣　古逸叢書影印宋刻殘本（以下簡稱古殘本）寰宇記卷一一三：「自吳至唐，州皆理於此。」南氏本寰宇記卷一一三：「隋爲巴陵郡治，唐爲岳州治。」「置」當是「理」或「治」之誤。

〔六九〕漢孱陵縣地　「孱」字各本原作「潺」，據漢志、通典卷一八三、元和志卷二七改。下同。

〔七〇〕安南　各本原作「南安」，據隋志、古殘本寰宇記卷一一三改。

〔七一〕天寶元年改爲長沙郡　「元年」，各本原作「七年」，按唐制當作「元年」，據古殘本寰宇記卷一一三改。

〔七二〕分長沙東界郡　按元和志卷二九、古殘本寰宇記卷一一五均作「分長沙之東部」，此處「郡」字疑衍。

〔七三〕漢零陵縣地屬故城在今縣南七十八里　據通典卷一八三、元和志卷二九、古殘本寰宇記卷一一六，「零陵」當爲「洮陽」之誤，「屬」字疑衍或「屬」下脫「零陵郡」三字。

〔七四〕十七年廢併入永州上元二年復析永州置　各本原作「貞觀十七年廢永州併入上元二年復析置永州」，據南氏本寰宇記卷一一六、新志改。

〔七五〕五年又加南字　各本原作「武德四年置州又加南字」，據本卷上文及古殘本寰宇記卷一一六、南氏本寰宇記卷一一六改。

〔七六〕改爲延唐　「延唐」各本原作「延康」，據元和志卷二九、古殘本寰宇記卷一一六、新志改。

〔七七〕漢馮乘縣　「乘」字各本原作「溗」，據漢志、元和志卷二九改。下同。

〔七八〕領郴盧陽……六縣　「郴」字各本原無，據本卷下文及古殘本寰宇記卷一一七補。

〔七九〕義章　各本原作「牽」，據本卷上下文及古殘本寰宇記卷一一七改。

〔八〇〕開皇九年　「開皇」各本原作「開元」，據隋志、古殘本寰宇記卷一一七改。

〔八一〕南梁州　「梁」字各本原無，據本卷上文及古殘本寰宇記卷一一五補。

〔八二〕洪杜　各本原作「洪社」，據元和志卷三〇、寰宇記卷一二〇、新志改。下同。

〔八三〕四年置都督府　據本卷下文「彭水……貞觀四年於州置都督府」，此處「四年」上當脫「貞觀」二字。

〔八四〕依舊都督施夷播思費珍溱商九州　「溱」字各本原作「湊」，據本卷下文及寰宇記卷一二〇改。按句云九州而實數僅八，當有訛誤。

〔八五〕又領充明……犍……晃柯樊……茂龍延訓卿雙整懸撫水……襲等五十州　「犍」、「晃」、「樊」、「茂龍」、「卿」、「撫水」、「襲」，各本原作「建」、「兒」、「契」、「筏龍」（聞本作茷龍）、「鄉」、「撫次水」、

「龍小」，據寰宇記卷一二〇、新志改。

〔八六〕改爲盈川　「盈川」各本原作「用川」，據元和志卷三〇、寰宇記卷一二〇、新志改。

〔八七〕九年　校勘記卷二二：「按上云四年，下云五年，此不應言九年。九字或其字之誤。」

〔八八〕屬武陵郡　「郡」字各本原作「縣」，據南氏本寰宇記卷一一九改。

〔八九〕辰州　各本原作「長州」，據本卷上文及新志改。

〔九〇〕長安四年　「長安」各本原無，按天授無四年，據下文溪州沿革及新志補。

〔九一〕朗溪　各本原作「渭溪」，據本卷下文及通典卷一八三、元和志卷三〇改。

〔九二〕分夜郎渭溪縣　據本卷下文及寰宇記卷一二二，「夜郎」下當脫「置」字。

〔九三〕龍標　各本原作「龍牱」，據本卷上文及通典卷一八三、元和志卷三〇、寰宇記卷一二二改。

〔九四〕貞觀八年　「八」字各本原作「五」，據本卷上文及寰宇記卷一二二改。

〔九五〕十三年　各本原作「十一年」，按上文已言十一年，此不當又重。據本卷下文及元和志卷三〇、寰宇記卷一二一、新志改。

〔九六〕貞觀九年　「九」字各本原作「元」，據本卷上文及寰宇記卷一二一改。

〔九七〕漢酉陽縣　「酉」字各本原作「西」，據漢志、元和志卷三〇、寰宇記卷一二二改。

〔九八〕武德四年……請置務州　各本「四」字原作「元」，「州」字原作「川」，據本卷上文及寰宇記卷一二二思州沿革、新志改。

〔九九〕貞觀四年　「四」字各本原作「八」，據本卷上文及元和志卷三〇、寰宇記卷一二二思州沿革、新志改。

〔一〇〇〕以思邛水爲名　「邛」字各本原作「印」，據元和志卷三〇、寰宇記卷一二二改。下同。

〔一〇一〕改屬務州　「州」字各本原作「川」，據本卷上文及寰宇記卷一二二改。

〔一〇二〕置務州　「州」字各本原作「川」，據本卷上文及寰宇記卷一二二改。

〔一〇三〕改爲南川郡　「川」字各本原作「州」，據寰宇記卷一二二改。

〔一〇四〕遷陵　各本原作「零陵」，據漢志、元和志卷三〇、南氏本寰宇記卷一一九改。

〔一〇五〕豲道　各本原作「獠道」，據後漢志、寰宇記卷一五〇改。

〔一〇六〕州前有湖水四時增減　「湖」字各本原作「湘」，元和志卷三九作：「郡前有湖水，冬夏無增減。」寰宇記卷一五〇略同。據改「湘」爲「湖」，「增減」上疑脫「無」字。

〔一〇七〕冀城縣　「城」字各本原無，據隋志、元和志卷三九、寰宇記卷一五〇補。

〔一〇八〕鄯　「鄯」字各本原無，據元和志卷三九、寰宇記卷一五一補。

〔一〇九〕南涼禿髮烏孤　「南」下各本原有「有」字，據寰宇記卷一五一刪。

〔一一〇〕乞伏乾歸都此稱涼　據晉書卷一二五乞伏乾歸傳、元和志卷三九、寰宇記卷一五一，「涼」字應爲「秦」字之誤。

〔一二一〕屬洮州　「洮州」各本原無，據寰宇記卷一五四補。

〔一二二〕在京師二千三十里　按本卷上文渭州以下諸州沿革「京師」下均有「西」字，合鈔卷五九地理志亦有「西」字，此處疑脫。

〔一二三〕後周置廓州　「周」字各本原作「因」，據隋志、元和志卷三九、寰宇記卷一五五改。

〔一二四〕合川縣　「合川」各本原作「合州」，據下文及隋志改。

〔一二五〕安化　各本原作「安伏」，據寰宇記卷一五五、新志改。

〔一二六〕疊川樂川縣　按下文云「十三年置都督」，武德無十三年。據寰宇記卷一五五、新志，「疊川」上當脫「貞觀二年省」五字。

〔一二七〕天寶元年改爲武威郡督涼甘肅三州乾元元年復爲涼州　據唐制及本志體例，此處「督涼甘肅三州」疑有訛誤。

〔一二八〕州置西涼州　據隋志、通典卷一七四、寰宇記卷一五二，上「州」字當作「西魏」。

〔一二九〕仙提　「提」字聞、殿、懼盈齋、廣本作「堤」，局本作「隄」，據晉志、寰宇記卷一五二改。

〔一三〇〕漢樂涫縣地　「涫」字各本原作「綰」，據漢志、通典卷一七四、元和志卷四〇、寰宇記卷一五二改。下同。

〔二一〕管西沙肅三州　合鈔卷五九地理志「管」下有「瓜」字。

〔二二〕周改晉昌爲永興　「周」字各本原作「因」，據元和志卷四〇、寰宇記卷一五三改。

〔二三〕改冥安常樂　據元和志卷四〇、寰宇記卷一五三，「冥安」下當脫「爲」字。

〔二四〕以鄭吉爲都護在玉門關　寰宇記卷一五三伊州沿革作：「鄭吉爲都護南北道，居烏壘城。」漢書卷七〇鄭吉傳：「吉於是中西域而立莫府，治烏壘城。」此處「在玉門關」四字疑有訛誤。

〔二五〕天山在州北一百二十里……胡人呼折羅漫山　各本「天山」原作「天水」，「一百」原無，「折」字原作「析」，據元和志卷四〇、寰宇記卷一五三改補。

〔二六〕貞觀十三年平高昌置西州都督府　據本書卷三太宗紀下：貞觀十四年八月，「平高昌，以其地置西州。」九月，「於西州置安西都護府」此處疑有訛誤。

〔二七〕斬啜　「啜」字各本原無，據元和志卷四〇補。

〔二八〕前漢烏孫部舊地　「漢」字各本原作「後」，據通典卷一七四、寰宇記卷一五六改。

〔二九〕故及突厥常居之　校勘記卷二二：「按故當作胡。」

〔三〇〕置西州城內　「西州」各本原作「伊州」，據本書卷三八地理志總序、元和志卷四〇改。

〔三一〕五百里　「百」字各本原無，據元和志卷四〇、寰宇記卷一五六補。

〔三二〕雜戎胡部落　「雜」字各本原作「新」，據寰宇記卷一五六改。

〔一三三〕置西州都護府　據本卷下文及本書卷三太宗紀下、通典卷一七四、寰宇記卷一五六，「西州」當作「安西」。

〔一三四〕北庭都護府　按北庭都護府及其沿革已見上文，本段內容當屬安西大都護府。此處文字有舛誤。

〔一三五〕毗沙都督府　「毗」字各本原作「畋」，據寰宇記卷一五六、新志改。下同。

〔一三六〕其王伏闍信貞觀二十二年入朝　「貞觀」各本原作「開元」，據本書卷三太宗紀下、新志改。

〔一三七〕上元二年正月置毗沙都督府初管蕃州五上元元年分爲十　按新志云：「初置州五。高宗上元二年置府，析州爲十。」此處「上元元年」當有訛誤。

〔一三八〕以其王葉護領之　「領」字各本原無，據寰宇記卷一五六補。

〔一三九〕以其王太汗領之仍分其部置十五州太汗領之　「王」字各本原無，據本卷上下文諸都督府文例及寰宇記卷一五六補。上「太汗」二字及「州」下「太汗領之」四字，據下諸都督府州文例，疑爲衍文。

舊唐書卷四十一

志第二十一

地理四

劍南道東西道九　嶺南道五管十

劍南道

成都府　隋蜀郡。武德元年，改爲益州，置總管府，管益、綿、陵、遂、資、雅、嘉、瀘、戎、會、松、翼、嶲、南寧、昆、恭十七州。益州領成都、雒、九隴、郫、雙流、新津、晉原、青城、陽安、金水、平泉、玄武、綿竹等十三縣。又置唐隆、導江二縣。二年，分置邛、眉、普、榮、登五州，屬總管府。又置新都、什邡二縣。三年，罷總管，置西南道行臺。仍分綿竹、導江、九隴三縣立濛州，陽安、金水、平泉三縣立簡州，割玄武屬梓州，又析置德陽、新繁、萬春三縣。九年，罷行臺，置都督府，督益、綿、簡、嘉、陵、眉、犍、邛十州〔一〕；幷督嶲、南寧、會都督府〔二〕。貞觀二年，廢濛州之九隴、綿竹、導江來屬，仍改萬春爲溫江。六年，罷南寧都督，更置戎州都督，屬益州。八年，兼領南金州都督。十年，又督益、綿、簡、嘉、陵、雅、眉、邛八州，茂、嶲二都督。十七年，置蜀縣。龍朔二年，升爲大都督府，仍置廣都縣。咸亨二年，置金堂。儀鳳二年〔三〕，又置唐昌、濛陽二縣。垂拱三年，分雒、九隴等十三縣置彭、蜀二州〔四〕。其年，又置犀浦縣。聖曆三年，又置東陽縣。天寶元年，改益州爲蜀郡，依舊大都督府，督劍南三十八郡。十五載，玄宗幸蜀，駐蹕成都。至德二年十月，駕迴西京，改蜀郡爲成都府，長史爲尹。又分爲劍南東川、西川各置節度使。廣德元年，黃門侍郎嚴武爲成都尹，復併東、西川爲一節度。自崔寧鎮蜀後，分爲西川，自後不改。舊領縣十六，戶十一萬七千八百八十九，口七十四萬三百一十二。漢朝蜀郡，戶二十六萬八千二百七十，口一百二十四萬。天寶領縣十，戶十六萬九百五十，口九十二萬八千一百九十九。在京師西南二千三百七十九里，至東都三千二百一十六里。

成都　漢縣，屬蜀郡。漢朝成都一縣，管戶一萬六千二百五十六。蜀，三代之時西南夷國，或臣或否。至秦惠王既霸西戎，欲廣其地，乃令其相張儀、司馬錯伐蜀。取其地，立漢中、巴、蜀三郡。蜀王本都廣都之樊鄉，張儀平蜀後，自赤里街移治於少城，今州城是也。蜀城，張儀所築。

華陽　貞觀十七年，分成都縣置蜀縣，在州郭下，與成都分理。乾元元年二月，改爲華陽。

新都　漢縣，屬廣漢郡。

新繁　漢繁縣，屬蜀郡。劉禪時加「新」字。

犀浦　垂拱二年，分成都縣置。

雙流　漢廣都縣地，屬蜀郡。隋置雙流縣。

廣都　龍朔三年，分雙流置，取隋舊名。

郫　漢縣，屬蜀郡。隋置濛州，大業省爲郫縣。

温江　漢郫縣地，魏蜀郡治於此。隋爲萬春縣。貞觀元年，改爲温江。

靈池　久視元年，分蜀縣置東陽縣。天寶元年，改爲靈池。

漢州上　垂拱二年，分益州五縣置漢州。天寶元年，改爲德陽郡。乾元元年，復爲漢州。領縣五，戶六萬九千五，口三十萬八千二百三。至京師二千二百里，至東都三千一百一十六里。

雒　漢縣，屬廣漢郡。後漢置益州，治於雒。晉置新都郡，宋、齊爲廣漢郡。垂拱二年，置漢州。皆治雒縣也。

德陽　後周廢縣。武德三年，分雒置。

什邡　漢縣，屬廣漢郡。後周改爲方寧。武德三年，改爲什邡。雍齒侯邑，在縣北四十步。

綿竹　漢縣，屬廣漢郡。隋開皇二年，置晉熙縣。十八年，又改爲孝水縣〔五〕。大業三年，改爲綿竹。武德三年，屬濛州。州廢，來屬之。

金堂　咸亨二年，分雒縣、新都置，屬益州。垂拱二年，來屬。

彭州上　垂拱二年，分益州四縣置彭州，天寶元年，改爲濛陽郡。乾元元年，復爲彭州。領縣四，戶五萬五千九百二十二，口三十五萬七千三百八十七。至京師二千三百三十九里，至東都三千一百六十九里。

九隴　州所治。漢繁縣地，宋置晉壽郡，古城在縣西北三里。梁置東益州。後魏爲天水郡，仍改爲九隴。初於縣東三里置濛州，大業省。武德三年，復置濛州，領九隴、綿竹、導江三縣，置彭州之名也〔六〕。三縣置，屬益州〔七〕。垂拱二年，屬彭州。長壽二年，改爲周昌。神龍初復置。

濛陽　儀鳳二年，分九隴、雒、什邡三縣置，屬益州。垂拱三年，來屬。

導江　蜀置都安縣，後周改爲汶山。武德元年，改爲盤龍，尋改爲導江。三年，割屬濛州。州廢，屬益州。舊治灌口城，武德元年，移治導江郡〔八〕。垂拱二年，來屬。

蜀州　垂拱二年，分益州四縣置。天寶元年，改爲唐安郡。乾元元年，復爲蜀州也。領縣四，戶五萬六千五百七十七，口三十九萬六百九十四。至京師三千三百三十二里，至東都三千一百七十二里。

晉原　漢江源地，屬蜀州。李雄立江源郡，晉改爲多融縣，又改爲晉原。鶴鳴山，在西北十里。

青城　漢江源縣地。南齊置齊基縣，後周改爲青城。山在西北三十二里。舊「靑」字加水，開元十八年，去「水」爲「靑」。

唐安　本漢江源縣地，後魏於此立犍爲郡及僰道縣。隋省。武德元年復置，改爲唐隆。長壽二年，爲武隆。先天元年，改爲唐安。

新津　漢武陽縣，屬犍爲郡。後周改爲新津，屬益州。垂拱二年，屬蜀州也。

眉州上　隋眉山郡之通義縣。武德二年，割嘉州之通義、丹稜、洪雅、青神、南安五縣置眉州。五年，省南安。貞觀二年，置隆山縣〔九〕。天寶元年，改爲通義郡。乾元元年，復爲眉州也。舊領縣五，戶三萬六千九，口十六萬九千七百五十五。天寶，戶四萬三千五百二十九，口一十七萬五千二百五十六。至京師二千五百五十里，至東都三千二百八十九里。

通義　後漢置通義縣，屬齊通郡〔一〇〕。梁改爲青州，後魏改爲眉州。後改通義爲安洛，又復通義。隋初爲廣通〔一一〕，尋改爲通義。武德元年，於縣置唐眉州也。

彭山　漢武陽縣地〔一二〕，屬犍爲。晉於郡置西江陽郡。後魏增置隆山郡，以界內有鼎鼻山，地形隆故也。隋改爲陵州隆山縣。先天元年，改爲彭山也。

丹稜　本南齊齊樂郡〔一三〕，後周改爲洪雅縣。隋改爲丹稜，屬嘉州。武德二年，來屬也。

洪雅　後周洪雅鎮，隋改爲縣。武德九年，置犍州。貞觀初，州廢，屬眉州也。

青神　漢南安縣，屬犍爲郡。縣臨青衣江，西魏置青衣縣。本治思蒙水口，武德八年，移於今治，屬眉州也。

綿州上　隋金山郡。武德元年，改爲綿州，領巴西、昌隆、涪城、魏城、金山、萬安、神泉七縣。三年，分置顯武、龍安〔一四〕、文義、鹽泉四縣。七年，省金山縣。貞觀元年，又省文義縣。舊領縣九，戶四萬三千九百四，口十九萬五千五百六十三。天寶領縣九，戶六萬五千六十六，口二十六萬三千三百五十二。至京師二千五百九里，至東都三千二百五十九里。

巴西　漢涪縣，屬廣漢郡。晉置梓潼郡〔一五〕，西魏置潼州。隋改爲綿州，煬帝改爲金山郡。隋改涪爲巴西縣也。

涪城　漢涪縣地，東晉置始平郡。後魏改爲涪城及潼縣。隋改潼爲涪城。

昌明　漢涪縣地，晉置漢昌縣，後魏爲昌隆。先天元年，改爲昌明。舊有顯武縣，神龍元年，改爲興聖。開元二年廢，併入昌明，仍分巴西、涪城、萬安三縣地置興聖縣。二十七年廢，地各還本屬。

魏城　隋置。

羅江　漢涪縣地。晉於梓潼水尾萬安故城置萬安縣。後魏置萬安郡，隋廢。天寶元年，改萬安爲羅江。廉泉、讓水，出縣北平地也。

神泉　漢涪縣地〔一六〕。晉置西充國縣〔一七〕，隋改爲神泉，以縣西泉能愈疾故也。

鹽泉　武德三年，分魏城置也〔一八〕。

龍安　隋金山縣〔一九〕。武德三年，復置，改爲龍安。

西昌　隋金山縣。隋末廢。永淳元年，復置，改爲西昌也。

劍州　隋普安郡。武德元年，改爲始州，領縣七。聖曆二年，置劍門縣。先天二年，改始州爲劍州。天寶五年，改爲普安郡。乾元元年，復爲劍州也。舊領縣七，戶三萬六千七百一十四，口十九萬九十六。天寶領縣八，戶二萬三千五百一十，口一十萬四百五十。至京師一千六百六十二里，至東都二千五百六十里。

普安　漢梓潼縣，廣漢郡治也。宋置南安郡，梁置南梁州〔二〇〕，又改爲安州。西魏改爲始州，兼置普安郡。武德元年〔二一〕，復爲始州。皆治於普安也。

黃安　梁分梓潼縣置梁安縣，尋改爲黃安。

永歸　隋分梓潼縣置。

梓潼　漢縣。蜀先分廣漢置梓潼，西魏改爲潼川郡，隋爲梓潼縣。後魏自涪縣移梓潼郡於今縣，屬始州，仍改郡爲縣也。

陰平　晉流人入蜀，於縣置北陰平郡。山北有十八隴山，山有隴十八也。

武連　漢梓潼縣地。宋置武都郡及下辨縣，又改下辨爲武功。後魏改爲武連也。

臨津　漢梓潼縣地。南齊置相厚縣，隋改爲臨津也。

劍門　聖曆二年，分普安、永歸、陰平三縣地，於方期驛城置劍門，縣界大劍山，卽梁山也。其北三十里所，有小劍山。大劍山有劍閣道，三十里至劍處〔三〕，張載刻銘之所。劍山東西二百三十一里。

梓州上　隋新城郡。武德元年，改爲梓州，領郪、射洪、鹽亭、飛烏四縣。三年，又以益州玄武來屬。四年，又置永泰縣。調露元年，置銅山縣。天寶元年，改爲梓潼郡。乾元元年，復爲梓州。乾元後，分蜀爲東、西川，梓州恆爲東川節度使治所。舊領縣七，戶四萬五千九百二十九，口二十四萬八千三百九十四。天寶領縣八，戶六萬一千八百二十四，口二十四萬六千六百五十二。至京師二千九十里〔三〕，至東都二千九百里。

郪　漢縣，屬廣漢郡，歷晉、宋、齊不改。梁於縣置新州，西魏改爲昌城郡。隋改爲梓州，煬帝改爲新城郡。郡城左帶涪水〔三〕，右挾中江，郪居水陸之要。梓州所治，以梓潼水爲名也。

射洪　漢郪縣地，後魏分置射洪縣。婁縷灘東六里，有射江，語訛爲「洪」。

通泉　漢廣漢縣地，隋縣也。

玄武　漢氐道縣，屬蜀郡。晉改爲玄武。武德元年，屬益州。三年，割屬梓州也。

鹽亭　漢廣漢縣地，梁置鹽亭縣也。

飛烏　漢郪縣地，隋置飛烏鎮，又改爲縣，取飛烏山爲名也。

永泰　武德四年，分鹽亭、武安二縣置。

銅山　調露元年，分郪、飛烏二縣地置也。

閬州　隋巴西郡。武德元年，改爲隆州，領閬中、南部、蒼溪、南充、相如、西水、三城、奉國、儀隴、大寅十縣〔二五〕。其年，又立新井〔二六〕、思恭二縣。四年，以南充、相如屬果州〔二七〕，儀隴、大寅屬蓬州。又置新政。七年，又以奉國屬西平州。還以奉國來屬。又省思恭入閬中縣。先天元年，改爲閬州。天寶元年，改爲閬中郡。乾元元年，復爲閬州。舊領縣八，戶三萬八千九百四十九，口二十七萬三千五百四十三。今領縣九，戶二萬五千五百八十八，口十三萬二千一百九十二。至京師一千九百一十五里，至東都二千七百六十里。

閬中　漢縣，屬巴郡。梁置北巴州。西魏置隆州及盤龍郡。煬帝改爲巴西郡〔二八〕。武德爲隆州。皆治閬中。閬水迂曲經郡三面，故曰閬中，隋爲閬內也。

晉安　漢閬中縣地。梁置金遷二。又爲金遷郡〔二九〕。隋省郡，改爲晉城。武德改爲晉安也。

南部　後漢分閬中置充國縣〔三〇〕，屬巴郡。又分置南充國郡。梁改爲南充郡〔三一〕，隋改爲南部也。

蒼溪　後漢分宕渠置漢昌縣，屬巴郡。隋改漢昌爲蒼溪也。

西水　漢閬中縣地。梁置掌夫城，後周改爲西水縣。

奉國　後漢分閬中置。武德七年，屬西平州。貞觀元年，還屬隆州。

新井　漢充國縣地。武德元年，分南部、晉安二縣置。界內有鹽井。

新政　武德四年，分南部、相如兩縣置。

岐坪　舊屬利州，開元二十三年，來屬也。

果州中　隋巴西郡之南充縣。武德四年，割隆州之南充、相如二縣置果州，因果山爲名。又置西充、郎池二縣。天寶元年，爲南充郡。乾元元年，復爲果州也。舊領縣四，戶一萬三千五百一十，口七萬五千八百一十一。天寶領縣六，戶三萬三千九百四，口八萬九千二百二十五。至京師二千五百五十八里，至東都三千四百二十三里。

南充　漢安漢縣，屬巴郡。宋於安漢故城置南宕渠郡。隋改安漢爲南充。果山，在縣南八里。

相如　漢安漢縣地，梁置梓潼郡。周省郡，立相如縣，以縣城南二十里，有相如故宅二，相如坪，有琴臺。

流溪　開耀元年，析南充縣於溪水側置也。

西充　武德四年，分南充置。有西充山。

郎池　武德四年，分相如置。

岳池　萬歲通天二年，分南充、相如二縣置。初治思岳池，開元二十年，移治今所。

遂州中　隋遂寧郡。武德元年，改爲遂州，領方義、長江、青石三縣。二年，置總管府，管遂、梓、資、普四州。貞觀罷總管。十年，復置都督，督遂、果、普、合四州。十七年，罷都督府。天寶元年，改爲遂寧郡。乾元元年，復爲遂州。舊領縣三，戶一萬二千九百七十七，口六萬六千四百六十九。天寶領縣五，戶三萬五千六百三十二，口十萬七千七百一十六。至京師二千三百二十九里，至東京三千一百六十六里。

方義　漢廣漢縣〔三二〕，屬廣漢郡。宋置遂寧郡，齊、梁加「東」字。後周改東遂寧爲遂州。後魏改廣漢爲方義。

長江　東晉巴興縣，魏改爲長江。舊治靈鷲山，上元二年，移治白桃川也。

蓬溪　永淳元年，分方義縣置唐興縣。長壽二年，改爲武豐。神龍初，復。景龍二年，分唐興置唐安縣。先天二年，廢唐安縣，移唐安廢縣置。天寶元年，改唐興爲蓬溪也。

青石　東晉晉興縣〔三三〕。後魏改爲始興。隋改始興爲青石，以縣界有青石祠也。

遂寧　景龍元年分置。

普州中　隋資陽郡之安岳縣。武德二年，分資州之安岳〔三四〕、隆康、安居〔三五〕、普慈四縣置普州。三年，又置樂至、隆龕二縣。天寶元年，改爲安岳郡。乾元元年，復爲普州。舊領縣六，戶二萬五千八百四十，口六萬七千三百二十。天寶領縣四，戶二萬五千六百九十三，口七萬四千六百九十二。至京師二千三百六十里，至東都三千二百三里。

安岳　漢犍爲、巴郡地，資中、牛鞞、墊江三縣地〔三六〕。李雄亂後，爲獠所據。梁招撫之，置普慈郡。後周置普州，隋省。武德二年，復置，安岳爲治所。

安居　後周柔剛縣，屬安居郡。隋改柔剛爲安居。柔剛山，在縣東二十步。舊治柔剛山，天授二年，移理張栅也。

普康　後周永唐縣，隋改爲永康，移治伏強城，尋改爲隆康。先天元年，改爲普康也。

崇龕　後周隆龕城，隋隆龕縣。舊治整瀨川，久視元年，移治波羅川。先天元年，爲崇龕。隆龕山，在縣西三里也。

陵州中　隋隆山郡。武德元年，改爲陵州，領仁壽、貴平、井研、始建、隆山五縣。貞觀元年，割隆山屬眉州。天寶元年，改爲仁壽郡。乾元元年，復爲陵州也。舊領縣四，戶一萬七千四百四十一，口八萬一百一十。天寶領縣五，戶三萬四千七百二十八，口一十萬一百二十八。至京師二千五百一十里，至東都三千四百八十四里。

仁壽　漢武陽縣東境，屬犍爲郡。晉置西城戍，以爲井防。後魏平蜀，改爲普寧縣。後周置陵州，以州南陵井爲名。隋改普寧爲仁壽，所治也。

貴平　漢廣都縣之東南地，屬蜀郡〔三七〕。後魏置和仁郡，仍立平井、貴平、可曇三縣。舊治和仁城，開元十四年，移治祿川也。

井研　漢武陽縣地。東晉置西江陽郡〔三八〕。魏置蒲亭縣，隋改爲井研。武德四年，自擁思茫水移治今所也〔三九〕。

始建　漢武陽縣地。隋開皇十年，於此置始建鎮。大業五年，改鎮爲始建縣〔四〇〕。舊治擁思茫水，聖曆二年，移治榮祉山。

籍　梁席郡，一名漢陽戍。永徽四年，分貴平置。

資州上　隋資陽郡。武德元年，改爲資州，領盤石、內江、安岳、普慈、安居、隆康、資陽、大牢、威遠。其年〔四一〕，割大牢、威遠屬榮州。二年，分安居、隆康、普慈、安岳四縣屬普州。貞觀四年，置丹山縣。天寶元年，改爲資陽郡。乾元元年，復爲資州。乾元二年正月，分置昌州〔四二〕，尋廢也。舊領縣八，戶二萬九千三百四十七，口十五萬二千一百三十九。天寶，戶二萬九千六百三十五，口十萬四千七百七十五。至京師二千五百六十里，至東都三千五百一十里。

盤石　漢資中縣，屬犍爲郡。後周於今簡州陽安縣移資州於漢資中故城爲治所。仍改資中爲盤石，今州治。

資陽　後周分資中置縣，在資水之陽也。

牛鞞必尔反　漢資中縣爲盤地〔四三〕。隋分置牛鞞縣。漢有牛鞞縣，屬犍爲郡，此非也。洛水，一名牛鞞水。

內江　漢資中縣地，後漢於中江水濱置漢安戍〔四四〕。其年，改爲中江縣，因其北江，乃云中。隋改爲內江。漢安故城，今縣治也。

月山　資中地，義寧二年置。

龍水　資中地，義寧二年置。

銀山　資中地，義寧二年置。

丹山　漢資中地，貞觀四年置。六年，併入內江。七年，又置。

榮州中　隋資陽郡之大牢縣〔四五〕。武德元年，置榮州，領大牢、威遠二縣。貞觀元年〔四六〕，置旭川、婆日、至如三縣。二年，割瀘州之隆越來屬。六年〔四七〕，自公井移州治大牢，仍割嘉州資官來屬。八年，又割瀘州之和義來屬。廢婆日、至如、隆越三縣。永徽二年，移州治旭川。天寶元年，改爲和義郡。乾元元年，復爲榮州。舊領縣六，戶一萬二千二百六十二，口五萬六千六百一十四。天寶，戶五千六百三十九，口一萬八千二十四。至京師二千九百七十二里，至東都二千七百四十九里。

大牢　漢南安縣，屬犍爲郡。隋置大牢鎮，尋改爲縣。武德元年，割資州之大牢、威遠二縣，於公井鎮置榮州，取界內榮德山爲名。又改公井爲縣。貞觀六年〔四八〕，自公井移州治於大牢縣也。

公井　漢江陽縣，屬犍爲郡。後周置公井鎮。武德元年，鎮置榮州，改爲公井縣。貞觀六年，治移於大牢也。

威遠　漢安縣地，屬犍爲郡。隋於舊威遠戍置縣〔四九〕。武德初，屬資州。其年，割屬榮州也。

旭川　貞觀元年，分大牢縣置。

資官　漢南安縣地，晉置資官縣。武德初，屬嘉州。貞觀六年〔五〇〕，來屬。

和義　漢安縣地〔五一〕，隋置和義縣。

簡州　隋蜀郡之陽安縣。武德三年，分益州置。天寶元年，改爲陽安郡。乾元元年，復爲簡州。舊領縣三，戶一萬三千八百五，口七萬五千一百三十三。天寶，戶二萬三千六十六，口十四萬三千一百九十。在京師西南二千七百里，至東都三千六百里。

陽安　漢牛鞞縣，屬犍爲郡。後魏置陽安縣，又分陽安、平泉、資陽三縣置簡州，取界內賴簡池爲名。

金水　漢新都縣，屬廣漢郡。晉將朱齡石，於東山立金泉戍。後魏立金泉郡〔五二〕，分置金泉、白牟二縣〔五三〕。隋改爲金潤，屬蜀郡。武德初，爲金水。三年，屬簡州。縣有金堂山。

平泉　漢牛鞞縣地，後魏置婆潤縣。隋移縣治於賴黎池，仍改爲平泉縣，縣之旁地湧泉故也。

嘉州中　隋眉山郡。武德元年，改爲嘉州，領龍遊、平羌、夾江、峨眉、玉津、綏山、通義、洪雅、丹稜、青神、南安五縣置眉州〔五四〕。貞觀六年，改資官，屬榮州。上元元年，以戎州之犍爲來屬。天寶元年，改爲犍爲郡。乾元元年，復爲嘉州。三月，劍南節度使盧元裕，請升爲中都督府。尋罷。舊領縣六，戶二萬五千八十五，口七萬五千三百九十一。天寶領縣八，戶三萬四千二百八十九，口九萬九千五百九十一。至京師二千七百二十里，至東都三千五百里。

龍遊　漢南安縣地，屬犍爲郡。後周置平羌縣。隋初，爲峨眉縣，又改爲青衣縣。隋伐陳時，龍見於江中引舟，乃改爲龍遊縣也，州臨大江爲名。

平羌　後周置也。

峨眉　漢南安縣。隋置峨眉縣，取西山名也。

夾江　漢南安縣地。隋分龍遊、平羌三縣〔五五〕，於涇上置夾江縣〔五六〕。今北八十里，有夾江廢戍，即涇上地也。舊治涇上，武德元年，移於今治也。

玉津　漢南安縣地。隋置玉津縣，江中出璧故也。

綏山　隋招致生獠，於榮樂城置綏山縣，取旁山名也。

羅目　麟德二年，開生獠置沐州及羅目縣。上元三年，俱廢。儀鳳三年，又置，治沲和城，屬嘉州。如意元年，又自峨眉縣界移羅目治於今所也。

犍爲　本漢郡〔五七〕，因山立名。舊屬戎州。上元元年，改屬嘉州。

邛州上　隋臨邛郡之依政縣。武德元年，割雅州之依政、臨邛、臨溪〔五八〕、蒲江、火井五縣，置邛州於依政縣。三年，又置安仁縣。顯慶二年，移州治於臨邛。天寶元年，改爲臨邛郡。乾元元年，復爲邛州。舊領縣六，戶一萬五千八百八十六，口七萬二千八百五十九。天寶領縣七，戶四萬二千一百七，口十九萬三百二十七。在京師西南二千五百一十五里，至東都三千三百七十一里。

臨邛　漢縣，屬蜀郡。邛水，出嚴道邛來山，入青衣江，故云臨邛。晉於益州唐隆縣置臨邛縣。後魏平蜀，自唐隆移臨邛縣治於漢臨邛縣西，立臨邛郡。隋罷郡，移臨邛縣於今所治。有火井、銅官山也。

依政　秦蒲陽縣。漢臨邛縣。梁置蒲口鎮及邛州〔五九〕。後魏改爲蒲陽郡，置依政縣。隋改爲臨邛郡，治依政。梁、魏邛州，在今縣西南二里，後周移治於今所，後移治於臨邛。

安仁　秦臨邛縣地。武德三年，置安仁縣。貞觀十七年廢。咸亨初，復置。

大邑　咸亨二年，分益州晉原縣置也。

蒲江　漢臨邛縣地。後魏置廣定縣，隋改爲蒲江，南枕蒲水故也。

臨溪　後魏分臨邛縣置也。

火井　漢臨邛縣地。周置火井鎮，隋改鎮爲縣也。

雅州下都督府　隋臨邛郡。武德元年，改爲雅州，領嚴道、名山、盧山、依政、臨邛、蒲江、臨溪、蒙陽、漢源、火井、長松、靈關、楊啓、嘉良、大利、陽山十六縣。其年，割依政、臨邛、蒲江、臨溪、火井五縣置邛州；漢源、陽山二縣置登州。二年，置榮經縣。六年，省嘉良、楊啓、大利、靈關、蒙陽、長松六縣。九年，廢登州，還以陽山、漢源來屬。貞觀二年，又以陽山、漢源屬嶲州。八年，又置百丈縣。永徽五年，以嶲州漢源來屬。儀鳳四年，置飛越、大渡二縣。大足元年，又割漢源、飛越二縣置黎州。神龍三年，廢黎州，漢源、飛越屬雅州。開元三年，又割二縣置黎州，又置都督府。天寶元年，改爲盧山郡。乾元元年，復爲雅州，都督羈縻一十九州也。舊領縣五，戶一萬三百六十二，口四萬一千七百二十三。天寶，戶一萬八百九十二，口五萬四千四百一十九。在京師西南二千七百二十三里，至東都三千五百一里。

嚴道　漢縣，屬蜀郡。晉末大亂，夷獠據之。後魏開生獠於此置蒙山郡，領始陽、蒙山二縣。隋改始陽爲嚴道，蒙山爲名山。仁壽四年，置雅州，煬帝改爲嚴道。

盧山　漢嚴道地。隋置盧山鎭，又改爲縣。盧山，在縣西北六十里章盧山下，有山硤，口開三丈，長二百步，俗呼爲盧關。關外卽生獠也。

名山　嚴道縣地。魏置蒙山縣，隋改爲名山也。

百丈　漢嚴道縣地，在漢臨邛南百二十里。有百丈山。武德置百丈鎭。貞觀八年，改鎭爲縣。

榮經　漢嚴道縣地。武德三年，置榮經縣。縣界有邛來山、九折坂〔六〇〕、銅山也。

雅州，都督一十九州，並生羌、生獠羈縻州，無州縣。

嘉梁州〔六一〕　東石孔州　西石孔州〔六二〕　林波州　涉邛州　汶東州

金林州　費林州　徐渠州　會野州　雉州　中川州

鉗矢州　強雞州　長臂州　楊常州　林燒州　當仁州
當馬州
皆天寶已前，歲時貢奉。屬雅州都督。

黎州下　雅州之漢源縣。大足元年，割漢源、飛越二縣及嶲州之陽山置黎州。天寶元年，改爲洪源郡。乾元元年，復爲黎州，領羈縻五十四州也。領縣三，戶一千七百三十一，口七千六百七十八。至京師二千九百五十里，至東都三千七百里。

漢源　越嶲郡之地。隋漢源縣。長安四年，巡察使奏置黎州，後使宋乾徽奏廢入雅州。大足元年，又置黎州。神龍三年廢。開元三年，又置黎州，取蜀南沈黎地爲名，州所治。

飛越　儀鳳四年，分漢源於飛越水置縣，屬雅州。大足元年，屬黎州。長安二年，廢大渡縣，併入。神龍三年，屬雅州。開元三年，又屬黎州也。

通望　舊陽山縣，屬嶲州。大足元年，屬黎州。神龍二年，又屬嶲州。開元元年，卻屬黎州。天寶元年，改爲通望也。

黎州，統制五十四州，皆徼外生獠。無州，羈縻而已。

羅巖州　索古州　秦上州　輒榮州　劇川州　合欽州
蓬州　柏坡州　博盧州　明川州　胣胈州　蓬矢州
大渡州　米川州　木屬州　河東州　諾筰州　甫嵐州
昌明州　歸化州　象川州　叢夏州　和良州　和都州
附樹州　東川州　上貴州　滑川州　比川州　吉川州
甫薻州　比地州　蒼榮州　野川州　邛陳州　貴林州
護川州　牒琮州　浪彌州　郎郭州　上欽州　時蓬州
儼馬州　橛査州　邛川州　護邛州　腳川州　開望州
上蓬州　比蓬州　剝重州　久護州　瑤劍州　明昌州

瀘州下都督府　隋瀘川郡。武德元年，改爲瀘州，領富世、江安、綿水、合江、來鳳、和義七縣〔六三〕。武德三年，置總管府，一州。九年，省來鳳。貞觀元年，置思隸、思逢、施陽三縣。仍置涇南縣〔六四〕。又省施陽縣。十三年，省思隸、思逢二縣。十七年，置溱、珍二州。儀鳳二年，又置晏、納、奉、浙、鞏、薛六州。載初二年，置順州〔六五〕。天授元年，置思峨州〔六六〕。久視元年，置淯州〔六七〕。二年罷州。並屬瀘州都督，凡十州。天寶元年，改爲瀘川郡，依舊都督。乾元元年，復爲瀘州。舊領縣六，戶一萬九千一百一十六，口六萬六千八百二十八。天寶，戶一萬六千五百九十四，口六萬五千七百一十一。在京師西南三千三百里，至東都四千一百九十六里。

瀘川　漢江陽縣地，屬犍爲郡。梁置瀘州，故以江陽爲瀘川縣，州所治也。

富義　隋富世縣。貞觀二十三年，改爲富義縣。界有富世鹽井，井深二百五十尺，以達鹽泉，俗呼玉女泉。以其井出鹽最多，人獲厚利，故云富世。

江安〔六八〕　漢江陽縣地〔六九〕。晉時，生獠攻郡，破之，又置漢安縣。隋改爲江安也。

合江　漢符縣地〔七〇〕，屬犍爲郡。晉置安樂縣，後周改爲合江也。

綿水　漢江陽縣地。晉置綿水縣，當綿水入江之口也。

涇南〔七一〕　貞觀八年，分瀘川置，在涇水之南。

瀘州，都督十州，皆招撫夷獠置，無戶口、道里，羈縻州。

納州　儀鳳二年，開山洞置。天寶元年，改爲都寧郡。乾元元年，復爲納州，領縣八，並與州同置。

羅圍　播羅　施陽　都寧　羅當　羅藍　都闕　胡茂

薛州　儀鳳二年，招生獠置。天寶元年，改爲黃池郡。乾元元年，復爲薛州也。領縣三，與州同置。

枝江　黃池　播陵

晏州　儀鳳二年，開山洞置。天寶改爲羅陽郡。乾元元年，復爲晏州也。領縣七，與州同置。

思峨　柯陰　新賓　扶來　思晏　多岡　羅陽

鞏州　儀鳳二年，開山洞置。天寶改爲因忠郡。乾元元年，復爲鞏州也。領縣四，與州同置。

多樓　波員　比求　播郎

順州　載初二年置，領縣五，與州同置。

曲水　順山　靈巖　來猿　龍池

奉州　儀鳳二年置，領縣三，與州同置。

柯理　柯巴　羅蓬

思峨州　天授元年置〔七〕，領縣二，與州同置。

多溪　洛溪

能州　大足元年置，領縣四，與州同置。

長寧　來銀　菊池　猿山

湝州　久視元年置，領縣四，與州同置。

新定　湝川　固城　居牢

浙州　儀鳳二年置，領縣四，與州同置。

浙源　越賓　洛川　鱗山

茂州都督府　隋汶山郡。武德元年，改爲會州，領汶山、北山、汶川、左封、通化、翼針、交川、翼水九縣〔一三〕。其年，割翼針、左封、翼水三縣置翼州，以交川屬松州。三年，置總管府，管會、翼二州。四年，改爲南會州。七年，改爲都督府，督南會、翼、向、維、塗、冉〔一四〕、穹、炎、徹、笮十州。貞觀八年，改爲茂州，以郡界茂濕山爲名。仍置石泉縣。天寶元年，改爲通化郡。乾元元年，復爲茂州也。舊領縣四，戶三千三百八十六，口五萬三千七百六十一。天寶，戶二千五百一十，口一萬三千二百四十二。至京師西南二千七百九十四里，至東都三千一十四里。

汶山　漢汶江縣，屬蜀郡。故城在今縣北二里，舊冉駹地〔一五〕。晉汶山郡，宋廣陽縣。周爲汶州，置汶山縣。隋初，改爲蜀州，又改爲會州。貞觀八年，改爲茂州。

汶川　漢綿虒縣地，屬蜀郡。晉置汶川縣，後周移汶川於廣陽縣齊州置，即今治也。玉壘山〔一七〕，在縣東北四里。石紐山，亦在縣界。永徽二年，廢汶川縣併入。

石泉　漢岷山縣，屬蜀郡。貞觀八年，置石泉縣也。

通化　漢廣柔縣地，屬蜀郡。後周置石門鎮，隋改爲金山鎮，尋改爲通化也。

茂州都督府，羈縻州十。維、翼兩州，後進爲正州。相次爲正者七，今附於都督之下。

翼州下　隋汶山郡之翼針縣。武德元年，分置翼州。六年，自左封移州治於翼針。咸亨三年，置都督府，移就悉州城內。上元二年，罷都督，移還舊治。天寶元年，改爲臨翼郡。乾元元年，復爲翼州也。舊領縣三，戶一千六百二，口三千八百九十八。天寶領縣二，戶七百一十一，口三千六百一十八。在京師西南二千九百三十里，至東都三千二百七十八里。

衞山　漢蠶陵縣，屬蜀郡。故城在縣西，有蠶陵山。隋改爲翼針縣，治七頃城。貞觀十七年，移治七里溪。天寶元年，改爲衞山縣。

翼水　漢蠶陵縣，隋置翼水縣也。

雞川　昭德二縣開生獠新置。

維州下　武德元年，白苟羌降附，乃於姜維故城置維州，領金川、定廉二縣。貞觀元年，羌叛，州縣俱罷。二年，生羌首領董屈占者〔七〕，請吏復立維州〔六〕，移治於姜維城東，始屬茂州，爲羈縻州。麟德二年，進爲正州。尋叛，羌降，爲羈縻州。垂拱三年，又爲正州。天寶元年，改爲維川郡。乾元元年，復爲維州。上元元年後，河西、隴右州縣，皆陷吐蕃。贊普更欲圖蜀川，累急攻維州，不下，乃以婦人嫁維州門者。二十年中，生二子。及蕃兵攻城，二子內應，城遂陷。吐蕃得之，號無憂城。累入兵寇擾西川。韋臯在蜀二十年，收復不遂。至大中末，杜悰鎮蜀，維州首領內附，方復隸西川。舊領縣三，戶二千一百四十二，無口。天寶領縣二，戶二千一百七十九，口三千一百九十八。至京師二千八百三十里，至東都三千五百六十三里。

薛城　漢已前，徼外羌冉駹之地。蜀劉禪時，蜀將姜維、馬忠等，討汶山叛羌，即此地也。今州城，卽姜維故壘也。隋初，蜀師討叛羌，於其地置薛城戍。大業末，又沒於羌。武德七年，白苟羌酋鄧賢佐內附，乃於姜維城置維州，領金川、定廉二縣。貞觀元年，賢佐叛，罷郡縣。三年，左上封生羌酋董屈占等，舉族內附，復置維州及二縣。薛城，在州西南二百步也。

小封　咸亨二年，刺史董弄招慰生羌置也。

塗州下　武德元年，臨塗羌歸附，置塗州，領端源、婆覽二縣。貞觀二年，州縣俱省。五年，又分茂州之端源戍置塗州也。領縣三，與州同置。

端源　臨塗　悉憐

戶二千三百三十四，口四千二百六十一。至京師西南二千六百八十九里。

炎州下　貞觀五年，生羌歸附〔九〕，置西封州。八年，改爲炎州。領縣三，與州同置。

大封　慕仙　義川

領戶五千七百，無口數。在京師西南三千三百七十六里。

徹州下　貞觀五年，西羌首領董凋貞歸化置。領縣三，與州同置。

文徹　俄耳　文進

領戶三千三百，無口數。在京師西南三千四百一十八里。

向州下　貞觀五年，生羌歸化置也。領縣二，與州同置。

貝左　向貳

領戶一千六百二，口三千八百九十八。在京師西南二千八百六十九里。

冉州下　本徼外斂才羌地。貞觀五年置西冉州。九年，去「西」字。領縣四，與州同置。

冉山　磨山　玉溪　金水

領戶一千三百七十，無口。在京師西南三千七百三十九里。

穹州下　貞觀五年，生羌歸附，置西博州。八年，改爲穹州。領縣五，與州同置。

領戶三千四百三十六，無口。在京師西南三千二百六十七里。

笮州下　貞觀七年，白苟羌降附，置西恭州。八年，改爲笮州也。領縣三，與州同置。

遂都　亭勸　北思

無口戶。在京師西南二千九百四十五里。

右九州，皆屬茂州都督。永徽後，又析爲三十一州，今不錄其餘也。

戎州中都督府　隋犍爲郡。武德元年，改爲戎州，領僰道、犍爲、南溪、開邊、郁鄢五縣〔六〇〕。

貞觀四年，以開邊屬南通州。於州置都督府〔八一〕，督戎、郎、昆、曲、協、黎、盤、曾、鈞、髳、尹、匡、裒、宗、靡、姚、微十七州〔八二〕。八年，置撫來縣。仍改南通州爲賢州，以開邊來屬。天寶元年，改爲南溪郡，依舊都督，羈縻三十六州〔八三〕，一百三十七縣。並荒梗，無戶口。乾元元年，復爲戎州。舊領縣六，戶三萬一千六百七十，口六萬一千二十六。天寶領縣五，戶四千三百五十九，口一萬六千三百七十五。在京師西南三千一百四里，至東都四千四百八十里。

僰道　漢縣，犍爲郡治所。故僰侯國，梁置戎州也。

南溪　漢南廣縣，屬犍爲郡。後周於廢郡置南武戍。隋改龍源戍，又置爲南溪縣也。

義賓　本漢南安縣，屬犍爲郡。隋改爲郁鄢縣。天寶元年，改爲義賓。

開邊　漢僰道地，隋置開邊縣也。

歸順　聖曆二年，分郁鄢縣置，以處生獠也。

戎州都督府，羈縻州十六，武德、貞觀後招慰羌戎開置也。

協州下　隋犍爲郡之地。古夜郎侯國。武德元年，開南中置也。領縣三，與州同置。

東安　西安　湖津

領戶三百二十九。在京師西南四千里。北接戎州。

曲州下　武德元年，開南中置恭州。八年，改爲曲州。領縣二，與州同置。

朱提　武德元年，置安上縣。七年，改爲朱提。

唐興

領戶一千九十四。在京師西南四千三百三十里。北接協州。

郎州下　武德元年，開南中置南寧州，乃立味、同樂、升麻、同起、新豐、隴堤、泉麻、梁水、降九縣。武德四年，置總管府，管南寧、恭、協、昆、尹、曾、姚、西濮、西宗九州〔八四〕。五年，罷總管。其年冬，復置，寄治益州。七年，改爲都督，督西寧、豫、西利、南雲、磨、南籠七州〔八五〕。并前九州，合十六州。仍割南寧州之降縣屬西寧州。八年，自益州移都督於今治。貞觀六年，罷都督，置刺史。八年，改南寧爲郎州也。領縣七。

味　隋廢同樂縣，武德元年復置，改名。

同樂　升麻　同起　新豐　隴堤　泉麻　並與州同置。

戶六千九百四十二。在京師西南五千六百七十里。北接曲州。

昆州下　漢益州郡地。武德初，招慰置。領縣四，與州同置。

益寧

晉寧　有滇池，周三百里。　安寧　秦臧　漢縣。

領戶一千二百六十七。在京師西南五千三百七十里。北接嶲州。

盤州下　武德七年，開置西平州。貞觀八年，改爲盤州。領縣三，與州同置。
附唐〔六六〕　平夷　盤水　卽舊興古郡也。
領戶一千九百六十。在京師西南五千三十里。北接郎州，南接交州。
黎州下　武德七年，析南寧州置西寧州。貞觀八年，改爲黎州。領縣二，二縣本屬南寧。
梁水　絳
領戶一千。至京師無里數。北接昆州。
匡州下　武德七年，開置南雲州。貞觀三年，改爲匡州也。領縣二，與州同置。
勃弄　匡川　縣界有永昌故城也。
領戶四千八百。在京師西南五千一百六十五里。
髳州下　武德四年，置西濮州。貞觀十一年，改爲髳州也。領縣四，與州同置。
濮水　青蛉　舊屬越嶲郡。　歧星　銅山
領戶一千三百九十。在京師西南四千八百五十里。南接姚州。
尹州下　武德四年置。領縣五，與州同置。
馬邑　天池　鹽泉　甘泉　涌泉
領戶一千七百。無里數。接髳州。

會州下　武德四年置。領縣五，與州同置。

會　三部　神泉　龍亭　長和

領戶一千二百七。在京師西南五千一百四十五里。西接匡州。

鉤州下　武德七年，置南龍州。貞觀十一年，改爲鉤州也。領縣二，與州同置。

望水　唐封

領戶一千。在京師西南五千六百五十里。北接昆州。

靡州下　武德七年，置西豫州。貞觀三年，改爲靡州。領縣二，與州同置。

磨豫　七部

領戶一千二百。在京師西南四千九百四十五里。南接姚州。

裒州下　武德四年置。領縣二，與州同置。

揚彼　強樂

領戶一千四百七十。在京師西南四千九百七十里。南接姚州。

宗州　武德四年，置西宗州。貞觀十一年，去「西」字。領縣三，與州同置。

宗居　石塔　河西

領戶一千九百三十。在京師西南五千一十里。北接姚州。

徽州下　武德四年，置利州。貞觀十一年，改爲徽州。領縣二，與州同置。

深利　十部

領戶一千一百五十。在京師西南四千九百七十里。東接靡州。

姚州　武德四年置，在姚府舊城北百餘步。漢益州郡之雲南縣。古滇王國。楚頃襄王使大將莊蹻泝沅水，出且蘭，以伐夜郎。屬秦奪楚黔中地，蹻無路能還，遂自王之。秦幷蜀，通五尺道，置吏。漢武開西南夷，置益州郡，雲南卽屬邑也。後置永昌郡，雲南、哀牢、博南皆屬邑也。蜀劉氏分永昌爲建寧郡，又分永昌、建寧置雲南郡，而治於弄棟。晉改爲晉寧郡，又置寧州。武德四年，安撫大使李英，以此州內人多姓姚，故置姚州，管州三十二。麟德元年，移姚州治於弄棟川。自是朝貢不絕。天寶末，楊國忠用事，蜀帥撫慰不謹，蠻王閤羅鳳不恭，國忠命鮮于仲通興師十萬，渡瀘討之，大爲羅鳳所敗。鎮蜀〔八七〕，蠻帥異牟尋歸國，遂以韋臯爲雲南安撫大使，命使册拜，謂之南詔。大和中，杜元穎鎮蜀，蠻王嵯顚侵蜀，自是或臣或否。咸通中，結構南海蠻，深寇蜀部。西南夷之中，南詔蠻最大也。領縣二〔八八〕。

瀘南　縣在瀘水之南。　長明

戶三千七百。至京師四千九百里。

右上十六州，舊屬戎州都督。天寶已前，朝貢不絕。

嶲州中都督府　隋越嶲郡。武德元年，改爲嶲州，領越嶲、邛部〔八九〕、可泉、蘇祁、臺登六縣〔九〇〕。二年，又置昆明縣。三年，置總管府，管一州。貞觀二年，割雅州陽山、漢源二縣來屬。八年，又置和集縣。天寶元年，越嶲郡，依舊都督府。乾元元年，復爲嶲州也。舊領縣十，戶二萬三千五十四，口五萬三千六百一十八。天寶領縣七，戶四萬七百二十一，口十七萬五千二百八十。在京師西南三千六百五十四里。

越嶲　漢郡名，武帝置。今縣，漢邛都縣地，屬越嶲郡。有越水、嶲水。後周於越城置嚴州。隋改爲西寧州，尋改嶲州，仍分邛都置越嶲縣，州所治也。

邛部　後漢屬越嶲郡。漢闌縣地，屬沈黎郡。後周置邛部縣也。

臺登　漢縣，屬越嶲郡。

蘇祁　漢蘇夷縣，屬越嶲郡。後周平南夷，於故城復置也。

西瀘　漢邛都縣地，梁置可泉縣。隋治姜磨戍。武德七年，移於今〔九一〕。天寶末年，改爲西瀘也。

昆明　漢定莋縣，屬越嶲郡。後周置定莋鎮。武德二年，鎮爲昆明縣，蓋南接昆明之地故也〔九二〕。

會川　上元二年，移邛都縣於會川置，因改爲會川也。

松州下都督府　隋同昌郡之嘉誠縣。武德元年，置松州。貞觀二年，置都督府，督崌、懿、嵯、闊、麟、雅、叢、可、遠、奉、嚴、諾、蛾〔九三〕、彭、軌、蓋、直、肆、位、玉、璋、祐、臺、橋、序二十五羈縻等州。永徽之後，生羌相繼忽叛，屢有廢置。儀鳳二年，復加整比，督文、扶、當、柘〔九四〕、靜、翼六州。都督羈縻三十州：研州、劍州、探那州、忙州、毘州、河州、幹州、瓊州、犀州、拱州、龕州、陪州、如州、庥州、霸州、彌州、光州、至涼州、蠶州、畔州、梨州、思帝州、戍州、統州、轂州、邛州、樂客州、達違州、卑州、慈州。據天寶十二載簿，松州都督府，一百四州，其二十五州有額戶口，但多羈縻逃散，餘七十九州皆生羌部落，或臣或否，無州縣戶口，但羈縻統之。天寶元年，改松州爲交川郡〔九五〕。乾元元年，復爲松州。據貞觀初分十道，松、文、扶、當、悉、柘、靜等屬隴右道。永徽之後，據梁州之境，割屬劍南道也。舊領縣三，戶六百一十二，口六千三百五。天寶，戶一千七十六，口五千七百四十二。南至翼州一百八十里，東至扶州三百三十八里，東至茂州三百里，西南至當州三百里，西北至吐蕃界九十里。至京師二千二百五十里，至東都三千五十里。

嘉誠　歷代生羌之地，漢帝招慰之，置護羌校尉，別無州縣。至後魏，白水羌象舒治自稱鄧至王〔九六〕，據此地。其子舒彭遣使朝貢，乃拜龍驤將軍、甘松縣子，始置甘松縣。魏末大亂，又絕。後周復招慰之，於此置龍涸防。天和六年，改置扶州，領龍涸郡。隋改甘松爲嘉誠縣，屬同昌郡。武德元年，於縣置松州，取州界甘松嶺爲名。

交川　後周置龍涸郡，隋廢爲交川縣也。

平康　垂拱元年，割交川及當州通軌、翼針三縣置平康縣，屬當州。天寶元年，改交川郡也。

文州　隋武都郡之曲水縣。義寧二年，置陰平郡，領曲水、長松、正西三縣。武德改文州。貞觀元年，省正西入曲水。天寶元年，改爲陰平郡。乾元元年，復爲文州。舊屬隴右道，隸松州都督。永徽中，改屬劍南道也。舊領縣二，戶一千九百八，口八千一百四十七。天寶，戶一千六百八十六，口九千二百五。在京師西南一千四百九十里，至東都二千二百九十里。

曲水　漢陰平道，屬廣漢。晉亂，楊茂搜據爲仇池，氐、羌相傳疊代。後魏平氐、羌，始置文州。隋爲曲水縣。武德後，置文州，治於曲水也。

長松　後魏置蘆北郡，郡置建昌縣。後周移郡縣於此置。隋廢郡，改縣爲長松。白馬水在縣北也。

扶州　隋同昌郡。武德元年，改爲扶州。天寶元年，復爲同昌郡。乾元元年，復爲扶州。舊屬隴右道，隸松州都督。永徽後，改爲劍南道。舊領縣四，戶一千九百二十八，口八千五百五十六。天寶，戶二千四百一十八，口一萬四千二百八十五。在京師西南一千六百九十里，至東都二千四百四十九里。

同昌　歷代吐谷渾所據。西魏逐吐谷渾，於此置鄧州及鄧寧郡，蓋以平定鄧至羌爲名。隋初，改置扶州及同昌縣。煬帝又爲同昌郡。流於此也。

帖夷　後魏置帖夷郡。隋罷爲縣。萬歲通天二年，改爲武進。神龍依舊爲帖夷。

萬全　後魏置武進郡，又改爲上安郡。隋廢郡爲尙安縣。舊治剌利村，長安二年，移治黑水堡。至德二年八月，改爲萬全也。

鉗川　後魏置鉗川郡。隋罷郡，復爲縣。

龍州下　隋平武郡。武德元年，改爲龍門郡。其年，加「西」字。貞觀元年，改爲龍州〔九七〕。

天寶元年，改爲江油郡〔九八〕。乾元元年，復爲龍州。舊屬隴右道，永徽後，割屬劍南也。舊領縣二，戶一千一十七，口六千一百四十九。天寶，戶二千九百九十二，口四千二百二十八。在京師西南二千六百六十里，至東都三千一十五里。

江油　秦、漢、曹魏爲無人之境。鄧艾伐蜀，由陰道景谷〔九九〕，行無人之地七百里，鑿山通道，攀木緣崖，魚貫而進，以至江油〔一〇〇〕，卽此城也。晉始置陰平郡，於此置平武縣。至梁有楊、李二姓大豪，分據其地。後魏平蜀，置龍州。隋初廢郡，改平武爲江油。縣界有石門山。

清川　後魏馬盤縣。天寶元年，改爲清川也。

當州下　本松州之通軌縣。貞觀二十一年，析置當州，以土出當歸爲名。州治利川，領通軌、左封二縣。顯慶二年，又析左封置悉州。儀鳳二年，移治逢臼橋。天寶元年，改爲江源郡〔一〇一〕。乾元元年，復爲當州。本屬隴右道也。領縣三，戶二千一百四十六，口六千七百一十三。至京師三千一百里，至東都三千九百里。東北至松州九百里。

通軌　本屬松州，歷代生羌之地。貞觀二十年，松州首領董和那蓬固守松府，特敕於通軌縣置當州，以蓬爲刺史。顯慶元年，蓬嫡子屈寧襲繼爲刺史。又置和利、谷利、平康三縣也〔一〇二〕。

和利　顯慶二年，分通軌置。

谷利　文明元年，開生羌置也。

悉州　本翼州之左封縣。顯慶元年，置悉州，領悉唐、左封、識臼三縣，治悉唐城〔一〇三〕。咸亨元年，移治左封。儀鳳二年，羌叛，又寄治當州城內，尋歸舊治。垂拱二年，置歸誠縣。載初元年，移治匪平川。天寶元年，改爲歸誠郡，割識臼屬臨翼郡。乾元元年，復爲悉州。舊屬隴右道松州都督，後屬劍南道。領縣二〔一〇四〕，戶八百一十六，口三千九百一十四。至京師二千七百五十里，至東都三千八百里。至西靜州六十里，西北至當州八十里也。

左封　本屬翼州，在當州東南四十里。顯慶元年，生羌首領董係比射內附，乃於地置悉州，州在悉唐川故也〔一〇五〕。以董係比射爲刺史，領左封、歸誠二縣。載初元年，又移州理東南五十里匪平川置也。

歸誠　垂拱二年，分左封置。

靜州　本當州之悉唐縣。顯慶元年，於縣置悉州。咸亨元年，於悉州置翼州都督府，移悉州理左封置。儀鳳二年，罷都督府，翼州却還治於翼針縣，於悉唐縣置南和州。天授二年，改爲靜州，比屬隴右道，隸松州都督。後割屬劍南。領縣二，戶一千五百七十七，口六千六百六十九。東北至當州六十里，東至悉州八十里。至京師與當州道里數同也。

悉唐　縣置在悉唐川。舊屬當州，顯慶中，來屬也。

靜居　縣界有靜川也。

恭州下　開元二十四年，分靜州廣平縣置恭州，仍置博恭、烈山二縣。天寶元年，改爲恭化郡。乾元元年，復爲恭州。本屬隴右道，後割屬劍南。領縣三，戶一千一百八十九，口六千二百二十二。東至柘州一百里，東北至靜州界。至京師三千一百二十里。

和集　舊廣平縣，屬靜州。開元二十四年，於縣置恭州。天寶元年，改爲和集。

博恭　開元二十四年，分廣平置也。

烈山　開元二十四年，分廣平置。

柘州下　永徽後置。天寶元年，改爲蓬山郡。乾元元年，復爲柘州。本屬隴右道松州都督，後割屬劍南也。

保州下　本維州之定廉縣。開元二十八年，置奉州，以董晏立爲刺史。領定廉一縣。天寶元年，改爲雲山郡。八載，移治所於天保軍，乃改爲天保郡。乾元元年二月，西山子弟兵馬使嗣歸誠王董嘉俊以西山管內天保郡歸附，乃爲保州，以嘉俊爲刺史。領縣三〔一〇五〕，戶一千二百四十五，口四千五百三十六。至京師二千九百四十里，至東都三千七百九十里。東至維州風流鎭四十五里也。

定廉　隋置定廉鎭。隋末陷羌。武德七年，招白苟羌，置維州及定廉縣，以界水名。永徽元年，廢鹽城併入。開元二十八年，改屬奉州。天寶八載，改爲天保郡也。

歸順　雲山　天寶八年，分定廉置此二縣也。

眞州下　天寶五載，分臨翼郡之昭德、雞川兩縣置昭德郡。乾元元年，改爲眞州，取眞符縣爲名也。領縣三，戶六百七十六，口三千一百四十七。至京師三千里，至東都三千八百五十里。

眞符　天寶五載，分雞川、昭德二縣置，州所治也。

雞川　先天二年，割翼州翼水縣置，屬翼州。天寶五載，改眞州。

昭德　本識臼縣，屬悉州。天寶元年，改屬翼州，仍改名昭德縣。五年，改屬眞州也。

霸州下　天寶元年，因招附生羌置靜戎郡。乾元元年，改爲霸州也。領縣一，戶一百七十一，口一千八百六十一。至京師二千六百三十二里，至東都三千二百七十一里。

安信〔一〇七〕與郡同置，州所治也。

已上十二州，舊屬隴右道。永徽已後，割屬松州都督，入劍南道。諸州隸松州都督，相繼屬劍南也。

松州都督府，督羈縻二十五州。舊督一百四州〔一〇八〕，領州，無縣戶口，惟二十五有名額，皆招撫生羌置也。

崌州下　貞觀元年，招慰党項置州處也。領縣二，與州同置。

江源　洛稽

領戶一百五十五。至京師西南二千二百四十六里。

懿州下　貞觀五年，置西吉州。八年，改爲懿州，處党項也。領縣二，與州同置。

吉當　唐位

無戶口。至京師西南二千二百五十里。

閼州下　貞觀五年置，處党項。領縣二，與州同置。

閼源　落吳

無戶口。至京師西南二千五百一十里。

麟州下　貞觀五年，置西麟州，處生羌歸附。八年，去「西」字。領縣七，與州同置。

硤川　和善　斂具　硤源　三交　利恭　東陵

無戶口。至京師四千五百里。

雅州下　貞觀五年，處生羌置西雅州。八年，去「西」字。領縣三，與州同置。

新城　三泉　石隴

無戶口。至京師西南二千六百六十里。

叢州　貞觀五年，党項歸附置也。領縣五，與州同置。

都流厥調湊般匐器邏率鍾，並爲諸羌部落，遙立，無縣。

寧遠　臨泉　臨河

無戶口。至京師西南一千八百里。

可州　貞觀四年，處党項，置西義州〔一〇九〕。八年，改爲可州也。領縣三，與州同置。

義誠　淸化　靜方

無戶口。至京師西南一千四十里。

遠州　貞觀四年，生羌歸附置也。領縣二，與州同置。

羅水　小部川

無戶口。至京師西南二千三百六十里。

奉州　貞觀三年，處生羌置西仁州。八年，改爲奉州也。領縣三，與州同置。

奉德　思安　永慈

無戶口。至京師西南二千一百六里。

巖州　貞觀五年，置西金州。八年，改爲巖州。領縣三，與州同置。

金池　甘松　丹巖

無戶口。至京師西南二千一百里。

諾州　貞觀五年，處降羌置。領縣三，與州同置。

諾川　歸德　籠涓

無戶口。至京師西南二千六百四十三里。

蛾州　貞觀五年，處降羌置。領縣二，與州同置。

常平　那川

無戶口。至京師二千七百里。

彭州　貞觀三年，處降党項置洪州。七年，改爲彭州。領縣四，與州同置。

洪川　歸遠　臨津　歸正

無戶口。至京師西南二千七百八十里。

軌州都督府　貞觀二年，處党項置。領縣四，與州同置。

通川　玉城　金原　俄徹

無戶口。至京師西南二千三百九十里。

盇州　貞觀四年，置西唐州。八年，改爲盇州，處降羌也。領縣四，與州同置。

湘水　河唐　曲嶺　枯川

戶二百二十，無口。至京師西南二千六百三十里。

直州　貞觀五年，置西集州。八年，改爲直州，處降羌。領縣二，與州同置。

集川　新川

戶一百，無口。至京師二千五百里。

肆州　貞觀五年，處降羌置。領縣四，與州同置。

歸唐　芳叢　鹽水　磨山

無戶口。至京師二千六百里。

位州　貞觀四年，降生羌置西鹽州。八年，改爲位州。領縣二，與州同置。

位豐　西使

戶一百，無口。至京師二千四百一十里。

玉州　貞觀五年，處降羌置。領縣二，與州同置。

玉山　帶河

戶二百一十五，無口。至京師二千八百七十八里。

嶂州　貞觀四年，處降羌置。領縣四，與州同置。

洛平　顯川　桂川　顯平

戶二百，無口。至京師二千九百里。

祐州　貞觀四年，處降羌置。領縣二，與州同置。

鄘川　歸定

無戶口。至京師二千一百九十里。

臺州　貞觀六年，處党項置西滄州。八年，改爲臺州。無縣。至京師二千一百三十五里。

橋州　貞觀六年，處降羌置。無縣。至京師二千四百里。

序州　貞觀十年，處党項置。無縣。至京師二千四百里。

右二十五州，舊屬隴右道，隸松州都督府。貞觀中，招慰党項羌漸置。永徽已後，羌戎叛臣，制置不一。今存招降之始，以表太平之所至也。

嶺南道

南海節度使，領是十七州也。

廣州中都督府　隋南海郡。武德四年，討平蕭銑，置廣州總管府，管廣、東衡〔二〇〕、洭、南綏、岡五州，并南康總管。其廣州領南海、增城、淸遠、政賓、寶安五縣。六年，又置高、循二總管，隸廣州。七年，改總管爲大都督。九年，廢南康都督，以端、封、宋、洭、瀧、建、齊、威、扶、義、勤十一州隸廣府。其年，又省勤州。貞觀改中都督府，省威、齊、宋、洭四州，仍以廢洭州之湞陽〔二一〕、浛洭二縣來屬〔二二〕。改東衡爲韶州，仍以南康州及崖州都督，並隸廣州。

二年，省循州都督，以循、潮二州隸廣府。八年，改建州爲藥州〔二三〕、南綏州爲湞州、南扶州爲竇州〔二四〕。十二年，改南康州〔二五〕。十三年，省湞州，以四會、化蒙、懷集、洊安四縣來屬。省岡州，以義寧、新會二縣並屬廣州。其年，又以義寧、新會二縣立岡州。今督廣、韶、端、康、封、岡、新、藥、瀧〔二六〕、竇、義、雷、循、潮十四州。永徽後，以廣、桂、容、邕、安南府，皆隸廣府都督統攝，謂之五府節度使，名嶺南五管。天寶元年，改爲南海郡。乾元元年，復爲廣州。州內有經略軍，管鎮兵五千四百人，其衣糧輕稅，本道自給。廣州刺史，充嶺南五府經略使。舊領縣十，戶一萬二千四百六十三，口五萬九千一百一十四。天寶領縣十三，戶四萬二千二百三十五。在京師東南五千四百四十七里，至東都四千九百里。

南海　五嶺之南，漲海之北，三代已前，是爲荒服。秦滅六國，始開越置三郡，曰南海、桂林、象郡，以謫戍守之。秦亡，南海尉任囂病且死，召南海龍川令趙佗，付以尉事。佗乃聚兵守五嶺，擊幷桂林、象郡，自稱南越武王。子孫相傳，五代九十三年。漢武帝命伏波將軍路博德、樓船將軍楊僕兵踰嶺南，滅之。其地立九郡，曰南海、蒼梧、鬱林、合浦、交阯、九眞、日南、儋耳、珠崖。後漢廢珠崖、儋耳入合浦郡。交州刺史領七郡而已。今南海縣卽漢番禺縣，南海郡。隋分番禺置南海縣。番山，在州東三百步。禺山，在北一里。貪泉，州西三十里。越王井，州北四里。

番禺　漢縣名，秦屬南海郡。後漢置交州，領郡七。吳置廣州。皆治番禺也。

增城　後漢番禺縣地。吳於縣置東官。有增江。

四會　漢縣，屬南海。武德五年，於縣治北置南綏州，領四會、化蒙、新招、化穆、化注五縣。貞觀元年，省新招、化注二縣，以廢威州之懷集、廢齊州之洊安二縣來屬。八年，改爲湞州。十三年，省州及化穆縣，以四會、化蒙、懷集、洊安四縣屬廣州也。

化蒙　隋縣。武德五年，屬南綏州。貞觀元年，省化注入。八年，改綏州爲湞州，縣仍屬。十三年，改屬廣州。

懷集　晉懷化縣，隋爲懷集。武德五年，於縣置威州，領興平、懷集、霍清、威成四縣。貞觀元年，州廢，以懷集屬南綏，省興平、霍清、威成三縣。八年，改綏州爲湞州，縣仍屬。十三年，屬廣州。

東莞　隋寶安縣。至德二年九月，改爲東莞。郡，於嶺外其爲名也〔一七〕。

清遠　隋縣。武德六年，廢政賓縣併入〔一八〕，所治也。

洊水　漢封陽縣，屬蒼梧郡。南齊改爲洊安。武德四年，於縣置齊州，領洊安、宣樂、宋昌三縣。貞觀元年，省齊州及宣樂、宋昌二縣，以洊安屬綏州。八年，改綏州爲湞州，縣仍屬。十三年，湞州廢，屬賓州。至德二年九月，改爲洊水也。

湞陽　漢縣，屬桂陽郡。隋爲眞陽〔一九〕。五年〔二〇〕，屬洭州。貞觀初，州廢，改眞陽湞陽，屬廣州。湞山，在縣北三十里。

韶州　隋南海郡之曲江縣。武德四年，平蕭銑，置番州，領曲江、始興、樂昌、臨瀧、良化五縣。貞觀元年，改爲韶州，仍割洭州之翁源來屬。八年，廢臨瀧、良化二縣。天寶元年，改爲始興郡。乾元元年，復爲韶州。舊領縣四，戶六千九百六十，口四萬四百一十六。天寶領縣六，戶三萬一千，口十六萬八千九百四十八。至京師四千九百三十二里，至東都四千一百四十二里。南至廣州八百里，西至郴州五百里，東南至虔州七百里。

曲江　漢縣，屬桂陽郡。在曲江川，州所治也。

始興　漢南野縣地，屬豫章郡。孫皓分南康郡之南鄉，始興縣置。縣界東嶠，一名大庾嶺，南越之北塞。漢討南越時，有將軍姓庾，城於此。五嶺之最東，故曰東嶠也。

樂昌　隋置。

翁源　翁水在縣界。隋縣。武德五年，置洭州。貞觀初廢，以屬韶州。

仁化　湞昌　已上二縣，天寶後新置。

循州　隋龍川郡。武德五年，改爲循州總管府，管循、潮二州。循州領歸善、河源、博羅、興寧、海豐、羅陽。省龍川入歸善〔三二〕、石城入河源、齊昌入興寧。貞觀二年，廢都督府。天寶元年，改爲海豐郡。乾元元年，復爲循州。舊領縣五，戶六千八百九十一，口三萬六千四百三十六。天寶領縣六，戶九千五百二十五，無口數。南至廣州四百里，東至潮州五百一十七里，北至虔州隔山嶺一千六百五十里。至東都四千八百里。

歸善　秦、漢龍川縣地，屬南海郡。宋置歸善縣，縣界羅浮山。貞觀元年，省龍川縣併入。

博羅　漢舊縣，屬南海郡也。

河源　隋縣。循江，一名河源水，自虔州雩都縣流入。龍川，在河源縣，云有龍穿地而出，即水流，漢因置龍川縣。貞觀元年，省石城併入〔三三〕。

海豐　宋縣，屬東莞郡。南海在海豐縣南五十里〔三四〕，即漲海，渺漫無際。武德五年，分置陸安縣。貞觀初，併入也。

興寧　漢龍川縣地。貞觀元年，省齊昌併入。

雷鄉　新置。

岡州　隋南海郡之新會縣。武德四年，平蕭銑，置岡州，領新會、封平、義寧三縣。貞觀五年，州廢，以新會、義寧屬廣州，省封平、封樂二縣。其年，又立岡州〔三四〕，割廣州之新會、義寧來屬。又立封樂縣。天寶元年，改爲義寧郡。乾元元年，復爲岡州也。舊領縣二，戶二千三百五十八，口八千六百六十二。天寶，戶五千六百五十，無口數。在京師西南六千三百五里。

新會　漢南海縣地。晉置新會郡。改置封州，又改爲允州〔三五〕，又改爲岡州。隋末廢，併入廣州。武德四年，復爲岡州。舊治盆源城。貞觀十三年，廢岡州，縣屬廣州。其年，復置州於今治也。

義寧　漢番禺縣地。宋置義寧縣，屬新會郡。

賀州　隋蒼梧郡之臨賀縣。武德四年，平蕭銑，置賀州。天寶元年，改爲臨賀郡。乾元元年，復爲賀州也。舊領縣五，戶六千七百一十三，口一萬八千六百二十八。天寶領縣六，戶四千五百，無口數。在京師東南四千一百三十里，至東都三千五百七十二里。東南至廣州八百七十六里，東至連州二百六十里，南至封州三百六十六里，北至道州四百里，北至富州三百二十里，西南至梧州四百二十二里也。

臨賀　州所治。漢縣，屬蒼梧郡。臨、賀水〔二六〕。吳置臨賀郡。宋改爲臨慶國，齊復爲臨賀郡。隋置賀州，隋末廢爲縣。武德四年，復置賀州。

桂嶺　漢臨賀縣地，隋舊也。

馮乘　漢縣，屬蒼梧郡。有荔平關。

封陽　漢縣，屬蒼梧郡。

富川　漢富川縣。天寶改爲富水，後復爲富川也。

蕩山　新置。

端州　隋信安郡。武德元年，置端州，領高要、樂城、銅陵、平興、博林五縣。其年，以樂城屬康州，銅陵屬春州。七年，置淸泰縣。貞觀十三年，省博林、淸泰二縣。天寶元年，爲高要郡。乾元元年，復爲端州。舊領縣二，戶四千四百九十一，口二萬四千三百三。天寶，戶九千五百，口二萬一千一百二十。東至廣州二百四十里，南至新州一百四十里，西至康州一百六里。至京師四千九百三十五里，至東都四千七百里。

高要　州所治。漢縣，屬蒼梧郡。宋、齊屬南海郡。陳置高要郡，隋置端州。縣北五里有石室山。縣西有鵠奔亭，即漢交州刺史行部到鵠亭，夜，女子鬼訴冤之亭。

平興　漢高要縣地，隋分置。武德七年，分置淸泰縣。貞觀十三年，省淸泰併入。

新州　隋信安郡之新興縣。武德四年，平蕭銑，置新州。天寶元年，改爲新興郡〔三七〕。乾元元年，復爲新州。舊領縣四，戶七千三百八十八，口三萬五千二十五。天寶領縣三，戶九千五百。東至廣州義寧縣四十一里，北至端州一百四十里，西北至康州二百七十里，西南至勤州一百七十里。至京師五千五十二里，至東都五千里。

新興　漢臨允縣，屬合浦郡。晉置新寧郡，梁置新州。

索盧　武德四年，析新興縣置。

永順　新置。

康州　隋信安郡之端溪縣。武德四年，置康州都督府，督端、康、封、新、宋、瀧等州。九年，廢都督府及康州。貞觀元年，又置南康州。十一年廢，十二年又置康州。天寶元年，改爲晉康郡。乾元元年，復爲康州。舊領縣四，戶四千一百二十四，口一萬三千五百四。天寶，戶一萬五百一十，口一萬七千二百一十九。東北至廣州三百四十里，西南至梧州二百八十四里，東至端州一百六十里，南至瀧州二百三十里，西至封州一百三十里，南至新州二百七十里。至京師五千七百五十里，至東都五千一百五十里。

端溪　漢縣，屬蒼梧郡。晉於縣分置晉康郡。隋廢郡，併入信安郡。武德復置康州。縣界有端山，山下有溪也。

晉康　隋安遂縣〔一六〕。至德二年，改爲晉康縣。

悦城　隋樂城縣。武德五年，屬端州。又割屬康州，改爲悦城。

都城　漢端溪縣。東百步有程溪，亦名零溪，温媪養龍之溪也。

封州下　隋蒼梧郡之封川縣。武德四年，平蕭銑，置封州。天寶元年，改爲臨封郡。乾元元年，復爲封州。舊領縣四，戶二千五百五十五，口一萬三千四百七十七。天寶領縣二，戶三千九百，口一萬一千八百二十七。東北至廣州九十五里，西北至梧州五十五里，東至康州一百三十里，北至賀州三百六十六里。至京師水陸四千五百一十里也。

封川　州所治。漢廣信縣地，屬蒼梧郡。在封水之陽。梁置梁信郡。隋平陳，改爲成州，又改爲封州。隋末，州廢爲封川縣，屬蒼梧郡。武德初，置封州。隋移州於封川口，卽今縣治也。

開建　漢封陽縣地，屬蒼梧郡，隋舊也。

瀧州　隋永熙郡之瀧水縣。武德四年，平蕭銑，置瀧州。天寶元年，改爲開陽郡。乾元元年，復爲瀧州。舊領縣四，戶三千六百二十七，口九千四百三十九。天寶領縣五。

瀧水　州所治。漢端溪縣地，屬蒼梧郡。晉分端溪立龍鄉，即今州治。梁分廣熙郡置建州，又分建州之雙頭洞立雙州。隋改龍鄉爲平原縣，又改爲瀧水。

開陽　隋廢縣。武德四年，分瀧水置。

永寧　武德四年，於安遂縣置藥州，領安遂、永寧、安南、永業四縣。貞觀中，廢藥州，以永寧屬瀧州〔二九〕。本隋永熙縣，武德五年，改爲永寧縣。

鎮南　隋安南縣。至德二年九月，改爲鎮南。

建水　新置。

恩州　隋高涼郡。武德四年，平蕭銑，置高州都督府，管高、春、羅、辯、雷、崖、儋、新八州。七年，割崖、儋、雷、新屬廣州。貞觀二十三年，廢高州都督府，置恩州。天寶元年，改爲恩平郡。乾元元年，復爲恩州，內有清海軍，管戍兵三千人也。領縣三，戶九千，無口數。至京師東南六千五百里。西北六十里接廣州界。

恩平　州所治。漢合浦郡也，隋置海安縣。武德五年，改爲齊安。至德二年九月，改爲恩平也。

杜陵　隋杜原縣〔二〇〕。武德五年，改爲杜陵也。

陽江　隋舊置也。

春州　隋高涼郡之陽春縣。武德四年，平蕭銑，置春州。天寶元年，改爲南陵郡。乾元元年，復爲春州。舊領縣一，戶五千七百一十四，口二萬一千六十一。天寶領縣二，戶一萬一千二百一十八。至京師東南六千四百四十八里。東至廣州六百四十二里，南至恩州九十三里，西至高州三百三十里，東北至新州二百六十里，西北至瀧州界也。

陽春　州所治。漢高涼縣地〔二一〕，屬合浦郡，至隋不改也。

羅水　天寶後置。

高州　隋高涼郡。舊治高涼縣，後改爲西平縣。貞觀二十三年，分西平、杜陵置恩州，高州移治良德縣。天寶元年，改爲高涼郡。乾元元年，復爲高州。領縣三，戶一萬二千四百。西北至竇州九十二里，北至瀧州界三百五十里，西南至潘州九十里，東至春州三百三十里。至京師六千二百六十二里，至東都五千五百二十里。

良德　漢合浦縣地，屬合浦郡。吳置高涼郡，宋、齊不改。

電白　梁置電白郡，隋改爲縣也。

保定　舊保安縣。至德二年，改爲保定。

藤州下　隋永平郡。武德四年，置藤州，領永平、猛陵、安基、武林、隋建、陽安、普寧、戎城、寧人、淳人、大賓、賀川十二縣。貞觀七年，以武林屬龔州〔三〕、安普屬蔫州、普寧屬容州。八年，以猛陵屬梧州。十二年，以隋建屬龔州。天寶元年，改爲感義郡。乾元元年，復爲藤州也。舊領縣六，戶九千二百三十六，口一萬三百七十二。天寶領縣三，戶三千九百八十。至京師五千五百九十六里，至東都五千二百里。南至義州二百里，西至龔州一百四十九里，北至梧州九十七里。

鐔津　漢猛陵縣，屬蒼梧郡。晉置永平郡。隋置藤州及鐔津。

感義

義昌　本安昌縣。至德二年九月，改爲義昌。

義州下　隋永熙郡之永業縣。武德五年，置南義州及四縣。貞觀元年，州廢，以所領縣入南建州〔三三〕。二年，復置義州，還以故縣來屬。五年，廢義州，縣屬南建州。六年，復置義州。又改縣來屬。天寶元年，改爲連城郡。乾元元年，復爲義州。舊領縣四，戶三千二百二十五，無口。天寶領縣三，戶一千一百一十，口七千三百三。至京師五千七百五十里，至東都四千六百九十里。東至梧州隔鄣嶺一百七十里，北至藤州二百里，西至容州九十里，東南至竇州一百七十二里，東北至瀧州二百七里。

岑溪　州所治。漢猛城縣，屬蒼梧郡。武德四年，置龍城縣，置南義州。貞觀初廢，二年復置義州，領龍城、安義、連城、義城四縣。至德中，改安義爲永業〔三四〕，龍城爲岑溪。

永業　舊安義縣，至德年改。

連城　武德五年，分瀧州之正義縣置。

竇州下　隋永熙郡懷德縣。武德四年，置南扶州及五縣。以獠反寄瀧州。貞觀元年廢，以所管縣並屬瀧州。二年，獠平，復置南扶州，自瀧州還其故縣。五年復廢，縣隸瀧州。六年復置，以故縣來屬。其年，改南扶爲竇州。天寶元年，改爲懷德郡。乾元元年，復爲竇州。舊領縣五，戶三千五百五十。天寶領縣四，戶一千一百一十九。至京師水陸六千一百二里，至東都水陸五千四百里。西至容州二百里，東至瀧州一百八十里，南至潘州一百五十里，東南至高州九十二里，北至義州二百三十里，西南至禺州一百九十里。

信義　漢端溪縣地，屬蒼梧。隋爲懷德縣。武德四年，析懷德縣置信義縣，仍置南扶州。貞觀中，改爲竇州，取州界有羅竇洞爲名也。

懷德　本屬瀧州，後來屬也。

潭峨　武德四年，分信義縣置也。

特亮　武德四年，分信義置也。

勤州　隋信安郡之高梁縣地。武德四年，置勤州，隸南康州總管。九年，改隸廣州，其年廢，縣屬春州。後置勤州，以銅陵來屬。仍析置富林縣。領縣三〔一三〕，戶六百八十二，口一千九百三十三。至京師五千三百九十里，至東都五千里。東至新州一百七十里，西至瀧州二百六十里，南至廣州六百三十五里，西北至康州二百七十三里。

富林　州所治，析銅陵置。

銅陵　漢臨允縣地，屬合浦郡。宋立瀧潭縣。隋改爲銅陵，以界內有銅山也。

桂管十五州在廣州西

桂州下都督府　隋始安郡。武德四年，平蕭銑，置桂州總管府，管桂、象、靜、融、賀、樂、荔、南昆、龍九州，并定州一總管。其桂州領始安、福祿、純化、興安、臨源、永福、陽朔、歸義、宜風、象十縣。尋改定州爲南尹州。其年，又置欽州總管，隸桂府。五年，置南恭、燕、梧三州，隸桂府。九年，置晏州，隸桂府。貞觀元年，以欽、玉、南亭三州隸桂府。二年，省玉州、南亭州。五年，置賓州，隸桂府。六年，又以尹、藤、越、白、相、繡、鬱、姜、南宕〔一三六〕、南方、南簡、南晉十二州隸桂府。其年，置龔州都督，亦隸桂府。其年，廢龍、鬱二州。八年，改越州爲廉州，南簡爲橫州，南方爲澄州〔一三七〕，南宕爲潘州，南晉爲邕州，尹州爲貴州，靜州爲富州，樂州爲昭州，南昆爲柳州，銅州爲容州。廢福祿、歸義二縣。十年，廢姜州。十二年，廢晏州，以建陵縣來屬。廢荔州，以荔浦、崇仁二縣來屬。省宣風縣。今督桂、昭、賀、富、梧、藤、容、潘、白、廉、繡、欽、橫、邕、融、柳、貴十七州。天寶元年，改爲始安郡，依舊都督府。至德二年九月，改爲建陵郡。乾元元年，復爲桂州，刺史充經略軍使，管戍兵千人，衣糧稅本管自給也。舊領縣十，戶三萬二千七百八十一，口五萬六千五百二十六。天寶領戶一萬七千五百，口七萬一千一百一十八。至京師水陸路四千七百六十里，至東都水陸路四千四十里。

東至道州五百里，西至容州四百九十三里，南至昭州二百一十里，北至邵州六百八十五里，東南至賀州五百三十里，西南至柳州八百里，東北至永州五百五十里。

臨桂　州所治。漢始安縣地，屬零陵郡。吳分置始安郡，宋改爲始建國，南齊始安郡，梁置桂州。隋末，復爲始安郡。江源多桂，不生雜木，故秦時立爲桂林郡也。

理定　漢始安縣。隋分置興安，近改爲理定。

靈川　武德四年，分始安置。

陽朔　隋舊。貞觀元年，廢歸義縣併入。

荔浦　漢縣，屬蒼梧郡。武德四年，置荔浦、建陵、隋化、崇仁、純義。五年，以隋化屬南恭州。貞觀元年，以建陵屬晏州。十三年，廢荔州，以荔浦、崇仁屬桂州，純義屬蒙州也〔一六〕。

豐水　舊永豐縣。元和初，改爲豐水縣。

修仁　隋置建陵縣。貞觀元年，於縣置晏州，領武龍、建陵二縣。十二年，廢晏州及武龍縣，以建陵屬桂州。長慶元年，改爲修仁縣。

恭化　武德四年，分始安置純化縣。元和初，改爲恭化也。

永福　武德四年，分始安置。

臨源　武德四年，分始安置。

全義　新置〔一三九〕。

昭州　隋始安郡之平樂縣。武德四年，平蕭銑，置樂州，領平樂、永豐、恭城、沙亭四縣。貞觀七年，省沙亭縣。八年，改爲昭州，以昭岡潭爲名。天寶元年，改爲平樂郡〔一四〇〕。乾元元年，復爲昭州也。舊領縣三，戶四千九百一十八，口一萬二千六百九十一。天寶，戶三千五百。至京師四千四百三十六里，至東都四千二百一十九里。西至桂州二百二十里，東北至道州四百里，北至永州六百三十九里，南至富州一百六十六里也。

平樂　州所治。漢荔浦地，屬蒼梧郡。晉置平樂縣。貞觀七年〔一四一〕，省沙亭併入也。

恭城　武德四年，析平樂置。

永平　隋縣，舊屬藤州。

富州下　隋始安郡之龍平縣。武德四年，平蕭銑，置靜州，領龍平、博勞、歸化、安樂、開江、豪靜、蒼梧七縣。尋又分蒼梧、豪靜、開江三縣置梧州〔一四二〕。九年，省安樂縣。貞觀八年，改爲富州，以富川水爲名。天寶元年，改爲開江郡。乾元元年，復爲富州。舊領縣三，戶三千三百四十九，口四千三百一十九。天寶，戶一千二百九十。至京師五千一百三十里，至東都四千八百五十里。西北至桂州界八十里，東南至梧州界九十里，北至昭州一百六十六里。

龍平　漢臨賀縣地，屬蒼梧郡。吳置臨賀郡，梁分臨賀置南靜郡，又改爲靜州，改南靜郡爲龍平縣。貞觀八年，改爲富州，以富川水爲名也。

思勤　新置。

馬江　隋開江縣。長慶元年，改爲馬江。皆漢臨賀縣地。

梧州下　隋蒼梧郡。武德四年，平蕭銑，置梧州，領蒼梧、豪靜、開江三縣。貞觀八年，割藤州之孟陵、賀州之綏越來屬。十三年，廢豪靜縣。天寶元年，改爲蒼梧郡。乾元元年，復爲梧州也。舊領縣四，戶三千八十四，口五千四百二十三。天寶領縣三，戶五千。至京師五千五百里，至東都五千一百里。東至封州八十里，東北至賀州四百一十里，北接富州界，正西至藤州一百九十里。

蒼梧　漢蒼梧郡，治廣信縣，卽今治。隋立蒼梧縣，於此置郡。

戎城　隋縣，舊屬藤州，今來屬。

孟陵　漢猛陵縣，屬蒼梧郡。

蒙州　隋始安郡之隋化縣。武德四年，置南恭州〔一四三〕。割荔州之立山、東區、純義三縣分置嶺政縣。貞觀八年，改爲蒙州，取州東蒙山爲名。十二年，省嶺政入立山。天寶元年，改爲蒙山郡。乾元元年，復爲蒙州。舊領縣三，戶一千六十九。天寶，戶一千五十九。至京師五千一百里，至東都四千七百里。南至桂州二百四十九里，東至富州九十七里，西南至象州一百七十六里。

立山　州所治。漢荔浦縣，屬蒼梧郡。隋分荔浦置隋化縣。武德四年，改爲立山，於縣置荔州，尋改爲恭州。貞觀八年，改爲蒙州。州東蒙山，山下有蒙水，居人多姓蒙故也。

東區　武德五年，分立山置，屬荔州。貞觀六年，屬蒙州。十年，改爲蒙州。

正義　貞觀五年，置純義縣，屬荔州。乾元初改爲正義也。

龔州下　隋永平郡之武林縣。貞觀三年，置龔州。七年，移龔州於今州東。仍於龔州之舊所置龔州都督府，督龔、潯、蒙、賓、澄、龔七州。割藤州之武林、龔州之泰川來屬〔一四四〕。又立平南〔一四五〕、西平、歸政、大同四縣。十二年，廢潯州，以桂平、陵江、大賓、皇化四縣來屬。其年，省泰川入平南，省陵江入桂平，省歸政入西平。又割藤州之隋建來屬。天寶元年，改爲臨江郡。乾元元年，復爲龔州。舊領縣八，戶一萬三千八百二十一，口一萬一千一百二十八。天寶領縣六，戶九千，口二萬一千。至京師五千七百二十里，至東都五千三百六十一里。東至藤州一百四十九里，南至繡州九十五里，西至潯州一百三十里，北至蒙州二百四十里。

平南　州所治。漢猛陵縣地，屬蒼梧郡。晉分蒼梧置永平郡〔一四六〕，仍置武林縣〔一四七〕。貞觀七年，分置平南縣。後自武林移龔州治於此也。

武林　猛陵縣地。隋分置武林縣，屬藤州。貞觀七年，屬龔州。

隋建　猛陵縣地。武德年，屬藤州。貞觀年，屬龔州也。

大同　貞觀元年分置。

陽川　本陽建縣，後改爲陽川也。

潯州下　隋鬱林郡之桂平縣〔一四八〕。貞觀七年，置潯州，領桂平、陵江、大賓、皇化四縣。十二年，廢潯州，以四縣屬龔州。後復置潯州，以桂平、大賓、皇化來屬，又省陵江入桂平。天寶元年，改爲潯江郡。乾元元年，復爲潯州也。舊領縣三〔一四九〕，戶二千五百，口六千八百三十六。至京師五千九百六十里，至東都五千七百里。東至龔州一百三十里，西至潘州二百五十里，西南至貴州一百五十里，西北至蒙州三百六十里。西南接鬱林州界。

桂平　漢布山縣，鬱林郡所治也。隋爲桂平縣。武德年，屬貴州。貞觀初，屬藤州。七年，屬潯州。十二年，州廢，屬龔州。復置潯州。

皇化〔一五〇〕　漢阿林縣，屬鬱林郡。隋置皇化縣，後廢。貞觀六年，復置，屬潯州。州廢，屬龔州。又復屬潯州。

鬱林州下　隋鬱林郡之石南縣。貞觀中置鬱林州，領石南、興德。天寶元年，改爲鬱林郡。乾元元年，復爲鬱林州也。領縣五，戶一千九百一十八，口九千六百九十九。至京師五千五百七里，至東都五千一百六十里。東至平琴州九十里，南至牢州一百二里，西南至昭州一百一十里，北至貴州一百五十里。

石南　州所治。漢鬱林郡之地。梁置定州，隋改尹州，煬帝爲鬱林郡，皆治於此。陳時置石南郡，隋改爲縣也。

鬱林　隋縣，屬貴州，後來屬。

興業

興德　武德四年，分鬱林置。

潭栗

平琴州下　漢鬱林郡地。唐置平琴州，無年月。領縣四。天寶元年，改爲平琴郡。乾元元年，復爲州。建中併入黨州。今存。領縣四，戶一千一百七十四。至京師六千四百八十里，至東都五千八百三十里。西至鬱林州九十里，東南至牢州一百一十里，北至貴州一百五十里，北至繡州九十二里，東至黨州二十二里。

容山　州所治。本名安仁，至德年改也。

懷義　福陽　古符　三縣與州同置。

賓州下　隋鬱林郡之嶺方縣。貞觀五年，析南方州之嶺方〔三二〕、思干、琅邪、南尹州之安城〔三三〕置賓州。十二年省思干縣。天寶元年，改爲安城郡。至德二年九月，改爲嶺方郡。乾元元年，復爲賓州。舊領縣三，戶七千四百八十五。天寶，戶一千九百七十六，口八千五百八十。至京師四千三百里，至東都四千一百里。南至淳州二百里，東南至貴州一百七十里，西至邕州二百五十七里，東南至蒙州三百二十里，西北至澄州一百二十里也。

嶺方　漢縣，屬鬱林郡。武德四年，屬南方州。貞觀五年，改爲賓州。

琅邪　武德四年，析嶺方縣置。

保城　梁置安城縣。至德二年，改爲保城也。

澄州下　隋鬱林郡之嶺方縣地。武德四年，平蕭銑，置南方州，領無虞、琅邪、思干、上林、止戈、賀水、嶺方七縣。貞觀五年，以上林、止戈、琅邪、嶺方屬賓州。八年，改南方州爲澄州。天寶元年，改爲賀水郡。乾元元年，復爲澄州。舊領縣四〔一三〕，戶一萬八百六十八。天寶後，戶一千三百六十八，口八千五百八十。至京師四千六百里，至東都四千三百里。南至邕州三百里，北至竇州四百三十里，東南至賓州一百二十里，西至古州五百七十九里。

上林　州所治。漢嶺方縣地。武德四年，析置上林縣也。

無虞　武德四年，析嶺方置。

賀水　武德四年，析柳州馬平縣置。

繡州下　隋鬱林郡之阿林縣。武德四年，置林州，領常林、阿林、皇化、歸誠、羅繡、盧越等縣。六年，改爲繡州。貞觀六年，省歸誠、盧越。七年，以皇化屬潯州。天寶元年，改爲常林郡。乾元元年，復爲繡州，領縣三，戶九千七百七十三。至京師六千九十里，至東都五千五百里。南至黨州五十里，北至貴州一百里也。

常林　漢阿林縣地，屬鬱林郡。武德四年，析貴州之鬱平縣，置林州及常林縣。貞觀六年，省歸誠縣入常林縣，移治廢歸誠縣故城。又改林州爲繡州。

阿林　漢縣，屬鬱林郡。

羅繡　武德四年，析阿林置。

象州下　隋始安郡之桂林縣。武德四年，平蕭銑，置象州，領陽壽、西寧、桂林、武仙、武德五縣。貞觀十二年，省西寧縣，割廢晏州武化、長風來屬。天寶元年，改爲象山郡。乾元元年，復爲象州。舊領縣六，戶一萬一千八百四十五，口一萬二千五百二十一。天寶領縣三，戶五千五百，口一萬八百九十。至京師四千九百八十九里。北至桂州四百里，東至象州一百七十六里，南至費州三百里，西北至柳州二百里，東南至潯州三百六十里，西南至嚴州二百九十里也。

武化　州所治。漢潭中縣地，屬鬱林郡。隋建陵縣，屬桂州。武德四年，析建陵置武化縣，屬晏州。貞觀十二年，廢晏州來屬，仍自武德縣移象州於縣置。非秦之象郡，秦象郡今合浦縣。

武德　漢中留縣地，屬鬱林郡。吳於縣置鬱林郡，仍分中留置桂林縣。武德四年，改爲武德，於縣界置象州。

陽壽　隋縣〔二四〕。

武仙　武德四年，析桂林置。

柳州　隋始安郡之馬平縣。武德四年，平蕭銑，置昆州，領馬平、新平、文安、賀水、歸德五縣。其年，改歸德爲修德，改文安爲樂沙，仍加昆州爲南昆州。八年，以賀水屬澄州。貞觀七年，省樂沙入新平縣，以廢龍州之龍城來屬。八年，改南昆爲柳州。九年，置崖山縣。十二年，省新平入馬平。天寶元年，改爲龍城郡。乾元元年，復爲柳州，以州界柳嶺爲名。舊領縣四，戶六千六百七十四，口七千六百三十七。天寶領縣五，戶二千二百三十二，口一萬一千五百五十。至京師水陸相乘五千四百七十里，至東都水陸相乘五千六百里。東至桂州四百七里，至粵州二百九十里，北至融州二十里，東南至象州二百里，北至柳州三十里〔二五〕。

馬平　州所治。漢潭中縣地，屬鬱林郡。隋置馬平縣。武德四年，於縣置昆州，又改爲柳州也。

龍城　隋縣。武德四年，置龍州，領龍城、柳嶺二縣。貞觀七年，廢龍州，省柳嶺縣。

象　貞觀中置。

洛曹　舊洛封縣，元和十三年改。

洛容　皆漢潭中地。貞觀後析置。

融州下　隋始安郡之義熙縣。武德四年，平蕭銑，置融州，復開皇舊名，領義熙、臨牂、黃水、安修四縣。六年，改義熙爲融水。貞觀十三年，省安修入臨牂。天寶元年，改爲融水郡。乾元元年，復爲融州。舊領縣三，戶二千七百九十四，口三千三百三十五。天寶，戶一千二百三十二。至京師五千二百七十里，至東都四千四百七十里。東至桂州四百九十一里，南至柳州三十里，至武零山二百里也。

融水　漢潭中地，與柳州同。隋置義熙縣。武德四年，改爲融水，州所治也。

武陽　舊黃水、臨牂二縣。析融水置，後併入，改爲武陽。

邕管十州在桂府西南

邕州下都督府　隋鬱林郡之宣化縣。武德四年，置南晉州，領宣化一縣。貞觀六年，改爲邕州都督府。天寶元年，改爲朗寧郡。乾元元年，復爲邕州。上元後，置經略使，領邕、貴、黨、橫等州。後又罷。長慶二年六月，復置經略使，以刺史領之。刺史充經略使，管戍兵一千七百人，衣糧稅本管自給。舊領縣五，戶八千二百二十五。天寶後，戶二千八百九十三，口七千三百二。至京師五千六百里，至東都五千三百二十七里。東南至欽州三百五十里，東北至賓州二百五十里，西南至羈縻左州五百里。

宣化　州所治。漢嶺方縣地，屬鬱林郡。秦爲桂林郡地。驩水在縣北，本牂柯河，俗呼鬱林江〔一五六〕，卽駱越水也，亦名温水。古駱越地也。

武緣　隋廢縣。武德五年，復置也。

晉興　晉於此置晉興郡，隋廢爲縣。

朗寧　武德五年分置。

思龍　如和　封陵　三縣，開篠洞漸置也。

貴州下　隋鬱林郡。武德四年，平蕭銑，置南尹州總管府，管南尹、南晉、南簡、南方、白〔一五七〕、藤、南容、越、繡九州。南尹州領鬱林、馬嶺、安城、鬱平、石南、桂平、嶺山、興德、潮水、懷澤十一縣。五年，以桂平屬鷰州，嶺山屬南橫州。貞觀五年，以安城屬賓州。七年，罷都督府。九年，改南尹爲貴州。天寶元年，改爲懷澤郡。乾元元年，復爲貴州也。舊領縣八，戶二萬八千九百三十，口三萬一千九百九十六。天寶後，領縣四，戶三千二十六，口九千三百。至京師五千三百八十里，至東都五千一百二十里。東至繡州一百里，南至鬱林州一百五十里，西至橫州二百里，北至象州三百里，西南至賓州九十四里，東北至潯州一百五十里。

鬱平　漢廣鬱縣地，屬鬱林郡。古西甌、駱越所居。後漢谷永爲鬱林太守，降烏滸人十萬，開七縣，卽此也。烏滸之俗：男女同川而浴；生首子食之；云宜弟，娶妻美讓兄；相習以鼻飲。秦平天下，始招慰之，置桂林郡。漢改爲鬱林郡。地在廣州西南安南府之地，邕州所管郡縣是也。隋分鬱平縣。鬱江，在州東也。

懷澤　宋廢縣。武德四年又置。

潮水　武德四年，分鬱林置。

義山　新置。

黨州下　古西甌所居。秦置桂林郡，漢爲鬱林郡。唐置黨州，失起置年月。與平琴州同土俗。西至平琴治所二十二里。天寶元年，以黨州爲寧仁郡。乾元元年，復爲黨州。建中二年二月，廢平琴州併入。領縣四〔一五八〕，戶一千三百，口七千四百。至京師地理，與平琴州同。南至牢州一百里，北至繡州五十里，東南至容州一百五十里，北接繡州界百餘里也。

橫州下　隋鬱林郡之寧浦縣。武德四年，置簡州，領寧浦、樂山、蒙澤、淳風、嶺山五縣。六年，改爲南簡州。貞觀八年，改橫州。天寶元年，改爲寧浦郡。乾元元年，復爲橫州也。舊領縣四，戶一千一百二十八，口一萬七百三十四。天寶領縣三，戶一千九百七十八，口八千三百四十二。至京師五千五百三十九里，至東都四千七百五里。南至欽州三百五十里，西至巒州一百五十里，北至貴州一百六十里也。

寧浦　州所治。漢廣鬱縣地，屬鬱林郡。吳分置寧浦郡，晉、宋、齊不改。梁分置簡陽郡。隋平陳，郡並廢，置簡州，又改爲緣州。煬帝廢州，置寧浦縣，鬱林郡。武德復置，改爲橫州。

從化　漢高涼縣地，屬合浦郡。武德四年，分寧浦置淳風縣。貞觀元年，改爲從化也。

樂山　漢高涼縣地，隋置樂山縣。

田州　土地與邕州同，失廢置年月，疑是開元中置。天寶元年，改爲横山郡。乾元元年，復爲田州。舊領縣五，戶四千一百六十八。舊圖無四至州郡及兩京道里數。

都救　惠佳　武籠　横山　如賴　並與州同置也。

巖州　秦桂林郡地，後爲獠所據。乾封元年，招致生獠，置巖州及三縣。天寶元年，改爲修德郡。乾元元年，復爲巖州。領縣三，戶一千八百五十九，口七千五十一。至京師五千三百二十七里，至東都四千八百九十三里。東北至柳州二百四十里，東南接象州界，西北接澄州界也。

來賓　州所治也。　循德　歸化　與州同置。

山州　失起置年月。天寶元年，改爲龍池郡。乾元元年，復爲山州。領縣二，戶一千三百二十。無四至及京洛里數。

龍池　州所治也。　盆山

巒州　秦桂林郡。唐置淳化，失起置年月。天寶元年，改爲永定郡。乾元元年，復爲淳州。永貞元年，改爲巒州也。領縣三，戶七百七十，口三千八百三。至京師五千三百里，至東都四千九百里。南至横州一百四十里，西至邕州三百里，北至賓州二百五十五里。

永定　州所治也。

武羅　靈竹　二縣與州同置。

羅州　隋高涼郡之石龍縣地。武德五年，於縣置羅州，領石龍、吳川、陵羅、龍化、羅辯〔一五九〕、南河、石城、招義、零綠、慈廉、羅肥十一縣。六年，移羅州於石城縣，於舊所置南石州，割石龍、陵羅、龍化、羅辯、慈廉、羅肥屬南石州。天寶元年，改羅州爲招義郡。乾元元年，復爲羅州。舊領縣五〔一六〇〕，戶五千四百六十，口八千四十一。至京師六千五百二十二里，至東都五千七百五里。東至大海一百三十九里，南至雷州二百五十里，西至廉州二百五十里，北至辯州一百五十里，西南至零綠縣大海一百二十里，西北至白州二百三十里，東北至新州五十里。

石城　州所治。漢合浦郡地。宋將檀道濟於陵羅江口築石城，因置羅州，屬高涼郡。唐復置羅州於縣。

吳川　隋縣。

招義　武德五年，析石龍縣置也。

南河　武德五年，析石龍縣置也。

潘州下　隋合浦郡之定川縣。武德四年，置南宕州，領南昌、定川、陸川〔六一〕、思城、温水、宕川六縣，治南昌縣。貞觀六年，移治定川。八年，改爲潘州，仍廢思城縣。天寶元年，改爲南潘郡。乾元元年，復爲潘州也。舊領縣五，戶一萬七百四十八。天寶後，領縣三，戶四千三百，口八千九百六十七。至西京七千一百六十一里，至東都六千三百八十九里。至高州九十里，南至大海五十六里，至辯州一百二十里，北至竇州一百五十一里。

茂名　州所治。古西甌、駱越地，秦屬桂林郡，漢爲合浦郡之地。隋置定川縣〔六二〕。武德四年，平嶺表，於縣置南宕州〔六三〕，改爲潘州，仍改縣茂名也。

南巴　隋廢縣。武德五年置。

潘水　以縣水爲名。武德五年，分置也。

容管十州在桂管西南

容州下都督府　隋合浦郡之北流縣。武德四年，平蕭銑，置銅州，領北流、豪石、宕昌、渭龍、南流、陵城、普寧、新安八縣。貞觀元年，改爲容州，以容山爲名。十一年，省新安縣。開元中，升爲都督府。天寶元年，改爲普寧郡。乾元元年，復爲容州都督府。仍舊置防禦、經略、招討等使，以刺史領之。刺史充經略軍使，管鎭兵一千一百人，衣糧稅本管自給。舊領縣七，戶八千八百九十。天寶後，領縣五，戶四千九百七十，口一萬七千八十七。至京師五千九百一十里，至東都五千四百八十五里。東至藤州二百五十九里，南至竇州二百里，西至禺州十五里，北至龔州二百里，西至隋建縣一百九十里，西北至黨州一百五十里，東北接義州界。

北流　州所治。漢合浦縣地，隋置北流縣。縣南三十里，有兩石相對，其間闊三十步，俗號鬼門關。漢伏波將軍馬援討林邑蠻，路由於此，立碑石龜尙在。昔時趨交趾，皆由此關。其南尤多瘴癘，去者罕得生還，諺曰：「鬼門關，十人九不還。」其土少鐵，以礬石燒爲器，以烹魚鮭，北人名「五侯燋石」。一經火，久之不冷，卽今之滑石也，亦名冷石。

普寧　隋置。

陵城　武德四年，析北流置。

渭龍　武德四年，析普寧置。

欣道　新置。

辯州下　隋高涼郡之石龍縣。武德五年，置羅州，移治石城。於舊所置南石州，領石龍、陵羅、龍化、羅辯、慈廉、羅肥六縣。貞觀九年，改南石州爲辯州，省慈廉、羅肥二縣。天寶元年，改陵水郡。乾元元年，復爲辯州也。舊領縣四，戶一萬三百五十。天寶後，領縣三，戶四千八百五十八，口一萬六千二百九。至京師五千七百一十八里，至東都五千三百七十里。東至廣州一千一百四十四里，南至羅州吳川縣界五十里，南至白州博白縣二百三十里，北至禺州三百八十二里，南至潘州四十里，西南至羅州一百五十里，西北至白州三百里。

石龍　州所治。漢高涼縣地，屬合浦郡。秦象郡地。武德五年，屬羅州，六年改屬辯州。

陵羅　武德五年，置羅州。六年，改爲南石州也。

龍化　武德五年，分置也。

白州下　隋合浦郡之合浦縣地。武德四年，置南州，領博白、朗平、周羅、龍豪、淳良、建寧六縣。六年，改爲白州。貞觀十二年，省朗平、淳良二縣。天寶元年，改爲南昌郡。乾元元年，復爲白州。舊領縣四，戶八千二百六。天寶領縣五，戶二千五百七十四，口九千四百九十八。至京師六千一百七十五里，至東都五千九百一十九里。東至辯州二百里，南至羅州二百二十里，西至州界朗平山八十里，北至牢州一百里，西南至廣州二百里，東北至禺州二百里。

博白　州所治。漢合浦縣地，屬合浦郡。武德五年，析合浦縣置博白縣也。

建寧　武德四年，析合浦縣置。貞觀十二年，省淳良併入。

周羅　武德四年，析合浦置。

龍豪　武德四年，析合浦置。

南昌　隋縣。舊屬潘州，又來屬也。

牢州下　本巴、蜀徼外蠻夷地，漢牂柯郡地。武德二年，置義州。五年，改爲智州。貞觀十二年，改爲牢州，以牢石爲名。天寶元年，改爲定川郡。乾元元年，復爲牢州也。舊領縣三，戶一千六百四十一，口一萬一千七百五十六。去京師與容州道里同。東至容州一百二十五里，南至白州一百里，西至鬱林州一百一十里，北至黨州一百里。

南流　武德四年，析容州北流縣置，屬容州。貞觀十一年，改智州爲牢州，以牢石爲名。牢石高四十丈，周二十里，在州界也。

定川

宕川　貞觀十一年，分南流置也。

欽州下　隋寧越郡。武德四年，平蕭銑，改爲欽州總管府，管一州，領欽江、安京、南賓、遵化、內亭五縣。五年，置如和縣。其年，置玉州〔一六四〕、南亭州，並隸欽府，以內亭、遵化二縣屬亭州。貞觀元年，罷都督府。二年，廢亭州，復以內亭、遵化並來屬。十年，省海平縣。天寶元年，改爲寧越郡。乾元元年，復爲欽州也。舊領縣七，戶一萬四千七十二，口一萬八千一百二十七。天寶領縣五，戶二千七百，口一萬一百四十六。至京師五千二百五十一里。東至巖州四百里，南至大海二百五十里，西至瀼州六百三十里，至橫州三百五十里，東南至廣州七百里，西南至陸州六百里，西至容州三百五十里，東北至貴州四百里。

欽江　州所治。漢合浦縣地，宋分置宋壽郡及宋壽縣。梁置安州，隋改爲欽州，仍改宋壽縣爲欽江。煬帝改爲寧越郡。皆治欽江也。

保京　隋安京縣。至德二年，改爲保京。縣北十里安京山，下有如和山〔一六五〕，似循州羅浮山形勢。

邊化　隋舊置。

內亭　隋縣。武德五年，於縣置南亭州。貞觀元年，州廢，復屬欽州也。

靈山〔一六六〕　已上縣，並漢合浦縣也。

禺州　隋合浦郡之定川縣。武德四年，置南宕州，領南昌、定川、陸川、思城、温水、宕川六縣，治南昌縣。貞觀六年，移治定川。八年，改爲潘州，仍廢思城〔一六七〕。總章元年，改爲東峨州，移治峨石縣。二年，改爲禺州〔一六八〕。天寶元年，改爲温水郡。乾元元年，復爲禺州。舊領縣五，戶一萬七百四十八〔一六九〕。天寶領縣四，戶三千一百八十。至京師五千三百五里，至東都五千里。至義州一百九十里，南至辯州三百里，西至白州二百里，北至容州一百一十里。

峨石　秦象郡地。晉南昌郡之邊邑，爲禺州所治也。

温水　武德四年，析南昌置。

陸川　隋廢縣。武德四年置。

扶桑　武德四年置。

湯州下　秦象郡地。唐置湯州，失起置年月。天寶元年，改爲溫泉郡。乾元元年，復爲湯州也。領縣三，無戶口及無兩京道里、四至州府。

湯泉　州所治也。　淥水　羅韶　與州同置。

瀼州下　貞觀十二年，清平公李弘節遣欽州首領寧師京，尋劉方故道，行達交趾，開拓夷獠，置瀼州。天寶元年，改爲臨潭郡。乾元元年，復爲瀼州。領縣四，戶一千六百六十六，無兩京地里。東至欽州六百三十里，北至容州二百八十二里。在安南府之東北、鬱林之西南。

臨江　州所治也。　波零　鵠山　弘遠　與州同置。

巖州下　土地與合浦郡同。唐置巖州，失起置年月。天寶元年，改爲安樂郡。至德二年，改爲常樂郡。乾元元年，復爲巖州。領縣四，戶一千一百一十，無兩京道里、四至州府也。

常樂　本安樂縣。至德二年改，州所治。

思封　高城　石巖　與州同置。

古州　土地與瀼州同年置。天寶元年，改爲樂古郡。乾元元年，復爲古州。

安南府在邕管之西

安南都督府　隋交趾郡。武德五年，改爲交州總管府，管交、峯、愛、仙、鳶、宋、慈、險、道、龍十州。其交州領交趾、懷德、南定、宋平四縣。六年，澄、慈、道、宋並加「南」字。七年，又置玉州，隸交府。貞觀元年〔一六〕，省南宋州以宋平縣，省隆州以陸平縣，省鳶州以朱鳶縣〔一七〕，省龍州以龍編縣，並隸交府。仍省懷德縣及南慈州。二年，廢玉州入欽州。六年，改南道州爲仙州。十一年，廢仙州，以平道縣來屬。今督交、峯、愛、驩四州。調露元年八月，改交州都督府爲安南都護府。大足元年四月，置武安州、南登州，並隸安南府。至德二年九月，改爲鎮南都護府，後爲安南府。刺史充都護，管兵四千二百。舊領縣八，戶一萬七千五百二十三，口八萬八千七百八十八。天寶領縣七，戶二萬四千二百三十，口九萬九千六百五十二。至京師七千二百五十三里，至東都七千二百二十五里。西至愛州界小黃江口，水路四百一十六里，西南至長州界文陽縣靖江鎮一百五十里，西北至峯州嘉寧縣論江口水路一百五十里，東至朱鳶縣界小黃江口水路五百里，北至朱鳶州阿勞江口水路五百四十九里，北至武平縣界武定江二百五十二里，東北至交趾縣界福生去十里也。

宋平　漢西捲音拳縣地，屬日南郡。自漢至晉猶爲西捲縣。宋置宋平郡及宋平縣。隋平陳，置交州。煬帝改爲交趾，刺史治龍編，交州都護制諸蠻。其海南諸國，大抵在交州南及西南，居大海中洲上，相去或三五百里，三五千里，遠者二三萬里。乘船舉帆，道里不可詳知。自漢武已來朝貢，必由交趾之道。武德四年，於宋平置宋州，領宋平、弘教〔一二〕、南定三縣。五年，又分宋平置交趾、懷德二縣。自貞觀元年，廢南宋州，以弘教、懷德、交趾三縣省入宋平縣，移交趾縣名於漢故交趾城置。以宋平、南定二縣屬交州。

交趾　漢交趾郡之羸𨻻二字並音來口反地。隋爲交趾縣，取漢郡名。武德四年，置慈廉、烏延、武立三縣。六年，改爲南慈州。貞觀初，州廢，並廢三縣，併入交趾。

朱鳶　漢縣名，交趾郡。今縣，吳軍平縣地。舊置武平郡〔一三〕。

龍編　漢交趾郡守治羸𨻻。後漢周敞爲交趾太守，乃移治龍編。言立城之始，有蛟龍盤編津之間，因爲城名。武德四年，於縣置龍州〔一四〕，領龍編、武寧、平樂三縣〔一五〕。貞觀初，廢龍州，以武寧、平樂入龍編，割屬仙州。十年，廢仙州，以龍編屬交州也。

平道　漢封溪縣地，南齊置昌國縣。南越志：交趾之地，最爲膏腴。舊有君長曰雄王，其佐曰雄侯。後蜀王將兵三萬討雄王，滅之。蜀以其子爲安陽王，治交趾。其國地，在今平道縣東。其城九重，周九里，士庶蕃阜。尉佗在番禺，遣兵攻之。士有神弩，一發殺越軍萬人，趙佗乃與之和，仍以其子始爲質。安陽王以媚珠妻之，子始得弩毁之。越兵至，乃殺安陽王，兼其地。武德四年，於縣置道州，領平道、昌國、武平三縣。六年，改爲南道州，又改爲仙州。貞觀十年，廢仙州，以昌國入平道，屬交州。

武平　吳置武平郡。隋爲縣。本漢封溪縣。後漢初，麊泠縣女子徵側叛，攻陷交趾，馬援率師討之，三年方平。光武乃增置望海、封溪二縣，卽此也。隋曰隆平。武德四年，改爲武平。

太平

武峨州下　土地與交州同。置武峨州，失起置年月。天寶元年，改爲武峨郡。乾元元年，復爲武峨州。領縣五，戶一千八百五十，無口。無兩京道里及四至州府也。

武峨　州所治也。　武緣　武勞　梁山　皆與州同置也。　如馬

粵州下　土地與交州同。唐置粵州，失起置年月。天寶元年，改爲龍水郡。乾元元年，復爲粵州。領縣四，無戶口數，亦無兩京道里及四至州府也。

龍水　州所治也。

崖山　東璽　天河　皆與州同置。

芝州下　土地與交州同。唐置芝州，失起置年月。天寶元年，改爲忻城郡。乾元元年，復爲芝州。領縣一。

忻城　州所治。無戶口及兩京道里、四至州府。最遠惡處。

愛州　隋九眞郡。武德五年，置愛州，領九眞、松源、楊山、安順四縣〔一七六〕。又於州界分置積、順、安〔一七七〕、永、胥、前眞、山七州。改永州爲都州。九年，改積州爲南陵州。貞觀初，廢都州入前眞州。其年，廢前眞〔一七八〕、胥二州入南陵州。又廢安州以隆安縣，廢山州以建初縣，並屬州。又廢楊山、安順二縣入九眞縣。改南陵州復爲眞州。八年，廢建初入隆安。九年，廢松源入九眞。十年〔一七九〕，廢眞州，以胥浦、軍安、日南、移風四縣屬愛州。天寶元年，改爲九眞郡。乾元元年，復爲愛州。九眞南與日南接界，西接牂柯界，北與巴蜀接，東北與鬱林州接〔一八〇〕，山險溪洞所居。舊領縣七，戶九千八十，口三萬六千五百一十九。天寶領縣六，戶一萬四千七百。至京師八千八百里，至東都八千一百里。在交州西，不詳道里遠近。其南卽驩州界。

九眞　漢武帝開置九眞郡，治於胥浦縣。領居風、都龐、餘發、咸驩、無切、無編等七縣。今九眞縣，卽漢居風縣地〔一六一〕。吳改爲移風。隋改爲九眞，州所治。自漢至南齊爲九眞郡。梁置愛州，隋爲九眞郡。

安順　隋舊。武德三年，置順州，又分置東河、建昌、邊河，並屬順州。州廢，及三縣皆併入安順，屬愛州也。

崇平　隋隆安縣〔一六二〕。武德五年，於縣置安州及山州，又分隆安立教山、建道、都握三縣〔一六三〕，並屬安州，領四縣。又置岡山、眞潤、古安、西安、建初五縣〔一六四〕，屬山州。貞觀元年，廢安州及三縣，又廢山州及五縣，以隆安隸愛州。先天元年，改爲崇安。至德二年，改爲崇平。

軍寧　隋軍安縣。武德五年，於縣界置永州。七年，改爲都州。貞觀元年，改爲前眞州。十年，改屬愛州。至德二年，改爲軍寧。

日南　漢居風地。縣界有居風山，上有風門，常有風。其山出金牛，往往夜見，照耀十里。時闕，則海水沸溢，有霹靂，人家牛皆怖，號曰「神牛」。隋爲日南縣。

無編　漢舊縣，屬九眞郡。又有漢西于縣，故城在今縣東所置也。

福祿州下　土俗同九眞郡之地，後爲生獠所據。龍朔三年，智州刺史謝法成招慰生獠昆明、北樓等七千餘落〔一六三〕。總章二年，置福祿州以處之。天寶元年，改爲福祿郡。至德二年，改爲唐林郡。乾元元年，復爲福祿州。領縣二，無戶口及兩京道里、四至州郡。

柔遠　州所治。與州同置。本名安遠，至德二年，改爲柔遠也。

唐林

長州　土俗與九眞同。唐置長州，失起置年月。天寶元年，改爲文陽郡。乾元元年，復爲長州。領縣四，戶六百四十八，無口及兩京道里、四至州府也。

文陽　銅蔡　長山　其常　皆與州同置。

驩州　隋日南郡。武德五年，置南德州總管府，領德、明、智、驩、林、源、景、海八州。南德州領六縣。八年，改爲德州。貞觀初，改爲驩州，以舊驩州爲演州。二年，置驩州都督府，領驩、演、明、智、林、源、景、海八州。十二年，廢明、源、海三州。天寶元年，改爲日南郡。乾元元年，復爲驩州也。舊領縣六，戶六千五百七十九，口一萬六千六百八十九。天寶領縣四，戶九千六百一十九，口五萬八百一十八。至京師陸路一萬二千四百五十二里，水路一萬七千里，至東都一萬一千五百九十五里，水路一萬六千二百二十里。東至大海一百五十里，南至林州一百五十里，西至環王國界八百里，北至愛州界六百三里，南至盡當郡界四百里，西北到靈跋江四百七十里，東北至獵州五百二里。

九德　州所治。古越裳氏國，秦開百越，此爲象郡。漢武元鼎六年，開交趾已南，置日南郡，治於朱吾，領比景、盧容、西捲、象林五縣。吳分日南置九德郡，晉、宋、齊因之。隋改爲驩州〔一六六〕，廢九德郡爲縣，今治也。後漢遣馬援討林邑蠻，援自交趾循海隅，開側道以避海〔一六七〕，從蕩昌縣南至九眞郡，自九眞至其國，開陸路〔一六八〕，至日南郡，又行四百餘里，至林邑國。又南行二千餘里，有西屠夷國，鑄二銅柱於象林南界，與西屠夷分境，以紀漢德之盛。其時，以不能還者數十人，留於其銅柱之下。至隋乃有三百餘家，南蠻呼爲「馬留人」。其水路，自安南府南海行三千餘里至林邑，計交趾至銅柱五千里。

浦陽　晉置。

懷驩　隋爲咸驩縣，屬九眞郡。武德五年，於縣置驩州，領安人、扶演、相景、西源四縣，治安人。貞觀九年，改爲演州。十三年，省相景縣入扶演。十六年〔一六九〕，廢演州。其所管四縣，廢入咸驩。後改爲懷驩〔一七〇〕。

越裳　吳置。武德五年，於縣置明州，析置萬安、明弘、明定三縣隸之。又分日南郡文谷、金寧二縣置智州，領文谷、新鎭、闍員、金寧四縣。貞觀十三年，廢明州，越裳屬智州。後又廢智州，以越裳屬驩州。

林州　隋林邑郡。貞觀九年，綏懷林邑置林州，寄治於驩州南界，今廢無名，領縣三，無戶口。去京師一萬二千里。

林邑　州所治。漢武帝開百越，於交趾郡南三千里置日南郡，領縣四，治於朱吾。其林邑，卽日南郡之象林縣。縣在南，故曰日南，郡南界四百里。後漢時，中原喪亂，象林縣人區連殺縣令，自稱林邑王。後有范熊者，代區連，相傳累世，遂爲林邑國。其地皆開北戶以向日。晉武時，范氏入貢。東晉末，范攻陷日南郡，告交州刺史朱蕃，求以日南郡北界橫山爲界。其後，又陷九眞郡。自是，屢寇交趾南界。至貞觀中，其主修職貢，乃於驩州南僑置林邑郡以羈縻之，非正林邑國。

金龍　隋文帝時，遣大將劉方率兵萬人，自交趾南伐林邑國，敗之。其王梵志遁走，方收其廟主一十八人，皆鑄金爲之。方盡虜其人，空其地，乃班師。因方得其龍，乃爲縣名。

海界　三縣並貞觀九年置。

景州　隋比景郡。貞觀二年，置南景州，寄治驩州南界。八年，改爲景州。後亦廢，無其名。領縣三，無戶口。至京師一萬一千五百里。

北景　漢縣名，屬日南郡，在安南府南三千里。北景在南。晉將灌邃攻林邑王范佛，破其國，遂於其國五月五日立表，北景在表南，九寸一分，故自北景已南，皆北戶以向日也。「北」字或單爲「匕」。

由文　貞觀二年置也。

朱吾　漢日南郡所治之縣也。前志曰：「朱吾人不粒食，依魚資魚爲生。」記云：「朱吾，在日南郡，此僑立名也〔一九〕。」

峰州下　隋交趾郡之嘉寧縣。武德四年，置峰州，領嘉寧、新昌、安仁、竹輅、石堤、封溪六縣。貞觀元年，廢石堤、封溪入嘉寧，竹輅入新昌。天寶元年，改爲承化郡。乾元元年，復爲峰州也。舊領縣三，戶五千四百四十四，口六千四百三十五。天寶領縣五，戶一千九百二十。州在安南府西北，至京師七千七百一十里。

嘉寧　州所治。漢麊泠縣地，屬交趾郡。古文朗夷之地。秦屬象郡。吳分交趾置新興郡。晉改爲新昌，宋、齊因之。改爲興州。隋初，改爲峰州（一九二）。煬帝廢，併入交趾，武德復置峰州也。

承化　新昌　嵩山　珠綠　嵩山、珠綠，新置。

陸州　隋寧越郡之玉山縣。武德五年，置玉山州（一九三），領安海、海平二縣。貞觀二年，廢玉山州。上元二年，復置，改爲陸州，以州界山爲名。天寶元年，改爲玉山郡。乾元元年，復爲陸州。領縣三，戶四百九十四，口二千六百七十四。至京師七千二十六里，至東都七千里。東至廉州界三百里，南至大海，北至思州七百六十二里，東南際大海，西南至當州寧海二百四十里也。

烏雷　州所治也。

華清　舊玉山縣，天寶年改。

寧海　舊安海縣。至德二年，改爲寧海縣也。

廉州下　隋合浦郡。武德五年，置越州，領合浦（一九四）、安昌、高城、大廉、大都五縣。貞觀六年，置珠池。其年，改大都屬白州。八年，改越州爲廉州（一九五）。十年（一九六），廢姜州，以封山、東羅、蔡龍三縣來屬。十二年，廢安昌、珠池二縣入合浦，廢高城入蔡龍。天寶元年，改爲合浦郡。乾元元年，復爲廉州。舊領縣五，戶一千五百二十二。天寶，戶三千三十二，口一萬三千二十九。至京師六千五百四十七里，至東都五千八百三十六里。東至白州二百里，南至羅州三百五十里，西北至安南府一千里，北至欽州七百里〔一九七〕。

合浦　漢縣，屬合浦郡。秦之象郡地。吳改爲珠官。宋分置臨漳郡及越州，領郡三，治於此。時西江都護陳伯紹爲刺史，始立州鎮，鑿山爲城，以威俚、獠。隋改爲祿州。及爲合州，又改爲合浦。唐置廉州。大海，在西南一百六十里，有珠母海，郡人採珠之所，云合浦也。州界有瘴江，名合浦江也。

封山　隋縣。武德五年，置姜州，領封山、東羅、蔡龍三縣。貞觀十年，廢州，以三縣入廉州。

蔡龍　武德五年，分置也。

大廉　武德五年置。四縣皆漢合浦縣地〔一九八〕。

雷州下　隋合浦郡之海康縣。武德四年，平蕭銑〔一九九〕，置南合州，領海康、隋康、鐵杷、椹川四縣。貞觀元年，改爲東合州。二年，改隋康爲徐聞縣。八年，改東合州爲雷州。天寶元年，改爲海康郡。乾元元年，復爲雷州也。舊領縣四，戶二千四百五十八。天寶領縣三，戶四千三百二十，口二萬五百七十二。至京師六千五百一十二里，至東都五千九百三十一里。東至大海二十里，西至大海一百里，東南至大海十五里，西南至大海一百里，隔海至崖州四百三十里，東北及西北與羅州接界。

海康　漢徐聞縣地，屬合浦郡。秦象郡地。梁分置南合州，隋去「南」字，煬帝廢合州，置海康縣。

遂溪　舊齊鐵杷、椹川二縣，後廢，改爲遂溪也。

徐聞　漢縣名。隋置隋康縣。貞觀二年，改爲徐聞。漢志曰合浦郡徐聞南入海，達珠崖郡，即此縣。

籠州　貞觀十二年，清平公李弘節遣龔州大同縣人龔固興招慰生蠻，置籠州。天寶元年，改爲扶南郡。乾元元年，復爲籠州〔100〕。領縣七，戶三千六百六十七。無四至州縣、兩京道里。扶南國，在日南郡之南海西大島中，去日南郡約七千里，在林邑國西三千里。其王，貞觀中遣使朝貢，故立籠州招置之。遙取其名，非正扶南國也。

武勒　州所治。　武禮　羅龍　扶南　龍賴　武觀　武江　皆與州同置。

環州下　貞觀十二年，淸平公李弘節開拓生蠻，置環州，以環國爲名。天寶元年，改爲正平郡〔101〕。乾元元年，復爲環州。領縣八，無戶口及兩京道里、幷四至州府。

正平　州所治。福零　龍源　饒勉　思恩　武石　歌良　蒙都　與州同置。

德化州　永泰二年四月，於安南府西界、牂柯南界置。領縣二。

德化　歸義　與州同置。

郎茫州　永泰二年四月，於安南府西界置，領縣二。

龍然　福守　與州同置。

崖州下　隋珠崖郡。武德四年，平蕭銑，置崖州，領舍城、平昌、澄邁、顏羅、臨機五縣。貞觀元年，置都督府，督崖、儋、振三州〔102〕。其年，改顏羅爲顏城〔103〕，平昌爲文昌。三年，割儋州屬廣府。五年，又置瓊州。十三年，廢瓊州，以臨機、容瓊〔104〕、萬安三縣來屬。天寶元年，改爲珠崖郡。乾元元年，復爲崖州，在廣府東南。舊領縣七，戶六千六百四十六。

天寶，戶十一鄉。至京師七千四百六十里，至東都六千三百里，廣府東南二千餘里。雷州徐聞縣南舟行，渡大海，四百三十里達崖州。漢武帝元封元年，遣使自徐聞南入海，得大洲，東西南北方一千里，略以爲珠崖、儋耳二郡。民以布如單被，穿中從頭穿之。民種禾稻、紵麻，女子蠶織。無馬與虎，有牛、羊、豕、雞、犬。兵則矛、盾、木弓、竹矢、骨鏃。郡縣吏卒，多侵淩之，故率數歲一反。昭帝省儋耳，併珠崖。元帝用賈捐之之言，乃棄之。唐武德初，復析珠崖郡置崖、儋、瓊、振、萬安五州〔一〇五〕，於崖州置都督府領之。後廢都督，隸廣州經略使。後又改隸安南都護府也。

舍城　州所治。隋舊縣。其崖、儋、振、瓊、萬安五州，都在海中洲之上，方千里，四面抵海。北渡海，揚帆一日一夜，至雷州也。

澄邁　隋縣。

文昌　武德五年，置平昌縣。貞觀元年，改爲文昌。

儋州下　隋儋耳郡。武德五年，置儋州，領義倫、昌化、感恩、富羅四縣。貞觀元年，分昌化置普安。天寶元年，改爲昌化郡。乾元元年，復爲儋州也。舊領縣五，戶三千九百五十六。天寶，戶三千三百九。至京師七千四百四十二里。與崖州同在海中洲上，東至振州四百里。

義倫　本漢儋耳郡城，即此縣。隋爲義倫縣，州所治也。

昌化　隋縣。

感恩

洛場　新置。

富羅　隋之毗善縣。武德五年，改置。

瓊州　本隋珠崖郡之瓊山縣。貞觀五年，置瓊州，領瓊山、萬安二縣。其年，又割崖州臨機來屬〔二〇六〕。十三年，廢瓊州，以屬崖州。尋復置瓊州，領瓊山、容瓊、曾口、樂會、顏羅五縣〔二〇七〕。天寶元年，改爲瓊山郡。乾元元年，復爲瓊州。貞元五年十月，嶺南節度使李復奏曰：「瓊州本隸廣府管內，乾封年，山洞草賊反叛，遂兹淪陷，至今一百餘年。臣令判官姜孟京、崖州刺史張少逸，併力討除，今已收復舊城，且令降人權立城相保，以瓊州控壓賊洞，請升爲下都督府，加瓊、崖、振、儋、萬安等五州招討遊弈使〔二〇八〕。其崖州都督請停。」從之。領縣五，戶六百四十九。兩京與崖州道里相類。西南至振州四百五十里，與崖州同在大海中也。

瓊山　州所治。貞元七年十一月，省容瓊縣併入。

臨高　本屬崖州，貞元七年，割屬瓊州。

曾口　樂會　顏羅　後漸析置。

振州　隋臨振郡。武德五年，置振州。天寶元年，改爲臨振郡。乾元元年，復爲振州也。領縣四，戶八百一十九，口二千八百二十一。至京師八千六百六里，至東都七千七百九十七里。東至萬安州陵水縣一百六十里，南至大海，西北至儋州四百二十里，北至瓊州四百五十里，東南至大海二十七里，西南至大海千里〔三〇九〕，西北至延德縣九十里，與崖州同在大海洲中。

寧遠　州所治。隋舊。

延德　隋縣。

吉陽　貞觀二年，分延德置。

臨川　隋縣。

落屯〔三一〇〕　新置。

萬安州　與崖、儋同在大海洲中。唐置萬安州，失起置年月。天寶元年，改爲萬安郡。至德二年，改爲萬全郡。乾元元年，復爲萬安州。領縣四，無戶口。西接振州界。兩京道里，與振州相類也。

萬安　州所治。至德二年，改爲萬全，後復置。

陵水　富雲　博遼　與州同置。

赤土國　州南渡海，便風十四日，至雞籠島，卽至其國。亦海中之一洲。

丹丹國　振州東南海中之一洲，舟行十日至。

校勘記

〔一〕督益綿簡嘉陵眉犍邛十州　寰宇記卷七二作「督益、綿、簡、嘉、陵、雅、眉、濛、犍、邛十州。」

〔二〕並督嶲南寧會都督府　「南寧會」，各本原作「南會寧」，據本卷上下文改。

〔三〕儀鳳二年　「年」下各本原有「縣其」二字，據下文濛陽沿革及寰宇記卷七六删。

〔四〕垂拱三年分雒九隴等十三縣置彭蜀二州　據本卷下文及寰宇記卷七三、卷七五，「三年」當作

「二年」，「彭蜀二州」當作「漢彭蜀三州」。

〔五〕孝水　各本原作「李冰」，據隋志、元和志卷三一、寰宇記卷七三改。

〔六〕置彭州之名也　寰宇記卷七三作「貞觀初省，縣屬益州。垂拱二年，於縣置彭州。」此處「置」上疑有脫誤。

〔七〕三縣置屬益州　據本卷上文及元和志卷三一、寰宇記卷七三，此文上當脫唐昌縣之記載。

〔八〕移治導江郡　按唐無導江郡，合鈔卷六一地理志作「移治今所」。

〔九〕隆山縣　各本原作「龍山縣」，據下文陵州沿革及寰宇記卷七四、新志改。

〔一〇〕齊通郡　「郡」上各本原有「義」字，據隋志、元和志卷三二、寰宇記卷七四刪。

〔一一〕廣通　「通」字各本原無，據隋志、寰宇記卷七四補。

〔一二〕漢武陽縣地　「武陽」各本原作「陽武」，據漢志、元和志卷三二、寰宇記卷七四改。

〔一三〕齊樂郡　「齊」字各本原作「二」，據元和志卷三二、寰宇記卷七四改。

〔一四〕龍安　各本原作「隴安」，據本卷下文及元和志卷三三、寰宇記卷八三改。

〔一五〕梓潼郡　「潼」字各本原無，據元和志卷三三、寰宇記卷八三補。

〔一六〕漢涪縣地　「涪縣」各本原作「涪城」，據漢志、元和志卷三三、寰宇記卷八三改。

〔一七〕西充國縣　各本原作「西圍縣」，據晉志、元和志卷三三、寰宇記卷八三改。

〔一八〕魏城　各本原作「涪城」，據元和志卷三三、寰宇記卷八三改。

〔一九〕金山縣　各本原作「金水縣」，據隋志、元和志卷三三、寰宇記卷八三改。

〔二〇〕梁置南梁州　「梁置南」三字各本原無，據隋志補。

〔二一〕武德元年　「元」字各本原作「三」，據本卷上文及元和志卷三三、寰宇記卷八四改。

〔二二〕劍處　合鈔卷六一地理志作「險處」。

〔二三〕二千九十里　「十」字各本原作「百」，據通鑑卷二三七注引舊志改。

〔二四〕郡城左帶涪水　各本「郡」字原作「二」，「涪」字原作「潼」，據通典卷一七六改。

〔二五〕大寅　「寅」下各本原有「屬蓬州」三字，係涉下文而衍，據寰宇記卷八六刪。

〔二六〕新井　各本原作「辯丹」，據下文新井沿革及寰宇記卷八六改。

〔二七〕相如　各本原作「西水」，據下文果州沿革及寰宇記卷八六改。

〔二八〕巴西郡　「西」字各本原無，據隋志、通典卷一七五補。

〔二九〕梁置金匱二又爲金遷郡　此處疑有訛誤，寰宇記卷八六作「梁置金遷戍，周閔帝改爲金遷郡。」

〔三〇〕充國縣　「充」下各本原有「郡」字，據後漢志、通典卷一七五刪。

〔三一〕梁改爲南充郡　「郡」下各本原有「國」字，寰宇記卷八六、輿地紀勝卷一八五引元和志俱作梁置南部郡，輿地紀勝同卷引隋志謂「梁置南充郡」。據刪「國」字。

〔三二〕廣漢縣　「漢」字各本原無，據漢志、寰宇記卷八七補。

〔三三〕晉興縣　「晉」字各本原無，據隋志、寰宇記卷八七補。

〔三四〕安岳　「安」字各本原無，據本卷上下文及寰宇記卷八七補。

〔三五〕安居　「安」字各本原無，據本卷下文及寰宇記卷八七補。

〔三六〕墊江　各本原作「蟄江」，據漢志、寰宇記卷八七改。

〔三七〕蜀郡　「蜀」字各本原無，據寰宇記卷八五補。

〔三八〕西江陽郡　「江」字各本原無，據本卷上文及寰宇記卷八五補。

〔三九〕擁思茫水　「茫」字各本原作「范」，據寰宇記卷八五改。下文「擁思茫水」原無「茫」字，據同例補。

〔四〇〕漢武陽縣地隋開皇十年於此置始建鎮大業五年改鎮爲始建縣　各本原作「漢武置建始鎮五年改鎮爲始建縣」，據寰宇記卷八五改。

〔四一〕領盤石內江安岳普慈安居隆康資陽大牢威遠其年　各本「康」字原作「唐」，「資陽大牢威遠其年」原無，據寰宇記卷七六改補。下文「隆唐」照改爲「隆康」。

〔四二〕昌州　「州」字各本原無，據寰宇記卷七六補。

〔四三〕漢資中縣爲盤地　通典卷一七六：「漢資中縣地。」元和志卷三一：「本漢資中縣地。」讀史方輿紀要卷六七：「漢資中縣地，後周爲盤石縣地。」此處疑有訛誤。

〔四四〕後漢於中江水濱置漢安戍　「後漢」元和志卷三一、寰宇記卷七六作「周武帝天和二年」，下文「其年」即當指此。

〔四五〕大牢縣　「大」字各本原無，據本卷下文及隋志補。

〔四六〕貞觀元年　「元」字各本原作「二」，據下文旭川沿革及寰宇記卷八五改。

〔四七〕六年　各本原作「三年」，據下文公井沿革及寰宇記卷八五改。

〔四八〕貞觀六年　「貞觀」各本原無，據下文公井沿革及寰宇記卷八五補。

〔四九〕威遠戍　「遠」字各本原無，據元和志卷三三、寰宇記卷八五補。

〔五〇〕貞觀六年　「貞觀」各本原無，據下文嘉州沿革及元和志卷三三、寰宇記卷八五補。

〔五一〕漢安縣地　「安」下各本原有「仁」字，據漢志、寰宇記卷八五刪。

〔五二〕金泉戍後魏立金泉郡　二「泉」字各本原作「水」，據元和志卷三一改。

〔五三〕金泉白牟　「泉」「牟」二字各本原作「水」「年」，據隋志、元和志卷三一改。

〔五四〕領龍遊平羌夾江峨眉玉津綏山通義洪雅丹稜青神南安五縣置眉州　據本卷上下文及寰宇記卷七四，史文「南安」下疑脫「資官十二縣二年割通義丹稜洪雅青神南安」等字。

〔五五〕三縣　寰宇記卷七四「三」字作「二」。

〔五六〕涇上　各本原作「泾上」，據寰宇記卷七四改。下同。

〔五七〕本漢都　元和志卷三一作「本漢南安縣地」。寰宇記卷七四作「本漢犍爲郡」。此處當有訛誤。

〔五八〕臨溪　各本原無，據本卷下文及寰宇記卷七五補。

〔五九〕梁置蒲口鎮及邛州　各本原作「梁置邛州於蒲州領」，據寰宇記卷七五改。

〔六〇〕九折坂　「坂」字各本原作「故」，據元和志卷三二改。

〔六一〕嘉梁州　「嘉」字各本原作「壽」，據寰宇記卷七七、新志改。

〔六二〕東石孔州西石孔州　二「孔」字新志均作「乳」。

〔六三〕領富世江安綿水合江來鳳和義七縣　「富世」各本原作「富井」，據本卷下文及元和志卷三三、寰宇記卷八八改。寰宇記「七縣」作「六縣」。

〔六四〕仍置涇南縣　「涇」字各本原作「泾」，據寰宇記卷八八改。又據上文榮州沿革及寰宇記，「仍」上疑脫「二年置隆越縣入榮州八年割和義屬榮州」等字。

〔六五〕順州　「順」字各本原無，據下文順州沿革及寰宇記卷八八補。

〔六六〕思峨州　「峨」字各本原作「吳」，據本卷下文及寰宇記卷八八改。

〔六七〕淯州　各本原作「清州」，據本卷下文及寰宇記卷八八改。

〔六八〕江安　各本原作「安江」，據本卷下文及元和志卷三三、寰宇記卷八八改。

〔六九〕漢江陽縣地　「江」字各本原無，據漢志、元和志卷三三、寰宇記卷八八補。

〔七〇〕漢符縣地　「符」上各本原有「江」字，據漢志、元和志卷三三、寰宇記卷八八删。

〔七一〕涇南　各本原作「淫南」，據通典卷一七五、寰宇記卷八八、新志改。下文「涇水」原亦誤作「淫水」，同以改正。

〔七二〕天授元年　「元」字各本原作「三」，據本卷上文及寰宇記卷八八改。

〔七三〕領……翼針交川翼水九縣　「翼針」各本原作「翼斜」，據隋志、元和志卷三二、新志改，下同。「九」字按上所列縣數僅八，疑爲「八」之誤。

〔七四〕塗冉　各本原作「州」，據寰宇記卷七八改。

〔七五〕舊冉駹地　「冉駹」，殿、懼盈齋、局、廣本作「駹冉」，殘宋本、聞本作「駹舟」，俱誤。今據漢書卷九五西南夷傳、寰宇記卷七八改。

〔七六〕玉壘山　「壘」字各本原作「疊」，據元和志卷三二、寰宇記卷七八改。

〔七七〕董屈占　各本原作「芷占」，據本卷下文及寰宇記卷七八改。

〔七八〕請吏復立維州　「吏」字各本原作「夷」，據寰宇記卷七八改。

〔七九〕生羌　「生」字各本原作「六」，據寰宇記卷七八改。

〔八〇〕郁鄢　各本原作「郁鄂」，據漢志、寰宇記卷七九、新志改。下同。

〔八一〕於州置都督府　「於」字各本原作「六」，據寰宇記卷七九改。

〔八二〕徽　各本原作「徼」，據寰宇記卷七九、新志改。下同。

〔八三〕羈縻三十六州　十七史商榷卷八〇：「今案之實十六州，其下文總結亦云十六州，而此言三十六州，『三』字似衍。」

〔八四〕西宗　「宗」字各本原作「宋」，據下文宗州沿革及新志改。

〔八五〕督西寧豫西利南雲磨南籠七州　據本卷下文及寰宇記卷七九，史文疑脱西平一州。

〔八六〕附唐　各本原作「附庸」，據寰宇記卷七九、新志改。

〔八七〕鎮蜀　寰宇記卷七九「鎮」上有「自是臣附吐蕃侵寇西川貞元中韋皐」十五字。

〔八八〕領縣二　據元和志卷三二、寰宇記卷七九，此處當脫姚城一縣，「二」當作「三」。

〔八九〕邛部　各本原作「邛都」，據通典卷一七六、元和志卷三二、寰宇記卷八〇改。下同。

〔九〇〕可泉蘇祁臺登六縣　「泉」字各本原無，據隋志、元和志卷三二、寰宇記卷八〇補。下同。按上文實列縣僅五，寰宇記卷八〇「六縣」作「五縣」。

〔九一〕移於今　合鈔卷六一地理志作「移於今所」。

〔九二〕蓋南接昆明之地故也　「昆明之」三字各本原無，「地」字原作「池」，據元和志卷三二補改。

〔九三〕蛾　各本原作「峨」，據本卷下文及寰宇記卷八一改。

〔九四〕柘　各本原作「祏」，據本卷下文及寰宇記卷八一改。

〔九五〕交川郡　「川」字各本原作「州」，據寰宇記卷八一改。

〔九六〕象舒治自稱鄧至王　各本原作「象舒活自稱至之」，據元和志卷三二、寰宇記卷八一改。

〔九七〕龍州　「龍」下各本原有「門」字，據元和志卷三三、寰宇記卷八四刪。

〔九八〕江油郡　各本原作「油江郡」，據元和志卷三三、寰宇記卷八四改。下文「江油」原亦作「油江」，同改。

〔九九〕陰道　三國志卷二八魏書鄧艾傳：「艾自陰平道行無人之地七百餘里。」寰宇記卷八四：「鄧艾自陰平行無人之地七百里。」此處「陰」下疑脫「平」字。

〔一〇〇〕江油　「油」字各本原無，據元和志卷三三、寰宇記卷八四補。

〔一〇一〕江源郡　各本原作「油江郡」，據寰宇記卷八一改。

〔一〇二〕平康　各本原作「平唐」，據元和志卷三二、寰宇記卷八一改。

〔一〇三〕悉唐城　「悉」字各本原無，據新志補。

〔一〇四〕領縣二　「二」字各本原作「一」，下文實領二縣，據寰宇記卷八一、新志改。

〔一〇五〕悉唐川　「唐」字各本原作「當」，據本卷下文及元和志卷三二、寰宇記卷八一改。

〔一〇六〕領縣三　「三」字各本原作「二」，據本卷下文及寰宇記卷八〇改。

〔一〇七〕安信　各本原作「信安」，據寰宇記卷八〇、新志改。

〔一〇八〕一百四州　「四」字各本原無，據本卷上文及寰宇記卷八一補。

〔一〇九〕置西義州　各本原作「西羌」，據寰宇記卷八一、新志改。

〔一一〇〕東衡　各本原作「東衞」，據本卷下文及寰宇記卷一五七改。

〔一一一〕湞陽　各本原作「偵陽」，據本卷下文及寰宇記卷一五七、新志改。

〔一一二〕洽洭　殿、懼盈齋、局、廣本作「湞匡」，殘宋本作「含匡」，據寰宇記卷一五七、新志改。

〔一一三〕藥州　各本原作「樂州」，據本卷下文及寰宇記卷一五七改。

〔一一四〕南扶州　各本原作「扶風州」，據下文竇州沿革及寰宇記卷一六三改。上文「八年」竇州沿革及寰宇記作「六年」。

〔一一五〕改南康州　按下文康州沿革，此句下疑脫「爲康州」三字。

〔一一六〕新藥瀧　「新」字殘宋本作「雜」，餘各本均無；「瀧」字殘宋本作「隴」，餘各本亦均無，今據本卷上下文及通鑑卷二四一注引舊志改。

〔一一七〕郡於嶺外其爲名也　元和志卷三四作「取舊郡名也」。

〔一一八〕政賓縣　「政」字各本原作「故」，據寰宇記卷一五七、新志改。

〔一一九〕眞陽　各本原作「直陽」，據寰宇記卷一六〇、新志改。

〔一一〇〕五年 據新志，此當爲武德五年。

〔一一一〕省龍川入歸善 「入」字各本原無，據本卷下文及寰宇記卷一五九、新志補。

〔一一二〕石城 各本原作「西城」，據本卷上文及新志改。

〔一一三〕南海在海豐縣南五十里 「在海」二字各本原無，據寰宇記卷一六〇補。

〔一一四〕岡州 各本原作「南州」，十七史商榷卷八〇：「南當作岡」，據上文廣州都督府沿革改。

〔一一五〕允州 各本原作「亢州」，據隋志、寰宇記卷一五七改。

〔一一六〕臨賀水 寰宇記卷一六一：「以邑內臨水、賀水爲縣名」，此處疑有脫文。

〔一一七〕新興郡 「興」字各本原作「昌」，據通典卷一八四、寰宇記卷一六三、新志改。

〔一一八〕安遂縣 各本原作「遂安縣」，據本卷下文及隋志、元和志卷三四、寰宇記卷一六四改。

〔一一九〕瀧州 各本原作「瀧水」，據寰宇記卷一六四改。

〔一二〇〕杜原縣 「原」字各本原無，據隋志、寰宇記卷一五八補。

〔一二一〕高涼縣 「涼」字各本原無，據漢志、寰宇記卷一五八補。

〔一二二〕龔州 各本原作「潯州」，據下文龔州沿革及寰宇記卷一五八改。

〔一二三〕南建州 「南」字各本原無，據本卷下文及寰宇記卷一六三、新志補。

〔一二四〕安義 各本原作「安城」，據本卷上下文及寰宇記卷一六三、新志改。

〔一三五〕領縣三　通典卷一八四、新志「三」均作「二」。

〔一三六〕南宕　各本原作「南宏」，據下文潘州沿革及寰宇記卷一六二改。下同。

〔一三七〕澄州　各本原作「登州」，據本卷下文及寰宇記卷一六二改。

〔一三八〕蒙州　各本原作「象州」，據下文蒙州沿革及通典卷一八四、新志改。

〔一三九〕全義新置　按上文臨源和全義非兩縣，此處當有訛誤。據元和志卷三七、寰宇記卷一六二、新志，唐武德四年，分始安置臨源縣。大曆三年，改爲全義縣。

〔一四〇〕平樂郡　各本原作「樂平郡」，據通典卷一八四、寰宇記卷一六三改。

〔一四一〕貞觀七年　「七」字各本原作「二」，據上文昭州沿革及新志改。

〔一四二〕梧州　各本原作「富州」，據下文梧州沿革及新志梧州沿革改。

〔一四三〕南恭州　「恭」字各本原作「蒙」，據上文桂府及荔浦沿革、寰宇記卷一六三改。下文立山沿革中所云「恭州」亦當作「南恭州」。

〔一四四〕泰川　各本原作「秦川」，據寰宇記卷一五八、新志改。下同。

〔一四五〕平南　各本原作「南平」，據本卷下文及元和志卷三七、寰宇記卷一五八改。下同。

〔一四六〕永平郡　「平」字各本原無，據寰宇記卷一五八補。

〔一四七〕仍置武林縣　「仍」、「林」二字各本原作「乃」、「城」，據本卷下文及寰宇記卷一五八改。

〔一四八〕鬱林郡　「鬱林」各本原作「永平」，據隋志、寰宇記卷一六三改。

〔一四九〕舊領縣三　十七史商榷卷八〇：「潯州屬縣三，今惟二，脫去大賓一縣。」

〔一五〇〕皇化　各本原作「宣化」，據下文潯州沿革及寰宇記卷一六三改。

〔一五一〕南方州　「州」字各本原無，據下文嶺方沿革及寰宇記卷一六五、新志補。

〔一五二〕安城　各本原作「安縣」，據下文貴州沿革及寰宇記卷一六五、新志改。

〔一五三〕舊領縣四　下文澄州實領縣僅三，據通典卷一八四、元和志卷三八，似當脫止戈一縣。

〔一五四〕陽壽隋縣　按上文言象州天寶領縣三，而領實縣四，武德與陽壽分爲兩縣，當有訛誤。據通典卷一八四、元和志卷三七、寰宇記卷一六五、新志，象州俱領陽壽、武化、武仙三縣，而無武德。寰宇記陽壽……，唐武德四年，改爲武德縣，于縣界置象州……天寶元年八月，改武德爲陽壽。新志，武德四年，析桂林置武德……天寶元年，省武德入陽壽。

〔一五五〕北至柳州三十里　「柳州」疑爲「柳嶺」之誤。

〔一五六〕鬱林江　「林」字各本原作「狀」，據寰宇記卷一六六改。

〔一五七〕白　各本原無，據寰宇記卷一六六補。

〔一五八〕領縣四　按此下有脫誤，十七史商榷卷八〇：「黨州領縣四，今一概不見，必是脫落。」通典卷一八四黨州領善勞、撫安、善文、寧仁四縣。

〔一五九〕龍化羅辯　各本原作「梁龍辯」，據本卷下文及寰宇記卷一六七、新志改。

〔一六〇〕舊領縣五　按下文羅州實領縣僅四，據本卷上下文及通典卷一八四，似當脫零綠一縣。

〔一六一〕陸川　各本原作「鄰川」，據下文禺州沿革及寰宇記卷一六一、新志改。

〔一六二〕隋置定川縣　「置」字各本原作「治」，據寰宇記卷一六一改。

〔一六三〕南宕州　「南」字各本原無，據上文潘州沿革及寰宇記卷一六一補。

〔一六四〕玉州　各本原作「五川」，據寰宇記卷一六七改。

〔一六五〕如和山　元和志卷三八、寰宇記卷一六七作「羅浮山」。

〔一六六〕靈山　各本原作「靈川」，據通典卷一八四、元和志卷三八、寰宇記卷一六七改。

〔一六七〕隋合浦郡之定川縣……仍廢思城　以上五十三字與上文潘州沿革同，當有訛誤。

〔一六八〕禺州　各本原作「昌州」，據本卷上下文及寰宇記卷一六七改。

〔一六九〕舊領縣五戶一萬七百四十八　以上十二字與上文潘州沿革同，疑有訛誤。

〔一七〇〕貞觀元年　「元」字各本原作「九」，據下文宋平沿革及寰宇記卷一七〇、新志改。

〔一七一〕省鳶州以朱鳶縣　各本原作「及朱鳶縣」，據寰宇記卷一七〇改。

〔一七二〕弘教　各本原作「弘義」，據本卷下文及寰宇記卷一七〇、新志改。

〔一七三〕武平郡　「郡」字各本原作「縣」，據通典卷一八四、寰宇記卷一七〇改。

〔一七四〕龍州　各本原作「龍川」，據寰宇記卷一七〇改。下同。

〔一七五〕領龍編武寧平樂三縣　「領龍編」三字各本原無，據寰宇記卷一七〇補。

〔一七六〕安順　各本原作「安頂」，據本卷下文及隋志、元和志卷三八、通典卷一八四改。

〔一七七〕安　各本原無，據本卷下文及寰宇記卷一七一補。

〔一七八〕前眞　「前」字各本原無，據本卷上文及寰宇記卷一七一補。

〔一七九〕十年　各本原作「九年」，按上文已言九年，此不當又重，據寰宇記卷一七一、新志改。

〔一八〇〕北與巴蜀接東北與鬱林州接　各本「巴蜀」下「接」字原無，「與鬱林州」下「接」字原在「與」字上，據寰宇記卷一七一補改。

〔一八一〕漢居風縣地　「居風縣」三字各本原無，據元和志卷三八、寰宇記卷一七一補。

〔一八二〕隆安縣　「隆安」各本原作「陸安」，據本卷下文及隋志、寰宇記卷一七一改。

〔一八三〕都握　各本原作「都掘」，據寰宇記卷一七一、新志改。

〔一八四〕建初　各本原作「建功」，據本卷上文及新志改。

〔一八五〕北樓　「樓」下各本原有「及生獠」三字，據寰宇記卷一七一、新志刪。

〔一八六〕驩州　「驩」字各本原無，據隋志、寰宇記卷一七一補。

〔一八七〕開側道以避海　寰宇記卷一七一「海」下有「難」字。

〔一八八〕自九眞至其國開陸路　寰宇記卷一七一作「自九眞已南，隨山刊木，開陸路」。

〔一八九〕十六年　各本原作「二十六年」，按貞觀無二十六年，據新志改。

〔一九〇〕後改爲懷驩　「後」下各本原有「隋」字，據寰宇記卷一七一刪。

〔一九一〕此僑立名也　「此」字各本原作「北」，據寰宇記卷一七一改。

〔一九二〕峰州　各本原作「華州」，據本卷下文及元和志卷三八、寰宇記卷一七〇改。

〔一九三〕置玉山州　「州」字各本原無，據寰宇記卷一七一補。下文「廢玉山州」原脫「山」字，亦據寰宇記補。

〔一九四〕領合浦　「浦」下各本原有「其年置」三字，據寰宇記卷一六九刪。

〔一九五〕廉州　各本原作「姜州」，據寰宇記卷一六九、新志改。

〔一九六〕十年　「十」下各本原有「二」字，據下文封山沿革及寰宇記卷一六九、新志刪。

〔一九七〕欽州　各本原作「領州」，據寰宇記卷一六七改。通典卷一八四云寧越郡至合浦郡七百里，按寧越郡卽欽州，合浦郡卽廉州。

〔一九八〕皆漢合浦縣地　「漢」字各本原無，據寰宇記卷一六九補。

〔一九九〕武德四年平蕭銑　「四年」各本原作「五年」，據上文欽州沿革及寰宇記卷一六九改。

〔二〇〇〕籠州　各本原作「扶州」，據本卷上文及寰宇記卷一七一改。

〔二〇一〕正平郡　「正」字各本原無，據通典卷一八四、寰宇記卷一七一補。

〔二〇二〕督崖儋振三州　「崖」字各本原無，據寰宇記卷一六九補。

〔二〇三〕改顏羅爲顏城　「顏羅」二字各本原無，據寰宇記卷一六九補。

〔二〇四〕容瓊　各本原無，據寰宇記卷一六九補。

〔二〇五〕置崖儋瓊振萬安五州　各本「崖」字原無，「州」字原作「郡」，據下文舍城沿革改補。

〔二〇六〕崖州臨機　各本原作「崖臨機」，據寰宇記卷一六九補。

〔二〇七〕領瓊山容瓊曾口樂會顏羅五縣　「瓊山容瓊」各本原無，據寰宇記卷一六九補。

〔二〇八〕萬安　「安」字各本原無，據寰宇記卷一六九補。

〔二〇九〕西南至大海千里　按振州近海，不當距海千里，通典卷一八四作「西南到海十里」。

〔二一〇〕落屯　各本原作「范屯」，據通典卷一八四、寰宇記卷一六九、新志改。